北京市教育科学"十二五"规划2014年度一般课题
以"组合阅读"促进学生阅读素养的实践研究(DBB14

阅读·视野

蒋杰英 著

首都师范大学出版社
CAPITAL NORMAL UNIVERSITY PRESS

图书在版编目(CIP)数据

阅读·视野 / 蒋杰英著. —北京:首都师范大学出版社,2020.5
ISBN 978-7-5656-5600-2

Ⅰ.①阅… Ⅱ.①蒋… Ⅲ.①阅读课-教学研究-小学
Ⅳ.①G623.232

中国版本图书馆 CIP 数据核字(2020)第 018244 号

YUEDU SHIYE
阅读·视野

蒋杰英 著

责任编辑 沈志芳
首都师范大学出版社出版发行
地 址 北京西三环北路 105 号
邮 编 100048
电 话 68418523(总编室) 68982468(发行部)
网 址 http://cnupn.cnu.edu.cn
印 刷 北京虎彩文化传播有限公司
经 销 全国新华书店
版 次 2020 年 5 月第 1 版
印 次 2020 年 5 月第 1 次印刷
开 本 710mm×1000mm 1/16
印 张 13.25
字 数 240 千
定 价 39.00 元

序

　　我开始有意识地做"组合阅读"的教学研究，算来也有近六个年头了，初试身手那届全国教学大赛上的《伯牙绝弦》的出世，坚定了我坚持走下去的决心。其间，我从未中断过对"组合阅读"方式教学的思考。在老师们的眼里，在参与的所有教学活动中，大家从来都把我看作"组合阅读"的代言人，它就像一个印记深深印在了我的教学言语中。

　　在我看来，所谓的"组合阅读"，一是起伏更迭的语文教学活动中的教学策略，为的是激起学生的阅读期待和兴趣，唤起他们心灵的回声；二是以生命陪伴生命的语文课堂上的教学情境，指的是我与学生一起在课堂中留下的斑驳痕迹。声音可以有轻有重，痕迹不妨有深有浅，但它们全部发端于真诚。郁达夫词云："踏雪鸿踪，印成指爪；落花水面，留住文章。"我留在这里的，无非就是这样一些粉笔的印迹、字面的回声和用心记录的真诚。初试身手，这是我的教学写真。几年来一直想留下点什么，其中曲折，于我，实属是欲说还休。这完完全全是仰仗了和我一起并肩研究的北京市东城区"组合阅读"课题团队的老师们，我得郑重地道一声"感谢"。

蒋杰英

2019 年 12 月

目　录

第一章　组合阅读与学生的语文

　　阅读，它源于书籍却不限于书籍，我们通过不同种类的阅读，乃至阅读不同的生活，不同的人生，进而改变我们自己，改变我们的社会，改变我们的世界。

——朱永新

　　刚做语文教师的时候，自己还是一个文学青年，常常会在语文课上朗读"文学"。记得有一篇课文《雨》，其中写道："一会儿，粗大的雨点儿落下来了，打在玻璃窗上叭叭直响。雨越下越大。我透过玻璃窗向外望去，天地间像挂着无比宽大的珠帘，迷蒙蒙的一片。雨落在对面屋顶的瓦片上，溅起一朵朵水花，像一层薄烟笼罩在屋顶上。雨水顺着房檐流下来，开始像断了线的珠子，渐渐地连成了一条线。地上的水越来越多，汇合成一条条小溪。"多美的雨景，我竟然自我陶醉，这仿若"大弦嘈嘈如急雨，小弦切切如私语。嘈嘈切切错杂弹，大珠小珠落玉盘"。大自然就像一个音乐家创造出如此美景，课上的孩子们竟无一笑话我的自说自话，也放情地朗读起来。那一个个羡慕、崇拜的小眼神至今让我记忆犹新。

　　那时我也会写写"字"，如诗啊、小说啊。小说是短篇的，特别是写了一篇《达濠边的海声》，两万字呢，都是手写的，寄出去了，泥牛入海，为这我还沮丧过一阵；后来又操起了笔写了《今日麦贤德》，发表在《共产党人》杂志上。写的心复苏了，于是又写了《我的1997》，留着自己看了……我始终在"我的文学"里行走，自说自话着我的情感。

　　"你会写你的小说，你会写论文吗?"有关心我的领导说，"小说是瞎说，不务正业，还是写写教学论文，论文才能让你变成名师。"当时年轻而肤浅，认为这是对小说的侮辱，赌气似的，一连写了十多篇教学论文参赛、发表。读教师专业的书籍也渐渐多了起来，仿佛就是这样知道了杜威、皮亚杰、林崇德、王富仁，职业上真的有了收获，没过多久，我成了一名教研员。

　　尽管如此，多年来我一直回味着读小说、写小文带来的快乐。我一直以为做文学梦才是语文教师的正业。

我之所以说"我一直以为做文学梦才是语文教师的正业",是为了形象地说明本书的理念:阅读是催人成长的阅读,是语文课堂真正引得学生飞翔的双翼。一个永不停步的阅读者,一定是一个思想富有者。

英国著名作家弗吉尼亚·伍尔芙在《奥兰多》中曾经这样谈及阅读的意义:"我们的某些追求难道不是因为它们本身的美妙和乐趣吗?阅读不就是这样一种追求吗……当审判日来临的那一天,当那些伟大的征服者、律师及政客们最终接过他们的奖赏时——他们的权杖、他们的桂冠、他们的名字被永世不灭地镌刻于大理石——万能的造物主(当他看见我们胳膊下夹着书本走向他时,他的心中不无羡慕)会转身向圣徒彼得说:'看,这些人不需要奖赏。我们这儿没有可以给予他们的东西。他们已经爱上了阅读。'"是的,我们从阅读中获得的认知和反思能力,那种艰辛的愉悦本身就是阅读给予我们的奖赏。阅读经典是一种致敬,也是赴一次盛宴。在优秀作品中,读什么与写什么最好的联结,就是"以写促读"。当我们把阅读当作是对自己精神的犒赏时,就会在阅读中慢慢生成自己的思想。

比如我们在教学时,首先是围绕课文作者开展阅读,包括作者传记、其他代表作、相关作品评鉴。如许地山的《落花生》、契诃夫的散文《凡卡》等作品,阅读的出发点首先是借鉴大师的语言、认识大师的情感,在体会情感的过程中自然地从语言的浸润中发现写作的技巧,打开学生的阅读眼界。

第一节 感受与思辨:阅读的力量

读书人,不是只读书,而是从书本上学到那种气概与精神。读书人最自豪的事情,莫过于不低下勇敢而高贵的头。

——木心

曾经有人问:"我读过很多书,可是随着时间的逝去,那些书中的文字似乎也都成了过眼烟云,好像都随风而逝了,也不复记忆,你说这样的阅读究竟有什么意义呢?"我答道:"当我还是个孩子时,我吃过很多食物,现在已经记不起来吃过什么了。但可以肯定的是,它们中的一部分已经长成我的骨头和肉了。"

你读过的书其实早已融进你的骨血,在潜在的气质里、在谈吐上,当然也可能显露在生活和文字中。这些书在不知不觉间,改变了你的谈吐、气质、眼光……阅读有什么力量?倘若做个直接的回答,一是阅读可以让人的见识不断地丰富、心智不断地成熟，它能触动你去思考、辨别、完善自我的人格；二是爱阅读的人内心是丰富的，生活的状态也多半过得有滋有味，阅读让你在茫茫人海中不会因为突如其来的变故而意志消沉，不会因为被踩在脚下而耐不住平凡寂寞，多半想得多，想开的也多……

　　阅读会帮助你获得一种在现实中看到不同维度的眼光。通过文字，我们得以和千百年前的思想、文化和历史相连接。人生而有涯，短短几十年的时光如草木一秋、白驹过隙，正是通过阅读，我们才得以超越人生的有限性，得以经历各种新的、全然不同的人生体验。读的书多了，既会让你明白"太阳底下无新事"，很多问题、困惑不是你第一次面对，从而获得一种坦然的心境；另一方面，也会让你体会到尽管没有全新的事件，但永远有全新的角度，从而获得一种敏锐的眼光。文学会唤起人在琐碎庸常的日常生活中被逐渐"钝化"的感受力和想象力，也就是俄国著名的形式主义学派批评家维克多·什克洛夫斯基所说的文学的"陌生化"意义：艺术的存在是为了使人恢复对生活的感觉；让人去感受事物，使石头显出石头的质感……艺术的技巧使事物变得"陌生"，让形式变得有难度，从而增加感知的难度和时间长度，因为感知的过程本身就是美学的目的，应该延长这个过程。（《作为手法的艺术》）

　　文学会让我们重新审视那些觉得习以为常的事物：白天走在大街上，听听身边的人在说什么，猜想一下讲话人的性格和背后的人生故事；看到一棵树，想象一下这棵树是谁种下的，仔细观察一下光是如何照射的；又或者正在下雨，那就看看雨是怎样落下的，跟自己玩一个游戏，如果给雨起尽可能多的新的名字，你会叫它什么？"沙地中行走的嘶嘶声""太阳永远不知道的东西"……这看似是游戏，但其实写作与阅读本身正是一个给事物命名的过程。世界上的东西本来都没有名字，是人们在口耳相传的讲述中，给这些事物命名的。亿万年来，世界一直是那个世界，但是人类的文明在不断地进步，就是因为每个人都不一样，后来者永远会有看待事物的新的眼光，所以我们会看到新的不足、新的机会、新的可能，从而推动世界的变化。正如美国著名作家多萝西娅·布兰德所说的：每个人都是独一无二的，没有人的经历恰好和你相同，没有人面对这个世界的态度和你一模一样。所以你需要做的就是坦诚地、精确地传达出你对于世间万物的看法，这就是原创性。（《成为作家》）

　　而这正是阅读能够赋予你的重要能力。

　　每当打开课本，坐在课桌前，静静阅读时，总会感到眼前的画面、身边的世界发生了改变。"山光照槛水绕廊，舞雩归咏春风香。好鸟枝头亦朋友，落花水面皆文章。"走入阅读的世界，也就走进了另一番天地。其间美妙，自是无穷。"那些小丘的线条是那么柔美，就像只用绿色渲染，不用墨线勾勒的中国画那样，到处翠色欲流，轻轻流入云际。"随着老舍先生的笔调，漫步在内蒙古陈巴尔虎旗的草原上。"翠色欲流"是说翠色将流而未流，而"流入云际"，则是说翠色已经流入云间。看似矛盾的二者，形象地展现了草原景物的逼真情态。"翠色欲流，轻轻流入云际"，分别描写了两种不同的视觉形象。草原绿得浓厚将滴，绿得油亮闪光，给人"欲流"之感。化静为动，凸显了草的色泽、草的生命，也抒发了作者无限的热爱和赞叹。极目远眺，草原与长空相接，浓绿与云天照映，翠色千里，连绵不断，一直伸向云天深处。乘车深入，视野中的那些"只有绿色渲染，不用墨线勾勒"的小丘、一碧千里的草原，不正在悄悄地流入云天吗？《草原》的第一个自然段，就将我们带入了那"一碧千里，而并不茫茫"的大草原。在这大草原上，作者的笔触从天上到地下，随意地挥洒着。草原的可爱，使这里的天都"比别处的更可爱"，空气的清鲜，天空的明朗，都使作者"满心的愉快"，这种愉快是发自内心的，是毫无掩饰的，以至于使作者"总想高歌一曲"。明朗天空下的草原，更是别有一番风味。虽是"一碧千里"，辽阔无边，却让人看得真真切切，透出了草原特有的纯净。纯净的草原并不是单调的，起伏的小丘凸显出它迷人的曲线，羊群为它的绿毯绣上了白色的大花。辽阔是美，曲线是美，白色的大花，更是美。但是草原最吸引人的，还是它那特有的绿：绿的写意——"就像只用绿色渲染，不用墨线勾勒的中国画那样"；绿的随意——"到处翠色欲滴"；绿的畅快——"轻轻流入云际"。在"这种境界"中，人又如何能不惊叹，不舒服，不任自己的思绪随着这"轻轻流入云际"的绿慢慢地流淌呢？文中"静立不动"的骏马和大牛，更能衬托出"这种境界"的妙不可言。当然，这妙不可言的境界自可在诗句中寻觅、探访。

又如《望天门山》："天门中断楚江开，碧水东流至此回。"山水辉映，楚江浩荡，似乎把"天门"冲"开"，而"天门中断"使楚江得以奔腾而出，激流穿越天门。山依水立，水由山出，山水相连，景象壮观。此时的李白定是在远眺天门山夹江对峙，江水穿过天门山，水势湍急、激荡回旋这一壮丽景象。浩荡东流的楚江冲破天门山奔腾而去，气势壮阔。天门两山本来是一个整体，阻挡着汹涌的江流。由于楚江怒涛的冲击，才撞开了"天门"。李白在《西岳云台歌送丹丘子》中也描绘了相似的情景："巨灵咆哮擘两山，洪波喷流射东海。"在诗人笔下，楚江仿佛成了有巨大生命力的事物，显示出冲决一切阻碍的神奇力量，而天门山也似乎默默地为它让出了一条通道。天门山下的江水，又反过来凸显了夹江对峙的天门山对汹涌奔腾的楚江的约束力和反作用。由于两山夹峙，浩阔的长江流经两山间的狭窄通道时，激起回旋，形成波涛汹涌的奇观。借山势写水之汹涌，借水势衬山之奇险。描绘万里江河受到峥嵘奇险的山峰阻遏时出现的情景，写得淋漓尽致，读得荡气回肠。"两岸青山相对出，孤帆一片日边来。"承前望中所见天门两山之雄姿、长江江面之远景。诗人并不是站在岸上的某一个地方遥望天门山，他"望"的立脚点便是从"日边来"的"一片孤帆"。"两岸青山相对出"的"出"字，使本来静止不动的山带上了动态美。舟行江上，顺流而下，望着远处的天门两山扑进眼帘，显现出愈来愈清晰的身姿时，夹江对峙的天门山，似乎正迎面向自己走来，表示它对江上来客的欢迎。青山既然对远客如此有情，则远客自当更加兴会淋漓。"孤帆一片日边来"，正传神地描绘出孤帆乘风破浪，越来越靠近天门山的情景，以及诗人欣睹名山胜景、目接神驰的情状，饱含诗人的激情。

《望天门山》意境开阔，气魄豪迈，音节和谐流畅，语言形象生动，画面色彩鲜明。虽只有短短的四句二十八个字，但它所构成的意境优美、壮阔，人们读了诗恍若置身其中。诗人将读者的视野沿着烟波浩渺的长江，引向无限宽广的天地里，使人顿时觉得心胸开阔、眼界扩大。从诗中可以看到诗人李白豪放不羁的精神和不愿将自己局限于小天地间的广阔胸怀。"心生而言立，言立而文明，自然之道也。"语言中描绘的不仅有意境，更有作者不可遏制的真情！

再如《示儿》一诗中的"死去元知万事空，但悲不见九州同"，本来就知道人死后万事万物都可无牵无挂了，但诗人还是向儿子们交代他至死也无法排遣的极大悲痛的心境，即因为没有亲眼看到祖国的统一而感到深深的遗憾。"悲"字深刻反映了诗人遗憾、悲怆的心境。

"王师北定中原日"一句，诗人以热切期望的语气表达了渴望收复失地的信念，表明诗人虽然沉痛，但并未绝望。诗人坚信总有一天宋朝的军队必定能平定中原，光复失地，诗的情调由悲痛转化为激昂。"家祭无忘告乃翁"，情绪又一转，无奈自己已经看不到祖国统一的那一天，只好把希望寄托于后代子孙。于是诗人深情地嘱咐儿子，在家祭时千万别忘记把"北定中原"的喜讯告诉你的父亲，表达了诗人坚定的信念和悲壮的心愿，充分体现了年迈衰老的陆游爱国、报国之情，让读者从中受到感染，加深热爱祖国的情感。《示儿》用笔曲折，情真意切地表达了诗人临终时复杂的思想情绪和他忧国忧民的爱国情怀，既有对抗金大业未就的无穷遗恨，也有对神圣事业必成的坚定信念。全诗有悲的成分，但基调是激昂的。诗的语言浑然天成，没有丝毫雕琢，全是真情的自然流露，比着意雕琢的诗更美、更感人。这样从阅读中感受到的力量还有很多呢！

第二节　一花一世界：阅读的韵味

    语文这门课程将打破时空的界限，克服个人生命的有限范围，把同学们引入民族与世界、古代与现代思想文化的宝库里，与百年之远、万仞之遥的大师巨匠，与古今中外的小说家、剧作家、诗人、散文家……进行心灵的交流，精神的对话。

——钱理群

    语文，从阅读出发，走向文字，走向人的情感；走向思考，走向人的心灵；走向深广，走向文化与博大。美国著名文学评论家哈罗德·布鲁姆认为：没有文学经典，我们会停止思考，经典赋予了我们认知的能力，它们往往渗透着一种面对孤独、死亡的自我拷问和强烈的内省意识。人们在经典作品中读出了自己内心也曾经经历的困惑、迷茫与孤单，在这个意义上，文字是一种让灵魂战栗或安宁的力量。

    文字承载着文化的特质与情致，而语文课堂，就是要带领学生去拨寻星亮，融入于人间的大欢喜、大悲悯、大憎恨的博大情怀里。阅读让我们在有声有色、有思想、有韵味的语言世界里流连忘返，透过美的语言，你窥见的是美的心灵、美的世界，你将在同哭同笑同焦虑同挣扎的过程中，不知不觉地发现自己变了，变得更复杂也更单纯，更聪明也更天真，你内在的思考力、想象力、审美力、批判力、创造力都在阅读中不断丰盈。

    在《秋天的雨》这篇课文中，秋雨用它那盒五彩缤纷的颜料，送给了大自然许许多多的色彩，让大地母亲更加美丽迷人，还送给了熟透了的果实们好多好多香甜的气味儿，使人们都垂涎欲滴，并吹起金色的小喇叭，催促小动物们做好过冬的准备。我仿佛自己正打着一把小雨伞，站在秋雨中，还让我感受到了秋天有多么神奇、多么美妙。你看，它把黄色给了银杏树，黄黄的叶子像一把把小扇子，扇哪扇哪，扇走了夏天的炎热；它把红色给了枫树，红红的枫叶像一枚枚邮票，飘哇飘哇，邮来了秋天的凉爽。读到此时，就好像有一把小扇子，在给我轻柔地扇风，又好像一阵阵凉爽的空气迎面扑来……秋雨给我们带来了无限的美景，令人陶醉；并且给我老家带来了更大的丰收，稻子谷粒更饱了，农民心里更甜了！我盼望下一场秋雨早日到来！它将给人们带来更多的喜悦！

    又如《西江月·夜行黄沙道中》，其中前两句"明月别枝惊鹊，清风半夜鸣蝉"，表面看来写的是风、月、蝉、鹊这些极其平常的景物，然而经过作者巧妙的组合，平常中就显出不平常了。鹊儿的惊飞不定，不是盘旋在一般树头，而是飞绕在横斜突兀的枝干之上。因为月光明亮，所以鹊儿被惊醒了；而鹊儿惊飞，自然也就会引起"别枝"摇曳。同时，知了的鸣叫声也是有一定时间的。夜间的鸣叫声不同于烈日炎炎下的嘶鸣，而当凉风徐徐吹拂时，往往感到特别清幽。总之，"惊鹊"和"鸣蝉"两句动中寓静，把半夜"清风""明月"下的景色描绘得令人悠然神往。

"稻花香里说丰年，听取蛙声一片"，把人们的关注点从长空转移到田野，表现了词人不仅为夜间黄沙道上的柔和情趣所浸润，更关心扑面而来的漫村遍野的稻花香，又由稻花香而联想到即将到来的丰年景象。此时此地，词人与人民同呼吸的欢乐溢于言表。稻花飘香的"香"，固然是描绘稻花盛开，但也表达了词人心头的甜蜜之感。在词人的感觉里，俨然听到群蛙在稻田中齐声喧嚷，争说丰年。先出"说"的内容，再补"声"的来源。以蛙声说丰年，是词人的创造。前四句是单纯地抒写当时夏夜山道的景物和词人的感受，然而其核心却是映衬着丰收年景的夏夜。因此，与其说这是夏景，还不如说是眼前夏景将给人们带来的幸福。

下阕开头，词人就立了一座峭拔挺峻的奇峰，运用对仗手法，以加强稳定的音势。"七八个星天外，两三点雨山前"，在这里，"星"是寥落的疏星，"雨"是轻微的阵雨，这些都是为了与上阕的清幽夜色、恬静气氛和朴野成趣的乡土气息相吻合。特别是一个"天外"一个"山前"，本来是遥远而不可捉摸的，可是笔锋一转，"小桥"一过，乡村林边"茅店"的影子却意想不到地展现在人们的眼前。词人对黄沙道上的路径尽管很熟，可因为醉心于倾诉丰年在望之乐的一片蛙声中，竟忘却了越过"天外"，迈过"山前"，连早已临近的那个社庙旁树林边的茅店，也都没有察觉。前文"路转"，后文"忽见"，既衬出了词人骤然间看出了分明临近旧屋的欢欣，又表达了他由于沉浸在稻花香中以至忘了道途远近的怡然自得的入迷程度，相得益彰，令人玩味无穷。

再如《鸟的天堂》，全文笼罩着美的意境。你读着文章，恍若随同作者巴金一起荡舟，漫游在落日的余辉中、黎明的曙光下，全身心都融入了自然风光里。读毕或许久久才能回过神来，心里还依恋着这诗情画意般的美景。为什么《鸟的天堂》能给人这样强烈的美的感受？因为作者用轻松的笔调记叙了一次愉快的游览。结伴同游的年轻人投入幽静的自然风光中，身心是这样的放松，气氛是这样的和谐。他们在大榕树下欣赏奇景，感受徜徉在"鸟的天堂"里的乐趣。这一份假日里的闲情逸致多么诱人。《鸟的天堂》能给人美的享受，还因为作者用优美的语言描写了一个奇特而美丽的景观——一株有"鸟的天堂"美誉的大榕树。作者从不同的距离上、在不同的时间里来描写这株大榕树，给读者留下了深刻的印象。

文贵曲忌直，本文围绕作者的思想变化，欲扬先抑。先写第一次看到是几株大榕树的错觉，先抑；后写真是一株大榕树，后扬。先写没有看到鸟的遗憾，又抑；后又突出写群鸟嬉戏的场面，再扬。证实鸟的天堂的确是鸟的天堂，前后对比，波澜起伏，产生动人的艺术效果。全文读之自然流畅，诵之朗朗上口，归功于文章的气韵贯通。写动态的第一段，作者用两个表时间的名词"起初""后来"，用两个写拍手的短句，连起了由静寂到有鸟，再到鸟开始飞起，最后到处是鸟，每个场面各具情态，又一以贯之。下面的一段，则体现了由概括到具体、由整体描写到局部刻画的连通：由"眼睛应接不暇"的概写，到"看清楚了这只，又错过了那只，看见了那只，另一只又飞起来"，再到对一只画眉鸟的细写，连贯流畅，紧凑而又有变化。

还有《落花生》一文，虽是谈一粒花生，却从中映照出人生。许地山对生命意义的追寻与独特理解是他作品中最动人的亮点。文章的主旨是散文中的"我"领悟并揭示出来的："人要做有用的人，不要做伟大、体面的人。"花生深埋土中不为人所识，花生以自己的"牺牲"而使自己"有用"。"无我"故能破除对物质的贪恋，"有我"方能主动选择与承担自己的责任，使牺牲成为可能。爱既"有我"又"无我"，以"有我"来实现"无我"的爱，兼有博大与慈悲的境界。

"落花生精神"以出世的态度来入世。一方面保持锐意的进取之心，一方面又保持平和的生存态度；一方面积极地去做一个有用的人，一方面也明白人的命运被限定。许地山一生都在求索着人生的密码与终极目的，也在行动中表明自己的赤子之心。《落花生》以对话写人记事。在平淡如水的记叙中，蕴涵了殷殷的深情。收获花生的夜晚，妻子儿女、父母昆仲姊妹，数人围坐一屋，品尝着自己亲手种植的花生，一灯如豆，言欢意惬，这该是一幅多么令人神往而又回味不已、充满着温馨气息的阖家欢乐图哇！这里有慈母的爱、严父的情、兄姊的宽厚、小弟的聪颖。从这里，当母亲的可以寻到子女的拳拳寸草心，做父亲的可以觅得妻子的温柔、儿女的厚爱，做儿女的也不难体味出父母天高地厚一般的养育之恩。总之，任何人都可以从中领会到家庭的温暖与天伦的乐趣。父亲与膝前儿女们亲切的闲谈、热烈的讨论、家常的絮语，品评着人世间一件最常见而又微小的事物。没有慷慨激昂的陈词，也无阐幽发微的"春秋"大义，看似平淡无奇，却包含了人世间所有父亲望子成人的殷殷深情。

当然，写得华丽并不容易，写得朴素则更难。也只有写得朴素了，才能显出真正的文采来。《落花生》平易、浅显、简洁，一望而知其寓意，但它并不浅薄。它那平易的话语，讲的是人人都懂的道理："要做有用的人，不要做伟大、体面的人。"毫无故弄玄虚、自作高深莫测之态。有的只是谆谆的教诲、切实的希望。然而就是这平易浅显的常理，也并不是每个人都能悟出它的真谛，并付诸行动。普希金说："精确与简洁，这是散文的首要美质。它要求的是思想，没有思想，再漂亮的语句也全无用处。"《落花生》行文简洁明快，没有拖泥带水的絮絮叨叨，没有天高地远的高谈阔论，也没有晦涩费猜的玄机妙语，更无刮古搜今、广引博征的自我炫耀和卖弄。然而它在家人的闲谈中流露出的一种朴素的思想，却可以使人们站得更高，望得更远，引起遐想和深思。

《落花生》虽属记叙散文，却也正是托物言志的典范。作者正是借"落花生"这个最平易、最常见而又有益于人类的小小植物，寄托了"要做有用的人，不要做伟大、体面的人"的朴实而可贵的志向。文章中的父亲将花生与"鲜红、嫩绿的苹果、桃子、石榴"相比，揭示了花生的可贵品格：质朴无华，不求外表美观，不讲虚荣，不慕显赫，只求于世有用。在这里，作者将花生好处的有关知识，自然贴切地移接到对人生社会的知识上。这就深刻地反映出作者的爱憎、好恶以及默默献身人类的朴实可贵的人格。"文如其人"，"人如其文"。

最后，谈谈《少年闰土》一文。文中说"我"在听到母亲提到闰土时，脑子里忽然闪出了一幅"神异的图画"，"似乎看到了我的美丽的故乡了"。这图画正是"我"记忆中的美好童年的幻影。"我"的这次回乡，一半也是想要寻回那已经逝去的美好回忆，然而并不能，因为那"时时记得的故乡"不过是"心象世界里的幻影"而已，那一幅美丽的神异的画面，其实是"我"幼年时凭着一颗童稚的心，根据闰土的描述而幻想出来的梦罢了，"我"只是如"我"往常的朋友们一样，"只看见院子里高墙上的四角的天空"。可以说，闰土的出现给"我"的童年带来了无尽的欢乐，虽然"我"一直未能亲身体会到闰土所讲的装弶捉小鸟雀、海边拾贝壳和瓜田刺猹的乐趣，这些欢乐的记忆只在"我"脑中蕴藏、发酵，加上农村淳朴的乡情，最后汇结成了那一幅神异的美妙的图画。而这图画最终凝聚在"天空中挂着一轮金黄的圆月，下面是海边的沙地，都种着一望无际的碧绿的西瓜"，凝聚在"紫色的圆脸，头戴一顶小毡帽，颈上套一个明晃晃的银项圈"，凝聚在那深蓝的天空中……

一花一世界，一树一菩提。透过文字，仿佛走进了大千世界；经历语言，可以感受到似锦繁花。走进阅读，便有数不尽的鲜活故事；品味文本，又有多少世间悲欢离合。这便是阅读的力量！读书之乐乐何如？绿满窗前草不除。读书之乐乐融融，冰雪聪明一卷中！

第三节　组合阅读：阅读的课堂

做教研员久了，思考课堂的方式愈加不同。每每走进课堂，总是会想学生应该怎样学，从学生的课堂表现中去发现学生的获得，这样的获得对未来学习积淀了什么，会是怎样发展。

有很多人问我，你的"组合阅读"是在一个怎样的语文阅读教学理念下产生的？我总会直愣愣地回答：这来自于多年困惑。学生学习语文的兴趣从哪儿来？学生面对一篇课文的意义到底是什么？"这个例子"，会产生无数个怎样的例子？我们的语文课堂对学生的语文学习产生的重要影响是什么？

组合阅读是由问题倒逼产生的话题，由此，一个个话题式的专题研究在语文教研活动中不断产生。比如"新课程理念下，语文课程有效教学方法的选择与设计""新课程理念下，语文教学的视野—思维—研究""新课程理念下，关注学生课堂表现——语文教学策略的研究""新课程理念下，小学语文教学实现'组合结合'的研究""重视核心素养落实，深入研究组合阅读，提升学生阅读素养""聚焦教师关键能力，研究提升课堂质量，助力教师专业发展"……在专题研究中不断解决问题，在不断解决问题中深化专业思考。就是这样，一步步从问题思考到设专题研究来解决问题，再从专题研究认识关键问题到进一步研究思考变成课题，通过实践与理论的结合去找寻解决教学问题的答案。"组合阅读"是什么？"组合阅读"是"组合阅读教学"的简称。

"组合阅读"，指为实现一定的阅读教学目标，从文体、主题、作家作品、时代、内容等不同层面将课内阅读与课外阅读进行联结、比较，互文相互映照，构建课内外文本之间的联系，扩大学生的阅读视野，引导学生感受语言文字表达的情感，探究、解决阅读中的问题，进而促进学生的阅读力和阅读品质的提升，激发学生的阅读兴趣，培养学生积极的阅读态度，使学生在阅读中经历有意义的阅读过程，感受阅读的快乐，提升学生的阅读素养。

组合阅读的出发起点：基于精读课文拓展的组合阅读，让精读课文教学完整而丰厚；基于单元整组教学的组合阅读，让教材的功能充分发挥出来；基于课外阅读教学的组合阅读，让课外阅读的指导更有成效。

理论是灰色的，实践之树长青。只有在实践中辛勤耕耘，才能将理论不断细化、深化、活化，方能使学习的主体——学生，真正喜欢阅读，在阅读中受益、成长。我们发现，组合阅读教学，能够切实培养学生搜集处理信息的能力，引导学生通过阅读认识世界、发展思维、获得审美的体验，并鼓励学生与书为友，让阅读成为师生互促、共同成长、受益一生的优质习惯。

一、组合阅读为学生带来阅读的大视野

学生的阅读从丰富阅读量做起。多读书、多积累是我国传统语文教学的宝贵经验。《课程》在"目标"中规定，第一、二、三学段的学生课外阅读总量分别不少于 5 万、40 万、100 万字。阅读量，是组合阅读的基础思考。一教师在执教人教版六年级下册《跨越百年的美丽》一课时，学生对"四个变成"产生了质疑：

居里夫人的人生意义是什么？

为什么说居里夫人是科学史上一块永远的里程碑？

…………

据此，教师推荐学生阅读《居里夫人传》中的一些章节，如"眼疾"中居里夫人在 1927 年 9 月里写给布罗妮雅的一封短信，说出了这次胜利的秘诀：

有几次我失掉了勇气，于是就想，我应该停止工作，到乡下去住，专心从事园艺。但是有成千条锁链拴着我，我也不知道什么时候才能做这样的安排。我尤其不知道，即使我仍写科学书籍，我是否能离开实验室过日子……

"皮埃尔去世"：

我整天在实验室工作，这是我所能做的一切，因为我在那里比在任何地方都感觉好一点。我想不出还有什么事情能使我高兴，或许科学工作可以——不，还是不能，因为如果我取得了成就，想到你不能知道，我还是受不了。

"实验室"：

每天早晨总有五个或十个工作者这样聚在她要走过的地方，从她这得到鼓励和指示。玛丽笑着叫作"苏维埃"的人群，就是这样组成的。

铁门一响，居里夫人就到了通向花园的入口。这一群求教的学生快乐地挤在她周围，用含着尊敬与羞怯的语音告诉她刚刚得到的某种"测量"结果，向她报告关于钋的溶解的消息，或婉转地对她说："如果居里夫人能去看看云雾箱，就可以看到一种有趣的结果……"

学生从《居里夫人传》的片段阅读中选取了与课文相关的记录居里夫人工作、生活的选文，与课文内容相组合，学生拥有的阅读资源不仅是一个个片段，还是一本书，更是一个里程碑式的人物。在这个过程中，学生不仅解决了阅读中的问题，拓宽了视野，还深化了对人物内心世界的理解，加深了对居里夫人的敬佩之情。

组合阅读有效地增加了学生的阅读量，扩大了学生的阅读面，为学生阅读素养的提升提供了必要准备。

为学生的阅读从培养阅读兴趣做起。"组合阅读"提供了一种教学方式，使学生在阅读一系列有机组合的"文本"时，整体落实知识与能力、过程与方法、情感态度和价值观。在这一过程中，学生学会的不仅仅是一个固定的理解，而是能够通过多文本从不同层次、不同角度来看待同一个事物或问题，形成强烈的思维张力，因此可以极大地开阔学生的视野，关注学生的阅读情感，培养学生的阅读兴趣。

我在执教人教版六年级上册《轻叩诗歌的大门》这一语文综合性学习中发现，教材中的《诗经·采薇》《春夜喜雨》《西江月·夜行黄沙道中》《天净沙·秋思》等诗词，涉及诗经、唐诗、宋词、元曲等，但都是以碎片形式呈现的，这样很难让学生充分地理解我国古代诗歌的博大与悠久。为了弥补教材的不足，我带领学生查找大量相关的资料，设计"唐诗诵读"与"寻找诗人"的活动，从《唐诗三百首》《全唐诗》《全宋词》到钱钟书的《宋诗选注》，从王国维先生的《人间词话》到王力先生的《诗词格律》《汉语诗律学》，从刘公坡先生的《学诗学词百法》、俞陛云先生的《诗境浅说》到……学生捧起了一本本诗词名著，在字里行间感受着我国古诗词的韵味，寻找着感兴趣的课外诗词内容、人物故事……从送别习俗（如折柳、踏歌、饮酒）、建筑美学（如长亭、短亭）、诗歌乐律、各类意象（如芳草、月亮、子归）等不同角度，以舞蹈（《踏歌》）、古筝伴奏（《送别》）等不同方式，去感受诗人的情感，真正实现了个性化的阅读。

在此，组合阅读的方式已由平面变为立体，由单维变为多维。在这个过程中，学生不仅能够通过多文本从不同层次、不同角度来看待同一个事物或问题，而且能够强烈地感受到中华优秀诗文的魅力。

二、组合阅读为学生带来阅读的情感体验

引导学生感受阅读之"美"。语文学科是最富形象性的课程，致力于培养学生的语言文字运用能力。阅读教学就是引导学生感受、理解这些语言符号所表述的形象，让文本的语言形象转化为学生头脑中的形象，让它们栩栩如生地活动在学生头脑里，这才是语文真正意义上的教学形象性。在人教版六年级下册品味《伯牙绝弦》的文本时，教学的难点之一是对伯牙"志在高山""志在流水"中"志"字的解读。"志"字有想的意思，与"伯牙所念，钟子期必得之"中的"念"相近。但仅仅读懂这一层是不够的，"志"是文中之眼，是"高山流水"的传统文化中特有的意象，需要学生在一定的文化语境中才能理解。

课堂上，教师引导学生展开想象：高山流水之外，伯牙还会念些什么？学生说了不少美好的景象，如徐徐清风、皎皎明月、丝丝春雨……

在此环节教师话锋一转：

师：是的，你们所说的这一切，都可能会出现在伯牙的琴声中。可是课文中却只写了伯牙"志在高山""志在流水"……

（学生沉静，学生思考）

师：你们知道吗，这个"志"字在古代的写法很有意思，我们来看看——（师板书古文字"志"），下面是一颗心，上面是一只正在行走的脚，"志"的意思就是心所去往的地方，伯牙和子期的心到哪里去了？

生：到了高山流水之中。

师：古人常常借高山流水来抒发自己的志向和胸怀。杜甫就曾写过"会当凌绝顶，一览众山小"，借山来抒发自己的志向；李白也曾写过"登高壮观天地间，大江茫茫去不还"，借水来抒发自己的胸怀。

课上到这里，学生不仅对"志"的古今写法不同而展开思考，而且对伯牙与子期这两个人物，对古人以"会当凌绝顶，一览众山小"借山来抒发自己的志向，对李白以"登高壮观天地间，大江茫茫去不还"借水来抒发自己的胸怀也展开了思考。这一环节的组合阅读可谓是"情以生文，文亦以生情"。这一组合过程构建出了文字、语言、语境间有意义的关联，同时也构建起了文字之美、语言之美，由此我们看到了组合阅读形成文字—文章—文化的阅读轨迹。（引导学生感受阅读之"意"。组合阅读强调文本组合的多样性，可以从文体、主题、作家作品、时代、内容等不同层面对文本进行组合。这就为学生运用语言、理解文本提供了较大的空间，为阅读过程中的多元化的理解提供了可能）

以《凡卡》一课教学为例实施组合阅读，引导学生关注言语风格。

（1）体会文章结尾的作用。

（2）再读结尾。

（3）联系全文，体会结尾的作用。

梦境的美好，暗示了现实的残酷。契诃夫就是这样，学生能体会这样的言语意图吗？

教师引导学生翻开《契诃夫短篇小说（选文）》，读《渴睡》《牡蛎》，边读边回忆刚刚学过的《凡卡》，提示学生：你们有什么发现？可以将自己的发现、感受写在旁边。

教学中选择的是同一作家——契诃夫，相同主题——穷苦孩子的悲惨命运这样两篇作品引入课堂学习。这样的学习，是以课外阅读拓展为基础，学生就在众多作品的相互比较间，自主发现作家契诃夫在进行小说创作过程中的三个重要的创作风格。学生就在这样大量的课外阅读的积累中，对作家和作品的认识有了质的飞跃，不仅能读其文，更能识其人，自然而然地将学习由课内引向课外。

(1)发现相同:三篇作品都是在抒写人物内心的痛苦。

(2)发现不同:三篇作品对人物内心的抒写方式各有不同。

《凡卡》借"信"抒写内心。

《渴睡》从"人物表现"展现内心。

《牡蛎》透过"幻想"展露内心。

在组合中发现:契诃夫善于刻画人物的内心世界,但他的刻画是从多角度进行的,因此也就塑造了形形色色的人物,清晰地展现了他们的情感世界。也正因如此,契诃夫才打造了一篇又一篇震撼人心的作品。

再如,《伯牙绝弦》一课感悟"难逢"这个环节。"子期死,伯牙谓世再无知音,乃破琴绝弦,终身不复鼓。"这简短的文字如利刺般扎在了读者的心中。

备课时,我们总会想:"子期死后,伯牙为什么会认为世上再无知音,一定要终身不再弹琴了呢?"是的,伯牙高贵的情怀对我们普通人来讲确有不理解的地方。这对学生而言,也是阅读过程中容易产生困惑的地方。如果这一困惑不能解决,学生就难以走进伯牙的内心,触碰他心中无限的悲恸;就难以理解、认同伯牙破琴绝弦的行为。而解决这一困惑,单靠教材本身是难以完成的。至此,利用组合阅读,引领学生从其他的阅读文本中发现"情感"是很有必要的。为此,我们在学习单上为学生提供了以下阅读材料:

材料1:

以伯牙之艺,而独一子期能知其志。

——(战国)《吕氏春秋》

材料2:

知音其难哉!音实难知,知实难逢,逢其知音,千载其一乎!

——(南北朝)《文心雕龙》

材料3:

众音何其繁,伯牙独不喧。

当时高深意,举世无能分。

钟期一见知,山水千秋闻。

——《示孟郊》(唐)孟浩然

上述材料为学生的认知提供了脚手架,为学生的理解提供了抓手。在阅读过这些资料后,学生纷纷结合阅读材料,表达自己对"伯牙绝弦"的理解:

生1:伯牙心中有高远的志向和宽广的胸怀,但没有人能知道,只有子期一人能了解他心中的志向。

生2:千百年来,两个知音在一起是非常不容易的,古代交通又不发达,即使有俞伯牙这样的知音，也非常难遇到。

生3：黄金万两容易得，知心一个也难求！

此时，"伯牙谓世再无知音"，已不是空洞的文字，而化作了能触动他们心灵的言语。如果说语文教学要"举三反一"（韩军先生语），那么组合阅读既重在"举三"，又重在"反一"。

学生在组合阅读中获得了多阅读、多思考、多表达，从而能够真正地产生阅读的积极性。同时，学习多篇文章还能使学生在一定时间内获得更多的信息，有效地提升学生的阅读感受。因此，组合阅读是在努力实现学生阅读习惯的培养以及阅读素养的提升。

三、组合阅读转变了"学"的状态

学生通过组合阅读来深化理解，提升情感。很多时候，作家是有自己一定的创作风格的。当学生综合作家相关文本来一起看的时候，就会形成更为综合的认知，从而带动他们继续阅读相关文本，提升审美与鉴赏的水平。

比如《卖火柴的小女孩》这个童话故事，小女孩的悲惨命运固然引发了读者的同情，这也是作者重要的创作意图，但同时，在这个故事中，作者也用火柴点亮了小女孩的世界，带给小女孩温暖与幸福，而学生往往对于安徒生创作思想的认识不够。同一作家不同作品之间的联系与比较，能够帮助学生拓宽阅读视野，提升阅读理解能力。所以在理解结尾"幸福"的含义后，我在教学中引入叶君健的评论——安徒生的童话是弱者的安慰所，是美的集聚地。这一评论引发了学生对《卖火柴的小女孩》这个故事的深入思考。学生又联系《海的女儿》这部童话进行组合阅读，从中品味语言，感受形象，思考主题，表达感受。他们发现：安徒生用优美的语言创造出美妙的童话情境；小女孩金色的长头发，小美人鱼蓝得像最深的海水一样的眼睛，都是那么美丽！他们感受到，无论是小女孩还是小美人鱼，内心都充满着对美好幸福生活的向往和追求。从学生的发言中，我特别欣喜地看到，随着课上的学习，学生看问题的角度和对人物形象的认识正在发生着变化。我们看到，学生在语文阅读实践中提高了审美鉴赏能力，在阅读欣赏中内化了语言，拓宽了阅读视野，深化了对文本的理解，提升了情感。

在教《鸟鸣涧》这首古诗时，有的教师还组合了王维的另外两首诗《竹里馆》和《鹿柴》以拓展学生的阅读。在教《鸟鸣涧》时，关注"以动衬静"的表现手法，而后，教师引导学生去关联，让学生将这三首诗联系起来阅读，发现其共同点。学生很快就发现这三首诗都是山水诗，都是描写安宁之美，都运用了"以动衬静"的写法，甚至都写到了"空山""深林"等意象，都有"声色互映"

"光影交替"的意境。最后，教师联系诗人的生活背景进行归纳，总结出诗人王维的个性特点——恬淡祥和。通过这样的组合教学，学生不但能够了解"以动衬静"这种表现手法，还能通过一组诗的学习走进一类诗——山水诗，从而走进一个诗人——王维，学生读到了诗背后隐藏着的诗人的情怀、性格特征、风格等。学生头脑中的知识是版块式的，有了这样的概念，慢慢地，学生就会形成统整的概念，养成统整的习惯，懂得学习需要联系、统一、归纳、分析、思辨。

四、组合阅读在学生的学习中开启

组合阅读从某种意义上来说，更是一种关联性阅读思维。这种关联是同中有异，又异中有同。在课堂教学中，我们还时常尝试让学生自己去运用这样的思维方式，引导学生在联系与比较中，不断地培育自身思维的灵活性、独创性甚至是深刻性，从而提高学生的思维品质，提升学生的阅读素养。

学生通过组合阅读来内化方法、发展思维。例如在教《金色的脚印》一课时，学生联想到了以往阅读的《红色霜柱》这篇文章。他们不仅内化了从内容、结构、情感三个角度来理解文章结尾的方法，并在其他文本阅读中进行实践。我们更欣喜地发现，他们正在进行联系与比较，他们不仅发现两篇文章同样是写狐狸，同样写了老狐狸的那份爱这样的共同点，更发现了两个故事结局的巨大反差。《红色霜柱》一文中的结尾这样写道："那双眼睛，还没有完全干透，是一种微微的有些湿润的葡萄色，很美丽又很忧伤地看着远方的不知什么地方。"学生说："这个故事跟《金色的脚印》同样都写的是狐狸的故事，结局却完全不同，人与狐狸的关系也不同。但带给我们更多的是思考，思考人应该如何处理好与动物与自然的关系。"是啊，探索如何处理人与动物的关系不正是椋鸠十在自己的作品中经常去思考的吗？在这样的组合阅读实践中，我们发现了学生思维的深刻性、灵活性和独创性。不仅如此，在很多时候，还会影响着他们看待事物的角度，当他们进行组合阅读，理解了动物小说家的创作思想和传递的思考后，他们在看待我们的生态环境、看待身边的动物时，也变得不同了。有个孩子说："我以前很讨厌流浪狗，而今，当我看到它们的时候，会忍不住多看一眼，我明白了它们的不容易。"

在比较、发现中，组合阅读促进了学生思维的发展，更好地领会诗词之妙，提高了审美情趣。《江畔独步寻花》的作者用密密层层的春花来表现"花多"——"黄四娘家花满蹊，千朵万朵压枝低"。而《游园不值》的作者却让读者用想象来补白"花多"——"春色满园关不住，一枝红杏出墙来"。当我们把这两首表达形式完全相反的诗放在一起比较阅读时，就产生了很奇妙的感觉：

繁与简，多与少，只要运用得当，就可以各尽其妙，虽异曲而同工。

在拓展、延伸中，组合阅读促进学生掌握阅读的规律，更好地发现文体特点。在执教《江南》这首小学教材中唯一的汉乐府时，如何让学生通过一首诗来初步感受汉乐府的特点是本节课的难点。而通过组合阅读，引导学生阅读《十五从军征》和《长歌行》这两首汉乐府，从诗歌所表达的内容上，学生能够很鲜明地感受到汉乐府特别贴近人民的生活，朴实无华，而且朗朗上口，可以配乐演唱。通过拓展延伸，突破了教学的难点。

第四节　组合阅读案例

《伯牙绝弦》教学设计

教学设计：史家胡同小学　张聪
教学设计指导：北京市东城区教师研修中心　蒋杰英

一、指导思想与理论依据

语言是人类沟通的主要工具，借由语言，人类得以累积经验，形成知识、文化。但随着经验、知识的不断发展、更新，原先仅止于沟通功能的语言，也逐渐复杂化、多样化，衍生出丰富的文学性与文化性内涵，它们将会随着学生对于语言本身的学习，对他们的精神世界产生深远的影响。

语言是有机的，是会发展、会改变的，所以，对于语言的学习应重视过程的发展与理解，以及在创造性实践活动中的习得，学习的目的就在于能适切地运用语言来表情达意。

在古诗文教学中，我们同样遵循着这样的思想脉络，引导学生在积累优美语言的同时，体会文字中所表达的情感，在朗朗的诵读声中"悦耳悦目""悦心悦意""悦志悦神"（美学家李泽厚语），在对文字的潜心品读中感受文化，受到熏陶，提升情趣，在积极有效的阅读经验中获取有意义的认知经验和情感体验。

二、教学背景分析

（一）教学内容分析

《伯牙绝弦》是人教版小学语文六年级上册第八单元"艺术的魅力"这一主题下的一篇文言文，讲的是春秋时期俞伯牙、钟子期以琴为媒，相识相知，最终生死相隔，人琴俱亡的故事，全文共 77 个字、5 句话，语言精粹、风格典雅、内涵深远，是引导学生运用一定的方法学习文言文，感受中华传统文化魅力的典范之作。

1. 文章美："言之无文，行之不远。"斯文之美，可得而闻乎？曰：立文之道，惟字与义，字训雅正，义理高远，尺幅短篇，奕奕清畅，抽绎文理，可师范焉。

2. 人情美：古人云："文质附乎性情"，信哉斯言！伯牙挥手，子期听声，心之所达，名言难尽，志在山水，琴表其情，鉴照洞明，若合一契，知音相逢，千载其一乎！

3. 文化美：《礼》云："凡音者，生人心者也。情动于中，故形于声，声成文，谓之音。"乐之为德也大矣！八音之器，琴德最优，遇物发声，想象成曲，情之所寄，足见高怀，峨峨群山，仁者之乐，洋洋江河，智者情抒。文化之美，于斯为盛。

(二)学生情况分析

通过五年级对《杨氏之子》一文的学习，学生对于文言文的表达形式已有了初步感知，掌握了一些阅读文言文的简单方法。在学习《伯牙绝弦》一课时，学生基本能借助工具书，把课文读通读顺；根据注释，理解、把握课文大意。

但由于文言文特有的表达形式与学生日常使用的白话文之间有着较大的差异，因此，学生对于文言文依然有着初学的新鲜感与认知上的陌生感，在理解文本、把握情感方面具有一定的困难。

这就要求教师抓住学生此时的阅读期待，激发其阅读兴趣，通过创设"古典"情景，帮助学生真切地走进文本、走近人物，自然而然地形成语言感知能力，提升文化功底；在琅琅书声的浸润陶冶中，读出古文特有的韵味。

三、教学方式和教学手段说明

(一)教学方式
诵读、感悟、对话、拓展。

(二)教学手段
赋予"诵读"这一传统教学方式以现代意义：在实践中提升言语运用能力，在情境中引导诵读，在品读中感受意蕴。

四、教学目标

(一)正确、流利地朗读课文，并尝试读出古文的韵味。背诵课文，积累中华经典诗文。

(二)能根据注释初步了解课文大意，感受伯牙和子期之间的"知音"深情。

（三）组合阅读"高山流水"，体会文化含义，从而感受优秀诗文所具有的文化魅力。

五、教学重点、难点

（一）教学重点

能借助注释初步了解文言文大意，感受伯牙和子期之间的"知音"深情。

（二）教学难点

借助课外资料了解"高山流水"的文化含义，感受优秀诗文所具有的文化魅力。

六、教学流程图

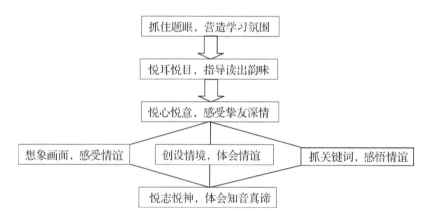

抓住题眼，营造学习氛围

悦耳悦目，指导读出韵味

悦心悦意，感受挚友深情

想象画面，感受情谊 创设情境，体会情谊 抓关键词，感悟情谊

悦志悦神，体会知音真谛

七、教学过程

（一）抓住题眼，营造学习氛围

1. 今天我们要来学习一篇文言文，它讲述了一个发生在两千多年前春秋时期的故事。

2. 指名读课题，并解题。

3. 借助篆书的字形特点，引导学生理解"绝"的含义：

（1）在篆书中，"絕"字右边是一把刀和一个人，左边是一束丝。你理解"绝"的意思了吗？

（2）是呀，咱们的汉字多有味道哇，一个字就是一幅画，以刀断丝就是"绝"。只不过，伯牙切断的可不是一般的丝，而是琴弦。

【评析："析字"。通过篆书"絕"的引入，渲染传统文化氛围，激发学生的学习兴趣，感受中华汉字的魅力。】

(二)悦耳悦目,指导读出韵味

1. 自读课文,把字音读准确,句子读通顺。

指名读课文,引导学生将课文读正确,读通顺,注意恰当停顿。

2. 指导读出韵味。

预设:当学生没有读出古文韵味时,教师通过范读给予点拨、引导。

3. 理解读。

自学课文,借助课下注释,理解文章大意,并读出自己的理解。

【评析:"让学"。通过三次朗读,充分调动学生自主学习的能力,尊重学生学习过程中的主体地位。】

4. 抓住重点字词读。

(1)我们一起来看——在这篇课文中,"善"字出现了四次,意思一样吗?谁能结合着课文来说一说?

(2)你想怎样来读"善哉"?

倾听学生的朗读,如果学生未能读出赞叹的语气,则通过教师范读,启发学生用心感受词语所传递出的情感;当学生通过朗读表达这种情感时,给予激励性评价:"我听出了你由衷的赞叹!看,读古文并不难,我们的语言和古人的语言是有相通之处的。"再利用这一生成资源引导其他学生也体会着朗读:"谁也体会到了这样的赞叹之情,愿意'说'出'善哉'这个词?"

(3)创设情境,朗读"善哉"。

此时,你面对拔地而起的高山,你想怎么读?

如果你眼前是一条波光粼粼的小溪,你想怎样赞美它?

(4)带词入句,读出情感:谁愿意像钟子期那样,赞美一下伯牙的琴声。

【评析:"经历"。理解"善"字在具体语境下的不同含义,经历语言实践的过程,感受古文的意蕴。】

(三)悦心悦意,感受挚友深情

1. 自读自悟,感受情谊。

(1)默读课文,找出具体地描写"伯牙善鼓琴,钟子期善听"的语句。

伯牙鼓琴,志在高山,钟子期曰:"善哉,峨峨兮若泰山!"

志在流水,钟子期曰:"善哉,洋洋兮若江河!"

(2)学生想象情境,自读感悟。

【评析:"想象"。引导学生通过想象,将语言文字转化为生动鲜活的情境,体会字里行间所表达的真切情感,同时也渗透了诵读文言文的方法。】

2. 创设情境，体会情谊。

(1)创设情景，分角色朗读。

伯牙鼓琴，志在高山，

钟子期曰："善哉，峨峨兮若泰山！"

志在流水，

钟子期曰："善哉，洋洋兮若江河！"

预设 1：倾听学生的朗读，抓住课堂生成资源，通过评价性语言顺势引导，启发学生想象情景，读出画面。

预设 2：如果学生读不出画面，则创设情境使其眼前呈现画面。

(2)师生合作读。

预设：师读：伯牙鼓琴，志在高山。

生读：钟子期曰："善哉，峨峨兮若泰山！"

师读：志在流水。

生读：钟子期曰："善哉，洋洋兮若江河！"

评价预设：这就是——"伯牙所念，钟子期必得之。"

【评析："造境"。在语言情境中培养学生的语感，让语言充实学生的内心情感，读文生情，情动形言。】

3. 抓关键词，感悟情谊。

(1)理解"念"。

从文中找出与"念"意思相近的词——"志"。

理解"念"与"志"的意思：两个字都是"心字底"，意思都是"想"。

伯牙与子期心有灵犀，真是一对"知念"的好友呀！（板书：知念）

(2)理解"志"。

①引入资料：老师在课前查找了一些相关资料，我们的这篇课文，选自古书《列子》，在战国的《吕氏春秋》中，也记录了这个故事，大家都来读一读。

伯牙鼓琴，志在高山，钟子期曰："善哉，峨峨兮若泰山！"志在流水，钟子期曰："善哉，洋洋兮若江河！"

——《列子》

(伯牙)志在泰山，钟子期曰："善哉乎鼓琴，巍巍乎若泰山！"……而志在流水，钟子期复曰："善哉乎鼓琴，汤汤乎若流水！"

——《吕氏春秋》

②学生交流：你欣赏哪一种写法？说说感受。

③品读：体会"高山"与"泰山"之间的不同。

感受泰山与江河是在如何形容伯牙的志向与情怀。

④借助资料，引导学生理解"高山流水"在中国文化中所具有的特殊含义。（出示：智者乐水，仁者乐山）

⑤这里的"志"仅仅是"想"吗？

预设：学生能理解这里的"志"的意思是理想、是志向、是情怀。（板书：知志）

【评析："明'志'"。引入资料，拓展阅读，通过学习古代的语言文化，使学生感受"志"的含义】

(四)悦志悦神，体会知音真谛

1.体会失去挚友的悲情。

(1)学生读出相关的语句："子期死，伯牙谓世再无知音，乃破琴绝弦，终身不复鼓。"

(2)引读。

师读：当伯牙"志在高山"时，却听不到子期说——

生读：善哉，峨峨兮若泰山！

师读：当伯牙"志在流水"时，却听不到子期说——

生读：善哉，洋洋兮若江河！

2.表达阅读感受。

(1)痛失挚友的伯牙，一定有许多话想对子期倾诉，想象一下，伯牙会怎样对子期说？（也可以运用新学的文言文表达）

子期死，伯牙曰："乃破琴绝弦，终身不复鼓。"

(2)学生交流、表达。

(3)小结：只有这样心心相印、至死不渝的生命之交，我们才能称他们为——知音。（板书：知音）

【评析："表达"。把学生的课堂生成资源转化为教学资源，以写抒情，体会"知音"的真谛，与文本所表达的思想感情产生精神的共鸣。】

3.创设情境，指导背诵。

4.背诵。

(五)板书设计

伯牙绝弦

琴

知念

知志

知音

【总评】

《伯牙绝弦》是一篇荡气回肠、耐人寻味的文言文。新版课标中没有就小学阶段的文言文学习提出明确目标，但是面对六年级的学生，我们应该本着联系的思想、发展的眼光来看待他们今天的学习，注重积累、感悟，逐步提高欣赏品位，为他们第四学段的学习做好铺垫。

本课的教学设计正是从这一角度出发，为我们提供了以下启示：

1. 坚守积累，在诵读中"悦耳悦目"。

纵观本课的教学设计，"诵读"贯穿其始终。这一传统教学方式在课堂上被赋予现实意义：初涉课文，教师设计了四次诵读，从读准字音、读通句子，到读出古文的韵味；从带着理解，整读全文，到抓重点词语，密咏恬吟。学生在读中感受、在读中体验、在读中理解，熟读思考，自然成诵。动情的朗读能够帮助学生真切地感知作者心声的流淌，"言若出乎我口，意若出乎我心"，文言句式和表达习惯就会自然而然地融入学生的语感。

2. 组合阅读，同情理解"悦心悦意"。

国学大师陈寅恪先生曾提出对于古代文化要有"同情之理解"。《伯牙绝弦》记述的是两千多年前春秋时期发生的故事，距今较远，学生不易与文中的人物产生情感的共鸣与"同情之理解"。在教学过程中，教师运用组合阅读的策略拉近"古人"与"今人"之间的距离：通过想象情景，分角色朗读，从创设对话情境的文本对话中走进了人物的内心；通过书写伯牙痛失挚友后的所思所想，以写抒情，体会"知音"的真谛。所谓"情以生文，文亦以生情"。学生在这一过程中，构建出了语言和语境间有意义的关联，丰富了自己个性化的情感经验，触摸到了伯牙、子期高洁的情怀。

3. 拓展视野，在文化中"悦志悦神"。

《伯牙绝弦》是传诵千载的人文经典，在教授的过程中，不能将学生的理解局限于文字的"语表意义"当中，更应该向学生传递语言背后的文化含义，将其放置于浩浩荡荡的传统文化之流中加以观照。上课伊始，教师就通过篆书"囍"字的引入，激发起学生对古典文化探究的热情。教学过程中，又通过情景的创设、经典的引入，拓宽学生的人文视野，使之思接千载，视通万里，自然而然地形成人文积淀。

第二章　组合阅读与学生的课堂

儿童是起点，课程是终点。只要把教材引入儿童的生活，让儿童直接去体验，就能把两点连接起来，使儿童从起点走向终点。

——[美]约翰·杜威

第一节　一个假设：没有老师的课堂

组合阅读来自于我的一个假设。通俗地说，即"课堂 40 分钟没有老师，只要学生自己反复地读，学生理解课文也不会有困难的。中国一句古话说得好，书读百遍其义自见。""学生在 40 分钟的课堂里，一遍遍地用钢笔、铅笔、荧光笔不停地画着那些词句，学着自己批注，这样不断地读，就能读明白了。""教师让位，学生自主学习，学生的学习机会多了，课堂就会有变化了。"

随我走进课堂。

课堂 40 分钟没有老师，只要学生自己反复地读，学生理解课文也不会有困难的。

事实证明在很多时候，这样的课堂效果是不理想的。不过，只要在教学过程中加入一些改动，课堂呈现的结果就能改观。"作者要告诉我们什么？作者要向我们表达什么？你的感受是什么？"这是一个阅读者在阅读过程的基本逻辑，是阅读者自发生成的对文本内容的需求，是主动参与的阅读过程。阅读有方向，自然就有收获。一节语文课学生的收获就只局限于课本中的一篇课文吗？看，某班的学生在《植物妈妈有办法》的课堂上给出了答案。

《植物妈妈有办法》是部编版教材二年级上册第一单元中的一课。这首讲述植物传播种子的诗歌，生动形象地介绍了蒲公英、苍耳、豌豆传播种子的方法。那天课上，当学生们借助"乘着、挂住、炸开"等动词理解了诗中三种植物传播种子的方法后，我准备引导课堂进入尾声："今天，我们学习了《植物妈妈有办法》这一课……"

"老师，我还知道草莓是用它自己的根来传播种子的。"一名学生突然激动地打断了我的讲话。

"这你是从哪儿知道的呀？"我微微一笑，询问道。

"我家有本绘本，叫《一粒种子的旅行》，里面讲了好多植物是怎么传播种子的。可有意思了！"

我一听，嚯！看来还跟我们学的诗歌内容有不少相似的地方呢！也许对孩子们学习这一课会更有帮助。想到这儿，我微微一笑，对他说道："那你明天能把书带来，让我们一起读读吗？""好的！"学生爽快地答应了。

第二天，这名学生带来了绘本。在全班同学期待的目光下，借着多媒体投影的帮助，我们迫不及待地读了起来……

"哇！好神奇呀，草莓竟然是这样长成的！"

"原来凤仙花还叫作'别摸我'，是因为它会把自己的种子抛到空中。"

"太有意思了！"班里学生的小眼睛好像都发出了亮光，紧紧地盯着书，嘴里还不断地发出感慨。

看着他们津津有味读书的样子，又看了看书上的课文，我对孩子们说道："孩子们，这本书有意思吗？"

"有！"所有同学异口同声地答道。

"那咱们能不能像小诗人一样，仿照课文的句式，把这本绘本中有趣的种子传播方式说给大家听呢？""好！"

经过热火朝天的讨论，孩子们的小手一个个举了起来，争先恐后地想要分享自己的小诗。

有的孩子结合罂粟的传播方式在课文的基础上稍微改动了一点：

罂粟妈妈准备了降落伞，

把它送给自己的娃娃。

只要有风轻轻吹过，

孩子们就纷纷洒向四周。

有的孩子更多地用自己的话去创编小诗：

樱桃妈妈给孩子编织了漂亮的红毛衣，

小鸟吃下它，

再排出粪便，

孩子们就能在地里发芽了。

还有的小诗是这样的：

橡子的妈妈更聪明，

她给孩子们喷上了"香水"吸引了松鼠的注意，

　　在它的帮助下，

　　孩子们便开始了在森林中的旅行。

　　真是让人惊喜不已。这之后，有位家长发来微信说与孩子在家一起看电视时看到了很多植物，没想到一向话比较少的孩子像是突然打开了话匣子，不仅能够准确地说出那些植物的名称，还滔滔不绝地说了许多植物传播种子的方法，最后还背了一首自己创作的小诗。家长非常开心，跟我说："真没想到孩子竟然还能创作诗歌了。"

　　回顾这次的课堂，我不禁感慨。可以说，课上学生提到的《一粒种子的旅行》虽是一次出乎意料的发言，却也成就了这次课堂，促使我们通过进一步阅读有了更多的收获。这次组合阅读不仅使学生在无形之中收获了许多自然科学知识，让他们更加愿意亲近、热爱大自然了，更重要的是让学生在仿照句式创编小诗的过程中得到了语言运用能力的提升。

　　可见，当教师的视野打开了，学生的视野也才能更加宽阔。教师在课堂上不仅仅是让学生学习课文，还应该让学生通过学习课文，见识到更广阔的天空，进一步获得自己认知、能力上的提升。感谢这次"意外"，让课堂变得更加精彩，让学生收获更多。

第二节　一些引导：提供适当的方法路径

　　对于小说的阅读，学生在小学阶段还处于感知的状态，我们需要给学生一定方法的引导、过程性的点拨，使学生对于小说文体的特点有一定了解，通过组合阅读完整把握人物形象，让学生对于小说塑造人物形象的特点有新的认识。

　　我们在教俄国作家契诃夫的《凡卡》这篇文章时，组合了契诃夫的另一篇小说《渴睡》，课堂教学中，引发学生关注小说中的环境描写对于塑造人物形象所起到的重要作用。

　　《凡卡》这篇小说中学生最爱读的部分就是凡卡对冬季家乡美好情景的回忆：

　　天气真好，晴朗，一丝风也没有，干冷干冷的。那是没有月亮的夜晚，可是整个村子——白房顶啦，烟囱里冒出来的一缕缕的烟啦，披着浓霜一身银白的树木啦，雪堆啦，全看得见。天空撒满了快活地眨着眼睛的星星，天河显得很清楚，仿佛为了过节，有人拿雪把它擦亮了似的……

　　这段环境描写如同美丽的童话世界一般，这是凡卡曾经生活的乡下，更是凡卡心中的家乡。在教学中，教师从学生的阅读兴趣出发，引发学生关注

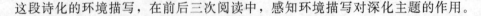

这段诗化的环境描写，在前后三次阅读中，感知环境描写对深化主题的作用。

一、初读，感受家乡生活的美好意境

学生在初次阅读时，这段环境描写总会读得特别动情。因为这部分内容能够链接起学生和亲人在一起的欢乐情景，能够对接学生内心真挚、纯真的情感。学生在阅读中，感受到凡卡家乡的诗情画意，景的美、人情的美在这段环境描写中渲染到一定高度。

二、再读，强烈对比中理解内心的渴望

在学生学习到文章最后一个自然段时，首先引发学生想象：

师：凡卡做了一个梦，这究竟是个怎样的梦呢？你能展开自己的想象说说吗？

学生怀着自己内心的美好开始想象凡卡的梦境：

生1：我觉得小凡卡回到爷爷身边，和爷爷幸福地生活在一起。晚上陪着爷爷在别墅的周围守夜；到圣诞节的时候，和爷爷一起砍圣诞树；休息的时候，还为爷爷弹奏着自己的小风琴，泥鳅在脚下走来走去。

生2：小凡卡终于回到了乡下姥爷家，见到了自己日思夜想的爷爷，还见到了乡下曾经玩耍的伙伴。课下，我在阅读《凡卡》这部小说的原文的时候，我知道，凡卡曾经生活的乡下姥爷家有一位小姐，凡卡的妈妈为她做过女仆，就是这位小姐教会了凡卡看书、识字。那么在凡卡的梦中，他一定与那位小姐见面了，她为凡卡讲述着妈妈的往事……

生3：在和爷爷一起守夜时，小凡卡站在小山坡上，呼吸着村子里清冷、自由的空气，清楚地看着村子里那一个个白房顶，看着房顶上烟囱里冒出来的一缕缕的烟，看着小山上那披着浓霜一身银白的树木，看着那天空中撒满的快活地眨着眼睛的星星……

此时，学生怀揣着内心的美好，再次动情朗读文章第6自然段。

师：就是这样的人、事、景，相信家乡生活的一切都会出现在凡卡的梦里，这不仅是凡卡的梦，更是我们所有人的梦。但梦境再美好，也终究会有醒来的时候，梦醒之后的现实会是怎样的，你能想象吗？

学生的思绪由快乐、幸福，一下子被拽回到冷冰冰的现实之中，想象着梦醒后凡卡又要经历的痛苦生活……

生1：凡卡正做着美梦，突然就觉得头上火辣辣得疼。他一睁眼，看到老板和老板娘生气地站在他面前，老板的手里还拿着楦头。"你为什么不看孩子，孩子都哭了半天了……"伙计们在老板身后捂着嘴偷笑。

生2：凡卡每天都盼望着爷爷能来接他，但爷爷并没有出现……就这样，他每天吃不饱，睡不好，饱受老板的折磨。在一个寒冷的早晨，小凡卡终于永远地躺在冷冷的过道里……

"乡下美好"与"城市悲苦"，学生已将课文中的文字转化为自己的言语，转化为真实的画面，出现在头脑中，就在这样强烈的对比中，学生甚至将文中所描绘的画面转化为自己真实的内心体验，想凡卡所想，感凡卡所感。

三、三读，走进人物的内心世界

师：正如刚刚我们交流到的，小凡卡在城市生不如死，他的心愿只有一个，那就是回家。当我们说到这儿，你有什么疑问吗？

学生的疑问自然而然产生：

生：凡卡那么想回乡下，为什么当初还要离开呢？乡下生活得好好的，为什么要来城里？

借助背景资料，学生了解到凡卡是在乡下生活不下去，爷爷万般无奈才将他送到城里。接着，学生的第二次质疑开始——

生：城里的生活是无尽的痛苦，可是在乡下，凡卡依旧活不下去，在哪儿都是一样的苦，为什么凡卡还一定要回到乡下去呢？

这个问题直指凡卡的内心。

师：此时，你一定能体会凡卡心里最想要的是什么了吧。

生1：凡卡渴望的是亲情，渴望和爷爷在一起。

生2：虽然乡下的物质生活是苦的，但在乡下，凡卡有自由，这就是凡卡的心。

师：你们一定还记得文章中那段犹如童话世界一般的家乡景象的回忆，那不正是凡卡内心渴望的真实写照吗？就让我们再读读这段内容吧……

接下来就是学生对这段环境描写的动情朗读，这既是引发学生对乡下美好生活的再一次回顾，又是学生对凡卡内心，甚至是每一个读者内心情感最好的抒发。

在此基础上，学生在自主课外阅读中，组合契诃夫的另一篇同样展现俄国沙皇统治下孩子悲惨命运的小说——《渴睡》，学生会自觉地运用《凡卡》阅读中的方法——小说中的环境描写对于塑造人物形象的重要作用，借助《渴睡》中环境描写的片段，在与《凡卡》的对比中，更好地认识小说中的瓦尔卡这一人物形象。具体学习环节如下。

找到《渴睡》中环境描写片段。

师：课外我们还读了大量契诃夫的小说呢，还记得《渴睡》这篇小说吗？

生：这篇小说写的是一个 13 岁的小保姆叫瓦尔卡，被主人压迫。白天干活，晚上哄孩子，极度渴望睡眠。长期半梦半醒的状态下她受不了孩子的哭声就把孩子杀了，自己终于可以睡觉了……

师：这部小说中也有很多环境描写的段落呢，我们都来找一找。

学生在自主课外阅读的基础上，找到《渴睡》这篇小说中环境描写的重要片段。

神像前面那盏长明灯在天花板上印下一大块绿斑，褴褓和裤子在火炉上、在摇篮上、在瓦尔卡身上投下长长的阴影……灯火一闪摇，绿斑和阴影就活了，动起来，好像让风吹动的一样，屋里挺闷。有一股白菜汤的气味和做靴子用的皮子的气味。

乌云在天空互相追逐，跟孩子一样地啼哭。可是后来起风了，云散了，瓦尔卡就看见一条宽阔的大路，满是稀泥；沿了大路，一串串的货车伸展出去，背上背着行囊的人们在路上慢慢走，阴影摇摇闪闪；大路两旁，隔着阴森森的冷雾可以看见树林。忽然那些背着行囊、带着阴影的人倒在烂泥地上。

蟋蟀在炉子里唧唧地叫；天花板上的绿斑、裤子和褴褓的影子，又扑进瓦尔卡的半睁半闭的眼睛，向她眨眼，弄得她脑子里迷迷糊糊。

从《凡卡》《渴睡》对比中交流发现，组合文本引入后，学生自觉地就会进行比较。

生 1：《凡卡》中，我们看到了孩子的天真和纯洁，虽然初尝生活苦难，但依然对未来抱有美好希望，以为回到爷爷身边，生活就会改善，就拥有了幸福。凡卡，这个 9 岁孩子眼中的童年还显得那么美好。

生 2：《渴睡》中的瓦尔卡和凡卡中的环境描写明显不同。"神像前面点着一盏绿的小长明灯"，神像和长明灯"在瓦尔卡身上投下长长的阴影"。即使在半梦半醒的状态中，瓦尔卡所看到的除了父亲的死亡，便是"乌云在天空中互相追逐，跟孩子一样地啼哭"，自己走在一条"满是稀泥"的大路上，"背着行囊、带着阴影的人们倒在烂泥地上""乌鸦和喜鹊坐在电线上，像娃娃一样地啼哭"，她和母亲"正在赶到城里去找活儿做"。在瓦尔卡的生活中没有任何希望。

生 3：从这两部作品对"环境描写"的对比，我们感受到了这两个人物的相同和不同。两部作品都是展现在沙皇俄国统治下命运悲惨的儿童形象。但不同的是生活已经使 13 岁的瓦尔卡不再具有 9 岁凡卡那样的天真和浪漫。

借助环境描写，读懂人物形象，触摸创作初衷。

在组合阅读中，学生感受到：两篇小说同样展示的是两个无辜孩子的悲惨境遇和看不见希望与未来的生活，更让我们看到了作家对现实的指斥与批判——俄国沙皇统治下的儿童的不幸，他们没有希望，没有出路，不论做何种努力都是枉然，都逃不脱悲惨的结局。

学生在 40 分钟的课堂里，一遍遍地用钢笔、铅笔、荧光笔不停地画着那些词句，学着自己批注，这样不断地读，就能读明白了。

在四年级的语文课堂上常常会看到教师这样引导学生："画出描写爬山虎叶子的语句，在旁边批注叶子给你留下的印象。"有的学生会圈画语言写样子，有的学生会圈画语言写情感，此时的批注只是教师"如愿以偿"的一个过程，在课文的"文字"上转圈圈的过程，学生能够留下什么？难道读书就是圈圈画画吗？阅读的效力和收获到底是什么？传统课堂上用荧光笔、下划线圈注并反复阅读的方式，对学生的理解到底有多大帮助呢？在阅读《认知天性》一书时，我找到了钥匙。从 20 世纪 60 年代中期的一系列调查发现，重复接触可以强化记忆，这种看法是错误的。多伦多大学的心理学家恩德尔·托尔文在当时做了一项实验，用记英语普通名词的方法来考查人们的记忆力。实验第一阶段的内容很简单，给不知情的参与者一列成对的词组（例如，"椅子—9"就是一对词组），让人们念 6 遍。每对词组的第一个单词都是名词。在念完 6 遍之后，参与者才被告知要记忆一列新名词。一组人就记忆刚才念过 6 遍的词组中的名词，而另一组人要记忆的名词则与他们刚才读过的不一样。令人意外的是，托尔文发现两组人记忆单词的效果并没有区别。从统计上看，两组人的学习曲线是重合的。按照一般人的直觉来说，这肯定不可能，但事实证明，事先接触对事后记忆并没有帮助——仅靠重复无法增进学习效果。之后也有许多研究人员做过进一步的实验，考查重复接触或是长时间思考一件事情到底能不能对今后的记忆有所帮助。这些研究都证明并解释了这样的发现。①

学生的课堂表现也在证明画画批批有帮助，但是批画落下来的思考，才是最为重要的，它可以调动学生去发现类似语境、相近情感的言语表达，引导学生在互文中比较，充分运用组合阅读的方式激发学生对语言文字的感受力，获得阅读体验，激发阅读兴趣。

第三节　一段旅程：文本—大师—生活

针对叶圣陶的《爬山虎的脚》的学习，徐阳老师设计了"走近叶圣陶"的主题教学课堂。课堂上为学生创设了自主研读文本的空间，学生根据自学提示

---

① ［美］彼得·C. 布朗，［美］亨利·L. 罗迪·格三世，［美］马克·A. 麦克丹尼尔著，邓峰译：《认知天性》，北京：中信出版社，2018 年，第 15 页。

自主研读：

　　爬山虎的嫩叶不大引人注意，引人注意的是长大了的叶子。那些叶子绿得那么新鲜，看着非常舒服，叶尖一顺儿朝下，在墙上铺得那么均匀，没有重叠起来的，也不留一点儿空隙。一阵风拂过，一墙的叶子就漾起波纹……

　　师：默读画批，围绕着爬山虎叶子特点、脚的特点、爬的过程以及脚的变化这几方面交流自己感兴趣的内容。

　　生：我从"绿得那么新鲜""叶尖儿一顺朝下"这些地方感受到爬山虎叶子特别美，看上去很舒服。

　　生：读着"一阵风拂过，一墙的叶子就漾起波纹"这句话，我好像看到了一墙的叶子犹如绿色的水面，风吹过，便泛起层层涟漪，特别好看。

　　从学生的交流可以看到，有的学生关注了颜色、排列，体会到了叶子的静态美，还有的学生关注了叶子随风拂动的风姿，感受到了动态美。就在学生体会着一动一静的画面时，我引导学生体会这是在作者细致观察的基础上而产生的。

　　接着在交流爬山虎脚的特点以及爬的过程时，基于学生自主阅读文本的理解，我重点引导学生结合文本并借助图片，来深入理解爬山虎脚的特点。

　　生：我从"像蜗牛的触角""图画上蛟龙的爪子"这些地方一下子就知道了爬山虎脚的样子，我觉得叶圣陶爷爷的观察特别细致，而且语言特别适合我们小孩子，一读就懂。

　　在理解爬山虎脚的生长位置时，我借助多媒体辅助教学工具来检验学生对文本的理解，让学生参照文本内容，在 Pad 上把"爬山虎的脚"拖动到正确的位置，随后对照学生移动的"脚"的位置进行评议，针对出现的问题学生再次回读文本，全班交流。学生在教师创设的真实、直观的情境中，利用 Pad 多媒体辅助教学工具，准确、深入地理解课文内容，感受着叶圣陶观察的细致入微和用词的生动准确。同时教师利用 Pad 及时反馈学生的生成，在阅读—思考—判断—甄别的过程中发展学生的逻辑思维能力。而在交流爬山虎爬的过程时，学生在自读文本的基础上，抓住了文中"触、巴、弯曲"等动词，理解爬山虎是怎样一脚一脚往上爬的。

　　师：读了课文，你知道爬山虎是怎样一脚一脚往上爬的了吗？从中你又感受到了什么呢？

　　生：爬山虎的脚先触着墙，然后细丝变成小圆片，巴住墙。之后细丝由直变弯曲，把爬山虎的嫩茎一拉，使它贴在墙上。

　　生：我从"巴"住墙的这个"巴"字感受到了爬山虎脚的力量，就像文章后面提到"要是你的手指不费一点儿劲，休想拉下爬山虎的一根茎"，这应该就是爬山虎的脚巴在墙上的原因。

生：“弯曲”“拉一把”“紧贴在墙上”这些看起来似乎是连续的动作，事实上爬山虎要全部完成需要好几天的时间，所以从这里也能看出这是作者经过了长时间、细致观察的结果。

在学生交流后，我为学生播放视频，帮助学生更加直观地感受爬山虎爬的过程，随即提问。

师：你们想过为什么叶圣陶爷爷说“一脚一脚”往上爬而不是“一步一步”往上爬吗？

生：因为爬山虎每爬一步，就长出一个新脚，不是像动物走路两脚交替进行。

学生在思考、交流中感受到了爬山虎这种植物生长的特点，同时也体会到了作者用词的准确。在充分理解了文章内容之后，我提出问题并引导学生思考。

师：刚才我们围绕着自己感兴趣的部分交流了阅读的感受，那叶圣陶爷爷是怎样为我们介绍爬山虎的脚的呢？

生：叶圣陶爷爷是按爬山虎的生长位置、爬山虎的叶子、脚的特点、爬的过程和脚的变化来写的。

生：叶圣陶爷爷经过长期、细心的观察，用优美生动的语句把爬山虎的一举一动呈现给我们。

师：除了内容，你们还有什么想了解的？

生：我觉得叶圣陶爷爷写的爬山虎的脚太有意思了，他还写过其他的作品吗？

生：我还想读叶圣陶爷爷更多的文章，看看是不是都是这样写的？

学生再次回读课文，联系所学展开了交流，有的学生从内容方面展开了思考，有的学生则关注了作者的观察和表达，就在这样的交流中，学生不仅深化了对文本的理解，还逐渐体会到了作者的语言特色，从内容走向了表达。

从《爬山虎的脚》走出来，学生们也一定想起了三年级学过的散文《荷花》，从这两篇文章我们不难发现叶圣陶平实、生动、有趣的语言特点："荷叶挨挨挤挤的，像一个个碧绿的大圆盘。白荷花在这些大圆盘之间冒出来。有的才展开两三片花瓣儿。有的花瓣儿全都展开了，露出嫩黄色的小莲蓬。有的还是花骨朵儿，看起来饱胀得马上要破裂似的。""爬山虎的脚触着墙的时候，六七根细丝的头上就变成小圆片，巴住墙。细丝原先是直的，现在弯曲了，把爬山虎的嫩茎拉一把，使它紧贴在墙上。爬山虎就是这样一脚一脚地往上爬。如果你仔细看那些细小的脚，你会想起图画上蛟龙的爪子。"这样的语言多有趣呀，写得多妙哇！叶圣陶先生的语言就是这样，在他的童话《稻草人》里，语言更平实了。我们据此组合阅读叶老的《稻草人》一书，以此来整合课内外阅读资源。《稻草人》是中国儿童文学史上第一部童话作品，语言生动优美，富有想象力，适合四年级的学生阅读，特别是童话这种文学体裁贴近儿童，也更容易被中年级学生所接纳，他们能够在阅读中品味童话的语言，体会童话的特点。走近叶圣陶的阅读之旅就这样开启了。

有了孩子们自主阅读《稻草人》一书的基础，在阅读推进课上，我们组合阅读了这本书中的童话片段。

师：这本书中每个故事都有一个个性鲜明的主人公，这些主人公分别给你留下了怎样的印象呢？

生：鲤鱼给我留下的印象是很勇敢的，它不会放弃自己的希望。因为它在困境中用泪水拯救了自己。

生：我觉得人物很善良，因为在晚上，他捡到了一袋钱，他想到了丢钱的人肯定特别着急，所以他既没有把钱丢掉，也没有带回去，而是一直站在路边等着丢钱的人。虽然大家都叫他"傻子"，但我却很喜欢他。

教师引导学生先关注主人公形象，感悟作品主题。课堂上，学生呈现出了独特的阅读体验，有的从故事中感受到了主人公面对困难不屈服的精神，有的从主人公的行为中看到了金子般善良的内心，学生在读中思考，在读中感悟。在交流中，不仅对故事中人物的认识逐渐丰满起来，还在讨论交流中深化了对故事内涵的理解，走向作品的主旨。

在交流故事的主人公形象之后，继续引导学生思考。

师：这本书中除了这些个性鲜明的主人公，还有什么也让你印象特别深刻？

生：《芳儿的梦》给我留下的印象很深，因为在故事里面，叶圣陶爷爷描写月亮姐姐带着芳儿去摘星星的画面很美，所以这篇故事给我的印象很深。

生：《富翁》这个故事中说所有的人都变成了富翁，这是现实生活中不可能发生的，叶圣陶爷爷是在用富有想象力的语言告诉我们"金钱不是万能的"这个道理。

生：我觉得叶圣陶爷爷的这段文字想象力特别丰富，充满了童趣，而且是在用儿童的语言来写文章。

课堂上，学生的阅读认识在逐渐深刻。有的在词句段篇的联系中展开了积极的思考；有的在相互启发中思维也在相互碰撞着。就这样，我们一起走进了叶圣陶的语言世界。在进一步体会叶圣陶语言特点的同时，学生的思维也得到了发展。

当然，阅读的乐趣不只来自作品本身，更来自于阅读的交流与分享。学习本单元后，学生都用自己喜欢的方式表达阅读的收获。有的学生从朗读中联想到文字背后的画面，给文字配了插图；有的学生在阅读中感悟作品的主题，用图画表达阅读后懂得的道理；有的学生根据文字展开想象，创作连环画，取其重点将长篇幅的故事变为生动的画面。

学生作品 1

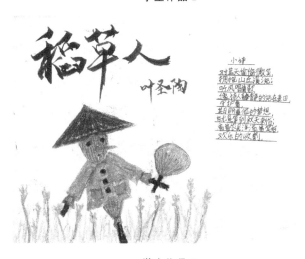

学生作品 2

有的学生在阅读后还创作了诗歌作品。在这些同学的启发下，课堂上，每位学生都即兴创作了小诗。

生 1：稻草人，尽职责；鸟啄身，仍护田。

生 2：旅行家，好心肠；送机器，巧报答。

生3：大富翁，真爱财；千金屋，终饿死。

生4：小白船，随风飘；历艰辛，返回家。

小种子	小白船	稻草人	旅行家
真奇怪	白又洁	热心肠	来地球
平常心	小朋友	爱助人	献爱心
盛开放	配坐它	却无力	真善良

学生作品 3

小种子	小白船	稻草人	瞎子瞎
真奇怪	真有趣	尽职责	聋子聋
平常心	乘善良	鸟啄身	做自己
盛开放	乘天真	仍护田	过幸福

学生作品 4

一首首小诗，表达着学生阅读的真实感受。更可贵的是有的学生以小报的形式分享在阅读中对于作品和作者的新认识，表达自己对叶圣陶的喜爱和钦佩之情，可以看到学生已经自主地将作品与作家相关联，在自我感悟、分享、交流中逐步走近叶圣陶。

学生作品 5

学生的课堂经历可以说是丰收的阅读过程，当教师问到对叶圣陶爷爷有哪些新的认识时，学生做出了如下表达。

生：我对叶圣陶爷爷的新认识是知道了他也有一颗像我们一样充满童真、童趣的心。

生：叶圣陶老爷爷非常和蔼可亲，他写的每一个故事也都很有童趣。

生：我眼中的叶圣陶是一个热爱生活的老爷爷，因为他会用生动、优美的语句记录他所看到的、经历过的一切。

从一篇课文到一部作品，学生经历了"走进文本—走近大师—走出文本—走向生活"的全过程，走近了真实的叶圣陶，感受到了他对儿童的热爱、对生活的热爱，以及他的为人、为学的态度和对中国儿童文学的贡献。

一次主题式学习，让教师与学生共同走近了一位大师，共同经历了一段多彩的阅读旅程。我想，当语言承载的内涵与语言本身的美被学生所分享、所接受的时候，他们的阅读能力和审美水平也会不断提升，而这一定也会为孩子们和教师的成长不断蓄力。

又如对《精卫填海》这篇神话的教学，我们也采用了"组合阅读"的学习方式，为学生补充了互文文本，帮助学生通过这些文本深入体会人物的可贵精神，并将其内化、融入于自身的成长和生活。

这篇神话故事深刻、深远地传达着中华传统文化的思想。故事中的精卫形象是中华民族博大坚忍、自强不息的民族精神的象征，是中华文明中闪耀着特殊光彩的文化符号。在学习中，引导学生感受神话的力量，培育学生良好的思维品格，建立积极的人生观、价值观，这是在课堂教学中应有的育人方向。同时，引导学生展开想象，在理解故事的过程中，体会精卫这一神话的形象，感受精卫的坚韧、执着，是本课应实现的语文学习方向。

从学生已有的阅读经历来看，他们通过阅读了解故事内容并不困难，但是透过课文短短的35个字，感受精卫坚忍、执着的人物形象，体会其中蕴含的精神力量会有困难。那么怎么才能帮助学生认识精卫，感受精卫形象，进而体会其内在的精神力量呢？适时适当的组合阅读，将课外阅读资源引入课堂，帮助学生丰富对文本的认识与理解，就显得尤为必要了。

因此，在本课的学习中，在学生学习遇到困难的时候，我们引导学生组合阅读了《山海经·精卫填海》(节选)和"历代具有精卫精神的名人诗句"，帮助学生突破学习的重点难点。主要教学环节如下：

1. 组合阅读，"认识"精卫。

教学中，引导学生借助组合阅读材料《山海经·精卫填海》，想象精卫"常衔西山之木石"的经历，感受精卫坚韧、执着的形象。

(1)教师出示：组合材料《山海经·精卫填海》(节选)。

有鸟焉，其状如乌，文首，白喙，赤足，名曰："精卫"，其鸣自詨。

——《山海经·北山经》

(2)学生自由读。

(3)全班交流读。

(4)回读课题，教师引发质疑。

师：当我们再读课题的时候，你心中有什么疑问吗？

生：小小的精卫鸟，怎么能填平这大东海呢？

师：好问题，这个问题来自于文章的内容，真会提问！能解答吗？答案就在文中，谁找着了？一起来读——(出原文)

生：常衔西山之木石，以堙于东海。

(5)抓住"常衔"，感受形象。

师：你能想象，就这小小的精卫会是怎样的"常衔西山之木石"，以堙于那大东海呢？你们想到了吗？

生：日复一日、年复一年地衔来西山的石头填大大的东海。

师：那会是怎样的日复一日、年复一年呢？你想到了怎样的情景？

生1：狂风骤雨中继续衔着西山的石头填塞东海。

生2：寒冬，寒风冻伤了精卫的翅膀，她仍然是衔着西山的石头去填海。

....

师：你能把你想到的情景读出来吗？

（生有情感地朗读"常衔西山之木石，以埋于东海"）

师：如果此时东海和精卫对话，他们会说些什么呢？

生1：大海说："你还是放弃吧，你怎么可能把我填平呢，别自不量力了！"精卫坚定地说："你不会增高，只要我日复一日、年复一年地填，总有一天会把你填平。"

生2：大海说："别开玩笑了，就凭你自己怎么可能把我填平呢？"精卫说："我可以有子孙后代，他们会继续来填平你，世世代代延续下去，总有一天能把你填平。"

师：了不起！他不仅想到了是日复一日、年复一年地填，更想到了是长长久久世世代代地填下去。你是怎么想到的呢？

生：我在课外阅读了《中国古代神话故事》，其中讲到了精卫与海燕结婚了，雌的像精卫，雄的像海燕，他们的子孙到现在还在填着东海。

师：看，同学们，阅读带给他智慧，阅读的文字此时已经转变成他此时头脑中的情境了。真会读书！

师：此时的精卫在你心中是怎样的呢？

生1：坚定。

生2：坚韧。

生3：有信念。

....

（6）有感情地朗读全文。

此环节借助组合文本，关注形象，旨在借助组合阅读文本，丰富对精卫的认识，经历对精卫这个形象入心的过程。

2. 组合阅读"历代具有精卫精神的名人诗句"，体会民族精神。

师：是呀，精卫坚定的信念，怎能不令我们心生崇敬，正因如此，这个神话故事历经几千年，一直被中华儿女所传诵——

师：晋代大诗人陶渊明曾写下这样的诗句表达守卫家国的决心——

生：（读）精卫衔微木，将以填沧海。

师：宋代大学士张耒也曾这样表达——

生：（读）愚公移山宁不智，精卫填海未必痴。

师：明末清初的大学者顾炎武更是把自己比作精卫，我们一起读——

生：（读）大海无平期，我心无绝时。

师：此时此刻，结合我们刚刚所有交流的内容，我们来想想，此时精卫在你心中，还仅仅是一只小鸟吗？

生 1：精神的化身。

生 2：是中国人志气的象征。

·············

师：精卫就是从远古走来的民族精神，激励着一代又一代的中华儿女追求理想，向往光明。

我们设计这两个环节的用意是借助组合阅读，引导学生从精卫填海中感受精卫坚守信念坚忍不拔的精神，感受神话的力量，唤起学生对民族传统精神的热爱之情。

第四节　一次尝试：开启思维的无限可能

在语文教学中，我一直秉持这样一种观念：教师让位，学生自主学习，学生的学习机会多了，课堂自然就会有变化了。在学生的自主学习过程中，他们头脑里无限的思维空间就会被激活，从而形成真正的创造力与表达力。

一、图文结合，激活思维

《女娲补天》是统编版语文四年级上册第四单元的最后一篇课文，也是一篇略读课文。本单元以"神话"为主题还编排了《盘古开天地》《精卫填海》《普罗米修斯》三篇精读课文。在这个单元四篇神话故事的教学中，我们要关注三个语文要素的落实，分别是："了解故事的起因、经过、结果，学习把握文章的主要内容""感受神话中神奇的想象和鲜明的人物形象"以及"展开想象，写一个故事"。

略读课文在教学方式上与精读课文有明确区别，精读课文更多是出于学习的考虑，略读课文的目的侧重实践。这就要给学生空间，根据导语提示，围绕核心问题取主舍次、抓大放小。提示学生要关注以下几点：读提示，明确要点；自主阅读，实践阅读策略，获得再认知；重体验，让学生有更多的听说读写活动；小组合作，学生之间互补、互促。教师应是学习调控者。

在略读课文的教学中，老师就是一个学生自主学习活动中的调控者，不要讲很多，也不要按照自己原来的理解，非要求学生做到什么程度，它是一个实践过程。《女娲补天》就是一篇略读课文。在前三篇课文学习的基础上，教《女娲补天》时，老师始终以"神奇"为主线。先让学生从本单元的前三篇神话入手，回顾故事中最神奇的地方；然后聚焦在《女娲补天》这个神话故事中最神奇的内容上。学生从文字入手，把"展开想象讲神话"的方法迁移到本课的学习中。在交流的过程中，教师适时引入绘本内容，进一步帮学生丰富、充实自己的想象。学生在讲故事的过程中，触摸到女娲顽强、智慧、甘于奉献的人物形象。在整个课堂教学设计当中，组合绘本阅读的加入就成为亮点！

1. 巧借组合阅读，活化文本

课堂上，学生在讲故事的环节中，自然把目光聚焦到《女娲补天》这篇课文中最重要和最神奇的内容。原文如下：

女娲先从各地捡来赤、青、黄、白、黑五种颜色的石头，燃起神火熔炼。随着神火渐渐熄灭，五种颜色的石头被炼成了黏稠的石浆。女娲用这些石浆把天上的大窟窿修补好。从此，天上便有了五色的云霞。

学生在引导下自主发现："捡石头""炼石头""补天"的过程文中并没有具体给出，只是知道这些过程很艰难。这些地方成了学生把故事讲生动的空白点，学生可以展开自己合理的想象。在学生静静思考和自主练习之后，他们会这样表达：

生：我想讲讲女娲捡石头的过程。女娲开始翻山越岭，飞到世界各地去找来了赤、黄、白、黑四种颜色的石头，但是唯独"青"色的石头没有找到。她飞得筋疲力尽，终于在一座山中发现一片清澈的湖水，她下到水中寻找青色的石头，但是突然从湖底冒出一只神兽，告诉她："女娲，我知道你来干什么，但是青色的石头是镇湖之宝，如果你想拿走必须找来神草代替。"女娲感谢神兽之后赶紧找，终于找到了神草，然后拿给神兽。随之，青石也飞到了女娲的手里，闪耀着光芒，女娲赶紧拿着青石飞走了。

从学生的交流中，我们看出学生都会描述女娲如何排除万难，一块一块地寻找石头。学生会想到她有一块石头特别来之不易，学生会想到一路上女娲可能碰到各种怪兽，学生会想到女娲遇难时不惜一切要把石头找齐。这些都是学生基于之前的学习，联系生活、联系阅读经验等展开的神奇的想象。此刻，我们出示了绘本《女娲补天》中的一幅图片。

教师引发思考：这是绘本里作者用图描述的女娲找五色石的过程，你们来点评一下这幅图。就是这样一幅画面摆在你面前，你的脑海里也一定有无数个由这个画面产生的想象，给你一分钟，你静静地看……之后，老师提供给学生一个很开放的空间。学生畅所欲言：

生：我看到凤凰飞来了，还有人骑在麒麟身上、神骑在乌龟背上，似乎有一个神兽，可能是青龙吧，有身子和尾巴。

生：我看到了很多颜色的石头，估计石头就是这样找来的，可能是这些神送来的。

生：我觉得背后这个黑色的背景，可能就是作者想描述的天塌之后的那种混乱和黑暗。

此时，学生关注到了绘本中的人物、神兽，尤其是那个见尾巴不见头部的龙，同时学生还关注到绘本中的一点点像石头一样的圈晕，关注到这些人、兽的走向，猜测他们此行的目的。甚至在教师的启发下，他们还会关注到背景漆黑一片的原因。绘本中图画的运用，就是把核心素养中的审美素养在这里进行了提升。我们在学生想象"捡石头"的过程中，把相对应的绘本内容这样巧妙地引入，不仅没有固化学生思维，反而提升了学生的想象。不是为了超越作者，而是在这样的过程中给学生一个台阶，让孩子们跳上去，之后再能蹦一蹦，给孩子们的想象架起一个支点，使其任意驰骋。就这样，在教学中，教师把文本用活了。

2. 巧借组合阅读，激发学生的想象

本单元要在教学中落实的语文要素的第二条是：感受神话中神奇的想象和鲜明的人物形象。就是要通过神话故事的阅读和学习，让学生感受到神话中充满神奇的想象，以触摸一个又一个鲜明的人物形象。

我们借助绘本《女娲补天》的图片进行教学的过程，就是围绕自己所看，展开天马行空的想象。学生在看到图片的时候，一下子就被这样的画面所吸引。有了一番思考之后，更是积极踊跃地举手发言，发表看法。随之而来的，是他们自由的、有趣的、神奇的想象。学生会想到石头是被人送来的，学生会想到神仙去哪里了，学生会想到那条龙为什么不出现头部，学生会想到第五个神兽和人为什么不在图中，等等。在这样的思维过程中，学生必然会感受到神话故事的神奇。接着，老师引导学生对于其他内容的想象是不是有新的启发，并出示图片作者配的文字，让孩子们再通过文字进一步充实他们的想象。

转瞬间，女娲来到中原之地太行山。女娲仰天高呼："四方之长（zhǎng）啊，请助我一臂之力！"话音刚落，句（gōu）芒从东方携青石乘龙而来；祝融从南方乘麒麟携赤石而来；玄冥从北方而来，灵龟背驮黑石；蓐（rù）收由西方带着白石乘凤鸟而来。

在教学的过程中，我们没有给学生文字，而是为学生先提供了图，通过图画给了学生想象的空间。学生在读图的过程中，激发了阅读兴趣，发散了思维。接着，再看作者规范的表达。在阅读作者的文字中，学生进一步充实着自己的想象，感受着神话的神奇。在这样的过程中，绘本的运用，为学生讲述故事时更生动、更神奇做好了一定的铺垫。

3. 巧借组合阅读，实现"话"与"画"的转化

阅读教学的最终目的还是要提升学生的语言实践能力，提升学生的语文

阅读素养。在这节课的组合阅读教学中，我们通过聚焦内容—展开想象—组合阅读—继续想象的过程，启发学生的想象，训练学生的表达，促进学生思维的发展。组合阅读在这里起到了非常关键的作用。学生在阅读图片的过程中，驰骋自己的想象，进而把自己头脑中想象的画面转化成了自己言语的表达，通过阅读作者的表达，去想象作者笔下女娲捡来五色石的画面，又通过图片和文字的阅读，影响着自己对于文中其他内容的想象和表达。

学生在组合阅读之后，他们对于"炼石浆"和"补天"的内容是这样想象的：

生：女娲找齐了五色石之后，就开始想怎么炼石浆。她从祝融那里找来材料，熔铸了一口巨大的含金大锅，然后她就想如何找来神火。只听她一声呼叫，叫来了土地公公，土地公公告诉她地下有千年老树。女娲找来千年老树的树根，又找来金灿灿的点火石，来到了火焰山，一擦，燃起了神火。炼了三天三夜，可石浆还是颜色分明，女娲就把手指划开小口，把血加入大锅中，终于五色的石浆融为一体，炼好了。

生：炼好石浆之后，女娲托起沉重的大锅，穿过云层，飞向天空。只见女娲托着滚烫的石浆，使劲一泼，石浆就补上了漏洞。但是一阵狂风吹来，部分石浆落入了人间。女娲赶紧穿过云层，来到人间寻找，找到之后石浆已经干燥，无法补天，女娲就把自己的鲜血融入这块石浆之中，石浆一下就软化了，女娲继续工作，终于把天都补好了。

听完学生的表达，我们不难发现，从"土地公公"等神仙的加入、"一声呼叫"等神话般的表达中，就能找到组合阅读中我们师生交流的影子。学生是在自己已有经验的基础上，受到了绘本的启发。

就是这样的放手，为学生的阅读放出了一片开阔，就是这样地让位于学生，使学生在这样的文本阅读和言语活动中，自觉地把故事中的图片和文字，转化成了头脑中的一幅幅画面，同时在表达中又将这一幅幅画面，融入自己的内心情感，再次转化成言语，同时，又继续影响着自己更进一步的思考和表达。就在这样一次次"话"与"画"的转化中，学生感受到有想象有思考的表达不仅能让神话变得更神奇，也为学生更好地走进人物的内心、触摸人物形象服务，进而实现了学生语言的发展与建构、思维的发展与提升。

二、勾连全书，展开想象

教师的让位给了学生一次次独自奔跑的机会。再看安冉老师在《轻叩诗歌的大门》综合性学习的课堂。"昔我往矣，杨柳依依。今我来思，雨雪霏霏。"——这是《轻叩诗歌的大门》综合性学习单元中的《诗经·采薇》（节选）。

师：今天这节课，就让我们轻轻地叩响诗歌的大门。请同学们出声读读单元导语，想想从中你都知道了什么。

生：生活处处有诗歌。

生：我国是一个诗歌的国度，最早的诗歌总集《诗经》，从古至今涌现了许多伟大的诗人。

从学生的交流中可以看到，他们从单元导语入手，提取生活处处有诗歌、我国是一个诗歌的国度、最早的诗歌总集《诗经》等信息。这时我适时引入《诗经》：

师：读读这些四字词语："窈窕淑女、忧心忡忡、信誓旦旦、巧言如簧、小心翼翼、不可救药"，这些词语与《诗经》有什么关系呢？

生：我想这些四字词语一定都出自《诗经》。

师：这些词语都源于《诗经》，让我们都来读读有关的诗句，你有什么发现吗？

窈窕淑女："窈窕淑女，君子好逑。"（《诗经·周南·关雎》）

忧心忡忡："未见君子，忧心忡忡。"（《诗经·召南·草虫》）

信誓旦旦："信誓旦旦，不思其反。"（《诗经·卫风·氓》）

巧言如簧："巧言如簧，颜之厚矣。"（《诗经·小雅·巧言》）

小心翼翼："维此文王，小心翼翼。"（《诗经·大雅·大明》）

不可救药："多将熇熇，不可救药。"（《诗经·大雅·板》）

生：我发现这些诗句都是四个字的，跟我们平时读过的五言诗、七言诗不同。

生：我发现虽然《诗经》是我国第一部诗歌总集，但诗句中的这些词语我们生活中也会用到。

走进诗歌的单元，学习诗歌前，学生读这些源于《诗经》中的四字词语以及对应的诗句。学生在这一读一悟中，拉近了《诗经》与他们的距离，并且也感受到了《诗经》以四言为主的写作形式。继而引入《采薇》（节选）。

学生在自由读、指名读《采薇》（节选）的过程中，读准字音，读通诗句，并且能结合着注释，交流眼前看到的画面，将想象到的画面融于自己的阅读中。读后教师出示图片，学生结合图片理解题目《采薇》的"薇"的意思。（"薇"，野豌豆苗，嫩苗可吃）继而有学生提出疑问：书中的四句诗，与题目有什么关系？

师：题目《采薇》是什么意思？"薇"指的是什么？

生："薇"指的是野豌豆苗，嫩苗可吃，《采薇》题目的意思是采豌豆苗吃。

生：老师，我想问个问题，书中节选的这四句诗写得都是柳、雪这样的景色，它与题目有什么关系呢？

　　学生在多种形式的朗读中先读好四言古诗。同时又从题目与《采薇》(节选)的四句诗有何关系的质疑中引入整首《采薇》。组合阅读《采薇》整首诗，学生结合注释和译文，想象画面，将书上的文字转化为自己的语言。边想象边写下士兵作战等场景。在创造性表述的过程中，感受士兵作战的艰苦、思乡的哀情。生生交流中，继续加深对久别故乡之哀的理解，为学生入情入境地朗读整首《采薇》奠定了基础。

　　师：请同学们放开声音朗读《采薇》整首诗，全诗一共六章，读准字音，读通诗句。(自由读、指名读)

　　师：刚才的《采薇》(节选)，为我们描绘了杨柳飘动、雪花飘落的景象。在整首《采薇》中，你又能看到哪些不同的画面呢？请同学们默读《采薇》，选择其中一章，把你看到的画面写在学习单上。

　　师：同学们所写的这一个个画面，讲述着这个士兵作战的生活；这一个个画面，诉说着这个士兵内心的情感。让我们再来一起读读整首《采薇》吧！(全班齐读)

一、读了《诗经·采薇》(全篇)，我感受最深的画面是 在边疆的宿营地里，战士们想着如何攻和守。而这时有一位小兵，他在想家乡，把家乡比喻成美丽的棠棣花。他自问："那辆战车是谁的？是那位在深夜里看守宿营地的将军。"战争要开始了，他要想着多杀掉几个敌人，多胜利一次。

学生作品6

一、读了《诗经·采薇》(全篇)，我感受最深的画面是 棠棣花开满路边，高大马车停在路旁，将帅生在上面，士兵在马车旁等号角吹响。四匹高大、强壮的骏马在前等待，骏马的头高傲的抬起，仿佛在为战争作准备，又仿佛为自己的与众不同而自豪。士兵搬来了粮食和营帐。士兵与自己的亲人告别。骏马长嘶，将士出发，一批军队马上就要走向战场。

学生作品7

> 一、读了《诗经·采薇》（全篇），我感受最深的画面是全军军容齐整，准备浴血奋战，和敌军展开了激烈的战斗，战友们一位接一位的倒下，战马嘶鸣，终于敌军溃败了，尸横遍野，多少战士战死沙场，无法归家，前几日还在军营中饮酒，现已成为一具冰冷的尸体，现在战们从战场返回，雪花已纷纷落下思念家乡和战友的心也越来越沉重了。

学生作品 8

本环节组合阅读《采薇》整首诗，学生结合注释和译文，想象画面，将书上的文字转化为自己的语言，边想象边写下士兵作战等场景。在创造性表述的过程中，学生感受着士兵作战的艰苦、思乡的哀情。生生交流中，继续加深对久别故乡之哀的理解，为学生入情入境地朗读整首《采薇》奠定基础。

而后教师引导，学生提出了"为什么前三章里会有这么多语句反复出现"的质疑，发现相同语句，了解《诗经》中重章叠句写作手法。

师：我们经常说，诗歌用最凝练的语言，传递着最丰富的情感。再读读前三章，你有什么发现吗？为什么前三章里会有这么多语句反复出现呢？（小组讨论）

生：我感觉读起来特别有节奏感。

生：一次又一次地说，就跟写文章一咏三叹一样，情感好像越来越强烈。

生：这些重复的语句，让我体会到了这个小战士对家乡的思念，以及战争给他带来的苦难。

师：在《采薇》这首诗中，战士把最强烈的思乡情感，一遍又一遍地诉说。其实对于周朝人来说，战争是他们不得不承受的事情，只是由于热爱国家、渴望和平，才走向了战场。战争终于结束了，征人有幸生还本应高兴，但当他拖着疲惫的身体一个人走在阔别已久的回乡途中时，走在这纷纷的大雪中，却显得如此悲寂。

学生们在合作学习中发现就是这小小的薇菜的成长，这三次"曰归曰归"体会到了在重复的句式中，还蕴藏着强烈的情感。由此习得《诗经》中一个重要的表现手法：重章叠句。通过男女生对读、师生接读等多种形式的朗读，再次体会每一章只变换几个字，却深化了意境，强化了小战士对家园的思念、对战争艰苦这一情感的表达。读完整首诗后，学生再次读书中《采薇》（节选）的四句诗。

师：你们现在再读读书中节选的这四句诗，与开始读时，感受有什么不一样吗？

生：开始读时，我觉得又有杨柳，又有飞雪，景色特别美，但当我读了整首《采薇》以后，再回看这四句诗，我觉得这景色特别凄凉。

生：现在再读这四句时，我觉得读的不仅是景色，还有这名小战士痛苦、孤寂的内心情感。

通过组合阅读《采薇》一诗，我们会发现学生只有读整首诗，才能真正地理解书中节选的四句古诗的内涵所在。课堂最后，学生回顾整节课的学习内容，交流本节课的收获。

师：能谈谈你们这节课还有什么收获吗？

生：知道了《诗经》的诗句主要以四言为主。

生：通过读整首的《采薇》，我看到了两千多年前，这名小士兵的作战生活。

生：我了解了《诗经》重章叠句的表达手法。

而后，教师适时引入展现不同社会生活面貌的诗句，感悟《诗经》成为经典的原因，激发学生课下自主组合阅读《诗经》的兴趣。

师：其实我们今天读的《采薇》，只是《诗经》305首中的其中一首。《诗经》中的作品反映了西周初年至春秋中叶约五百年间的生活风貌，我们今天读到的《诗经》，它最初是以礼乐典礼上歌唱的"唱词"形式问世的。你平时读过《诗经》、积累过《诗经》中的相关语句吗？

生：关关雎鸠，在河之洲，窈窕淑女，君子好逑。

生：蒹葭苍苍，白露为霜，所谓伊人，在水一方。

生：硕鼠硕鼠，无食我黍。

师：同学们积累的这些诗，在《诗经》中，有老百姓辛苦劳作的诗歌，有赞美女子美貌的诗歌，有质问统治者的诗歌，等等。可是《诗经》距我们现在的生活已经两千多年了，我们现在的人为何还要读呢？

生：因为读《诗经》我们才能知道古人是如何生活的。

生：因为《诗经》是我国最早的诗歌总集，是我国诗歌发展的源头。

生：因为作为一个中国人，只有读《诗经》，才能更好地理解我们这个民族的文化。

师：西周文化是我们民族文化的成型期，可以说，不知《诗经》，不足以言中华文化之根源。走近《诗经》，你会知道为何我们中国是个爱诗的国度；走近《诗经》，你会知道为何我们民族会用诗来表达我们或喜或悲的心情；走近《诗经》，你才能真正地叩响中国诗歌的大门……

学生在组合阅读中，在交流学习收获中，从一首《采薇》感受士兵生活到走向整本《诗经》去感受两千多年前社会生活的方方面面，了解《诗经》的历史文化意义，继而为课后自主组合阅读《诗经》打下基础。教师的让位不仅激发了学生阅读兴趣，也唤起了学生阅读的情趣。

鹤鸣于九皋，声闻于野。鱼潜在渊，或在于渚。乐彼之园，爰有树檀，其下维萚。他山之石，可以为错。

鹤鸣于九皋，声闻于天。鱼在于渚，或潜在渊。乐彼之园，爰有树檀，其下维谷。他山之石，可以攻玉。

三、深入研讨，发展思维

比如《神奇飞书》的教学尝试。这本书的作者是美国的威廉·乔伊斯。这是一本关于"书"的故事，而在"书"的故事里，还包含着悲哀、希望、爱、想象以及重生等复杂的元素。在这本书中有很多非常神奇的情节，莫里斯先生喜欢阅读与写作，在狂风把他刮到陌生之地后，因为文字的丢失，生命也变得空白。后来，莫里斯先生在图书馆里找到了自己的精神寄托。他阅读别人的故事，记录自己的故事。在生命尽头，莫里斯又把自己的故事传给了后来的读者。生命因为书籍而丰富，也因为书籍而延续。翻开书，仔细阅读，我们还会发现在这本书中有很多非常有意思的细节：图书馆门口的栏杆、钢琴下面的支架、以"蛋先生"为主人公的书、人物身上色彩的变化、女孩裙子上的字母……这些看似不经意的细节，却都在表达着作者的情感和思想。读懂了这些内容，感受到它们内在的联系，就能更深入地理解这本书，走进作者的内心。

《神奇飞书》这本书既适合刚认识"书"不久的孩子阅读，也适合对"书"已习以为常的成人。无论你爱书或不爱书，这个故事只想要告诉我们每一个人，书是一种神奇的东西，它能把我们的生活和经历毫无保留地传给一代又一代人。而我们，也能通过它读到他人的欢乐与悲伤、理想和希望，从而给我们自己的生活带来乐趣、希望和无穷的力量。我们身边的任何一本书，无论它是引人注目还是跟莫里斯一样其貌不扬，都有属于自身的故事，以及可以代代相传的永恒的力量。

如何和六年级的孩子一起去阅读这本充满神奇力量的书，感受书要表达的深刻内涵，同时也让思维得到发展呢？我和孩子们在阅读中进行了有益的尝试。

1. 以线上交流为依据的阅读思路

在进行课堂阅读前，孩子们就进行了充分的自主阅读。同时，我们还利用微信群进行了线上的专题交流，他们把自己阅读的理解和收获，用语言、文字等形式在线上跟老师和同学们进行了交流分享。

韩朱山童妈妈
韩朱山童：这本书最神奇的地方是书也是有生命的，它们用跳舞来回报照顾、爱护它们的人，同时还给喜欢看书的人们带来神奇的力量。当主人公（莫里斯）老了躺在床上，书籍们都把自己的故事读给他听。

许子昱妈妈
许子昱：有人的情感，懂得感恩，能从其他的书里取长补短。

李太和妈妈
李太和：在看书前，人们是黑白的，看书后，变成了彩色的。灵魂需要知识的熏陶才能不再单调。

王謩之妈妈
王謩之：书是有生命的，它能给我们带来快乐，带来知识。

岳嘉宣妈妈
岳嘉宣：我觉得最神奇的地方是绘本里的书会飞，而且色彩由原来的灰白色，变成彩色。

王思棪姥姥
神奇的地方第一书会飞第二书有手有脚会动还会说话第三书会生病

徐佳琛姥姥
徐佳琛：读书的人给了书生命，书赋予了读书人新的生命色彩。

翟思程奶奶
翟思程：每本书都是有生命的，只有不断的呵护它，不断的了解它，才能获取更多的知识。

马小象妈妈
马小象：书也有感情，可以在其他书伤心时让它高兴起来。

姜禹辰妈妈
姜禹辰：这些神奇的飞书都像人一样有着灵魂，也会干人的事，就像最开始引领看莫里斯来到书里的一样。就像莫里斯的一个老朋友一样。和莫里斯互帮互助。

王嘉俊妈妈
王嘉俊：书是有生命的，当他破损了，也会像人一样需要治疗。这样他才能有更长久的生命，不断为人们提供知识和智慧。

庄涛语妈妈
庄涛语：这本书讲述了莫里斯在经历了飓风以后，四处游荡时的奇遇。他遇到了会飞的书和书中有趣的故事。在人老去送终之时，书会带你一起上天堂上去，在这个过程中，你的肉体虽然老去了，但灵魂却永远年轻。

杨天翔父亲
杨天翔：每一本书都有生命，会说话，会思考。

范艺曦妈妈
范艺曦：书也是有生命的，它们能给人们带来忧伤和欢乐，也能给人们带来知识和力量，有书的陪伴，是一件非常幸福的事。

通过线上交流，我们发现作为小学高年级的学生，想要读懂这本书的内容并不困难，在阅读的过程中他们都从中感受到了神奇。书是神奇的、人是神奇的，书中还有许多神奇的细节……在交流的过程中学生们更多的是围绕着"神奇"这个话题发言的，还有一些同学也关注到了这本书所要表达的情感内涵。但是，这种关注往往都是以较为分散的形式呈现出来的，很少有学生关注到书中内容之间是有内在关联的，而这种联系背后所引发的更为深入的思考，恰恰才是这本书中最耐人寻味、发人深省的。因此在设计线下的课堂交流时我们就把重点放在了引导学生关注书中神奇事物之间的联系。让学生们把这些神奇的内容关联在一起后进行深入的思考，又会有怎样的收获，又会碰撞出哪些思维的火花呢？这是我们在进行线下的课堂交流时所特别期待的。

2. 以思维发展为主旨的教学设计

以绘本阅读促进学生的思维发展，一直是我们在绘本阅读研究中的目标。绘本是一种载体，有着丰富内涵，为学生提供了无限的思维空间。在绘本阅读过程中，学生们的思维不断碰撞，从而引发他们对绘本内容有更加深入的理解。基于学生课前的线上交流时所呈现的内容，我们确定以"关联"为引导去探索书中的神奇。让学生在线下的课堂交流中开启更为深入的绘本阅读。

师：同学们，我们课前都阅读了这本《神奇飞书》，还一起进行了线上的交流。大家都找到了书中的不少神奇之处，还记得你找到的神奇的地方吗？

能跟大家分享一下吗？

生：我觉得绘本里有很多神奇的人，那个女孩能够拿着书飞起来，莫里斯先生也能拿着书飞起来。

生：我觉得这本书里有一些颜色的变化非常神奇，莫里斯先生身上的色彩会发生变化，小女孩身上的色彩也会发生变化。

生：我觉得这里的书都非常神奇，他们都会飞，还有脚，还有自己的感情，会生病。

师：除了刚才我们说到的这些神奇之处，同学们在交流中还写到了很多的内容（出示线上交流的内容），我们把同学们的这些发言归总一下，看看你有什么发现吗？

生：我发现同学们是从不同的角度去说这个绘本的神奇之处的，有的是从人的角度，有的是从书的角度，还有的是从很多的细节角度来说的。（老师随之板书人物、书、细节……）

师：作为六年级同学，单独找到这些内容并不困难。你们想过这些内容之间是否有联系吗？神奇飞书到底神奇在哪儿呢？今天我们就一起再来读一读这本书，看看当我们把这些内容都关联在一起的时候，能不能让你对神奇有更深一步的理解和思考。

学生阅读后在自主思考的基础上，分成小组进行讨论，通过讨论后每个小组确定一个角度，在互相交流补充的基础上用绘制海报的形式把本小组成员的交流成果展示出来。从每个小组最终呈现出的学习内容看，当他们把绘本里的内容进行了相应的关联以后，每个人都或多或少地对绘本的内容有了新的、更为深入的理解。有的同学甚至谈到了像"生命的轮回""人类传承"这样非常有深度的话题。在这种交流与碰撞中，学生的思维能力也有了相应的提升。

3. 以深入阅读为导向的课堂交流

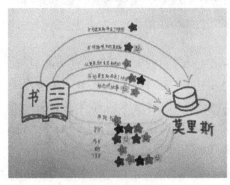

学生作品 9

学生作品 10

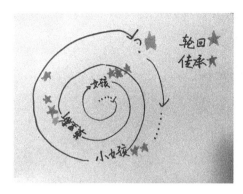 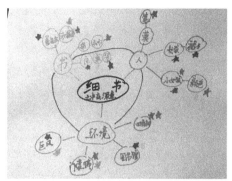

学生作品 11   学生作品 12

这些是孩子们小组合作学习交流后所绘制的部分海报的内容。从中我们不难看出，当孩子们有意识地把书中的一些内容关联到一起的时候，他们对于这本书的理解更加深入了。而在此基础之上我们进行的小组汇报，以及汇报之后学生之间、师生之间的相互交流，思想上的不断碰撞，就把我们的阅读引向了更深入的领域。

生：我们组是把人物和色彩联系起来思考的。我们先看主人公莫里斯，当他遇到飓风时，他身上的颜色就变成了黑白色，而他一踏进图书馆的大门他身上就变成了彩色的。还有最后来到图书馆的小女孩儿，也是这样。在来到图书馆之前，她的身体也是黑白色的，走进图书馆就变成了彩色的。书中还有一些人物，比如莫里斯先生分享书的这页，这些没有分享到图书的人，他们的身体也是黑白色的，而得到书的这个小男孩，身体就是彩色的。从这些人物身上的色彩变化上，我们感觉这个黑白色就是代表非常失望、冷漠，而彩色是非常快乐的一种颜色。从这些颜色上的变化，我们感觉到了书的力量，书是可以拯救一切的！

师：其他同学能评价一下他们组的交流吗？

生：我觉得他们组选择的这个角度很好，把这些色彩人物都关联在一起后让我们都感受到了作者想表达的书非常重要的这个意思。我想给他们提一些建议，线条的指向性不太明确，可以加一些箭头让指向更明确一些。

师：是一个不错的建议。除了形式上的，看看他们组海报的内容，有什么建议吗？

生：……

师：我想给你们提条建议行吗？在你们的表述中黑白代表失望、彩色代表快乐。我们常说绘本里的色彩也是一种语言，那在这本绘本中，你还能从这几种色彩中读出什么呢？仅仅是失望和快乐吗？我们都翻开有色彩变化的这几页再看看，你觉得黑白还代表什么，彩色呢？

生：黑白还代表灾难、平淡。

生：彩色代表希望、代表生活的缤纷绚丽。

生：黑色表示无知、单调，彩色表示丰富的、有内涵。

师：那是什么让色彩有了变化呢？

生：是书籍。

生：是阅读让人们的生活变得丰富多彩的。

师：同学们的发言对你们组有启发吗？可以根据大家的意见再把你们组的内容补充一下。

就在这样的交流中学生进一步感受到了《神奇飞书》的神奇之处——不仅仅是因为这些书会飞，更在于书籍本身带给人们的这种神奇的耐人寻味的精神力量！

叶圣陶说："所谓教师之主导作用，盖在于引导启迪，使学生自奋其力，自致其知，非谓教师滔滔讲话，学生默默聆听。"教师要想在语文课堂教学中取得主导地位，真正落实以学生为主体，有效地促进学生的思维发展，教师恰如其分的课堂引导无疑是极为重要的，所以在课堂教学的引导上，我们一定要注意引导学生去关注和梳理自己和其他同学在学习过程中的思考方式、学习方法，随时加以提炼和整理，让学生在交流的过程中发展自己的思维，为终身学习奠定基础。

教师的让位就是课堂的革命。

第五节　一种体验：视野—温度—深度

一、"走近鲁迅"课堂教学案例

鲁迅，是具有民族思想源泉性的思想家、文学家，是一个超越了时代的伟人。他，铁骨铮铮、敌我分明，瘦小的身躯却有着顶天立地的担当，冷峻的面容里却蕴含着鞠躬尽瘁的热诚。鲁迅是中国人永远不能忘记，甚至值得一辈子用心去读的人。

人教版六年级上册编排了"走近鲁迅"这一单元，共四篇课文，都从不同的角度介绍鲁迅，旨在引导学生初识鲁迅。站在语文教学的立场，我们如何引导六年级的学生认识鲁迅，走近鲁迅呢？我想"由文识人"，阅读鲁迅先生笔下的小说是最好的教学路径。然而，本单元仅有一篇文章是鲁迅先生的文章——《少年闰土》，节选自鲁迅先生的小说《故乡》。仅凭这一篇文章能真正走近鲁迅先生吗？此时的组合阅读就显得尤为重要了。由此，确定"走近鲁迅，认识鲁迅笔下的人物形象"，为阅读教学的主题。

1. 组合阅读《故乡》节选，体会鲁迅对平等自由的向往

在第一阶段《少年闰土》的学习中，学生在教师创设的情境中开启了主题学习活动：首先一同回顾课前线上交流情况，由此聚焦话题热点，开启新课——讲讲闰土心中的那些趣事。

那么，我们该怎么讲呢？学生自主选取、设计讲述内容；之后汇报交流，梳理出"读明白、想象、联结"等策略；尝试运用方法自主练习。接下来交流展示，学生在情境中运用方法讲述，在生生互评中自主发现了"推想"等策略。继而，学生自发地调整、改进自己讲述的内容，再次练习过后，学生有了这样的表达：

生1：等大雪下了，小鸟都饿得只剩皮包骨头，这时候小鸟才敢冒险来吃你的食儿。到时候，我们就准备一个小棒和一个大竹匾，用小棒支起大竹匾的一头，然后在竹匾下面撒上一些秕谷，再在小棒上拴一条绳子。咱们拽着这条绳子躲在远远的地方，千万别让小鸟发现。这时候，你一定要有耐心，悄悄地等着小鸟上钩。等一会儿，一准有鸟上钩！这时候，你要看准时机把小棒用力一拉。这时候，你千万别着急，否则你一掀开竹匾，鸟就跑了。你要把竹匾掀起一个小缝，把手伸进去，记住，一定要带个手套，否则鸟会啄你。手伸进去以后，用手抓住小鸟，这鸟就算抓住了。如果你运气好，还能抓到鹁鸪、蓝背等特别漂亮的小鸟呢！

生2：等到了夏天，我带你到海边捡贝壳去。海边的贝壳可漂亮了，红的、绿的、紫的，"观音手""鬼见怕"什么都有。如果咱们在沙滩上往深处挖，还能发现更大更多的贝壳，五颜六色的，捡都捡不完，比天上的星星还多！

生3：你可不知道，夏天的海滩上除了贝壳，还有跳鱼儿。这跳鱼儿的鱼鳞是银色的，在阳光的照耀下银光闪闪，可漂亮了！它的鱼鳍特别像青蛙的脚，如果你从远处看，你一定觉得奇怪，这青蛙怎么会在海滩上跳呢？等你仔细一看，你会发现那是银光闪闪的小鱼儿，这小鱼儿跳动的声音，伴随着大海哗哗的声音，就组成了海洋的交响曲，大海的和弦是多么美妙呀！

生4：夏天啊，我和爹管西瓜去，你也去！

生5：管贼吗？

生4：不是，管的是晚上到瓜地里偷瓜的小动物。到了晚上，沙啦啦、沙啦啦地响，这就是小动物来偷瓜来了，什么刺猬啊、獾猪啊，尤其是那个猹，比贼还机灵！你提着叉蹑手蹑脚地、轻轻地、悄悄地，借着月光，朝着这小东

西走过去。将要刺的时候，这猹将身一扭，瞪你一眼，这小东西，可机灵了，还挺狠，吓你一大跳。不过没事儿，咱手里有武器，比他厉害！就拿着叉向它用力刺去，这小东西的毛跟油一般滑，刺溜，从你胯下钻过去了，不过没事儿，下回一定能刺到它！

此时，学生的表达不仅是简单的讲述，还融入了自己的理解和体会，将文本语言转化成自己在情境中、在想象中建立起来的多角度表达。这样的语言转化，丰富了学生言语，渗透了阅读思维，深化了阅读体验。最后学生统整内容，都不由得赞叹少年闰土真是一个勇敢机智、健康活泼、见多识广的少年啊！在此基础上，引发学生的思考。

师：刚刚同学们都在说闰土见多识广，这和文中的"我"有了一个小小的碰撞，难道少爷就不见多识广吗？

生："我"读了很多书，"我"应该也是见多识广的。但是，"闰土"的见多识广和"我"的不一样，"我"的是从书本上得来的，而"闰土"的是从大自然中、从生活中得来的，是鲜活的！

师：是呀，当听到闰土这无穷无尽的新鲜事儿的时候，你能体会"我"的心情吗？

生1：不高兴，"我"只能在这四角的天空里读着四书五经，不能到大自然中尽情地玩耍。

生2："我"非常向往闰土的生活，恨不得和闰土交换人生。因为闰土是和大自然玩耍、亲近，但是"我"没有，"我"只能在书堂里读书，就像一只小鸟被囚禁了一样。

师：文中有一句话，把"我"的想法全写了出来。

生：（有情感地朗读）啊！闰土心里有无穷无尽的希奇的事，都是我往常的朋友所不知道的。他们不知道一些事，闰土在海边时，他们都和我一样，只看见院子里高墙上的四角的天空。

此环节中，老师提出的疑问激起了学生思维的火花，马上成为讨论的话题。在对比、思辨、联系生活的过程中，学生发现"我"的生活在书本里，而闰土的生活却在广阔自由的大自然里。当学生有情感地朗读的时候，一下子把闰土的自由以及"我"对自由生活的向往表达了出来。与此同时，更是透过闰土这个形象，读懂了鲁迅内心对自由生活的向往。然而，这还不够，鲁迅先生内心对于人与人之间的平等关系的体悟，学生还没有达成。此时，教师抓住了文本中的一个细节，并组合了《故乡》中的一个情境片段，帮助学生体会提升。

师："你也去！"你还发现了什么？

生：闰土热情、淳朴，把"我"当成自己的好朋友、好兄弟。

师：你们还记得闰土和"我"的身份吗？

生：一个是少爷，一个是长工家的孩子。

师：辗转 30 年过去了，当"我"再回故乡，期待着闰土会笑着对我说哥儿你回来了，但他却对我深深鞠了一躬——"老爷"（停一会儿），这一躬，一声"老爷"，你又想到什么？

生 1：远了，有阶级了，不再是无话不谈的好朋友了。

生 2："我"的心里很难受，失去了一个好朋友。

生 3："我"的心凉了，我们再也回不去了，此刻"我"多么希望耳边听到的是——"你也去！"

师：此刻，你能读懂鲁迅的心吗？他希望的是什么呀？

生：人与人之间的平等的关系。

师：你们读懂了鲁迅的心，这是他一生所追寻的。正因为这样的向往与追求，鲁迅先生把少年闰土永远地留在了心里。每当仰望天空那轮明月的时候，头脑中总会浮现出那副神奇的画面——（一生读）

（生有感情地朗读第 1 自然段）

师：这是一幅神奇的画面，一切都烙在了"我"心里，也烙在了鲁迅先生心中，此时也让它永远印刻在我们的心中吧！我们一齐来背背第 1 自然段。

（生背诵第 1 自然段）

师：在鲁迅先生的笔下还有一些像闰土一样的孩子，今天老师向大家推荐一篇小说——《社戏》，课下同学们可以阅读阅读，我们还可以把自己的阅读思考在微信平台上交流。

就在这动情的交流中，学生透过闰土的形象，渐渐走近了鲁迅的心，为后续的阅读奠定基础。此时情感朗读、背诵第 1 自然段，并推荐阅读《社戏》。

2. 组合阅读《社戏》，体会鲁迅对自然和谐的人与人之间关系的向往

这节课的第二阶段是学生在充分阅读组合篇目《社戏》的基础上展开的，是开放的。学生在课前线上交流对《社戏》的思考中，呈现出多个话题，但大家都集中在"有趣的人和事"上。这有趣的人和事究竟是怎样的呢？我把时间留给孩子们，让他们尽情地表达——

生 1：我想讲"放牛"。"我"和小伙伴去放牛，可是那水牛欺生，总是瞪起眼睛，像铜铃一样，令"我"不寒而栗。"我"总是只能远远地跟着，看着，生怕这老牛转过头来，把"我"撞个四脚朝天。小伙伴说没事儿的，我才敢往前走两步。不成想，刚走两步，一头牛便转过头来，吓得我"啊呀"一声大叫，掉头就跑，小伙伴们都嘲笑我："你怎么这么胆小啊！"水牛和黄牛"哞"地叫起来，仿佛也在附和着一样。

生 2：我想讲"偷豆"这一段。我们都饿了，双喜说："咱们都饿了，咱们

把船靠个岸，偷点儿煮着吃吧。"小伙伴们一听连声叫好。船靠岸后，双喜跳下去了。"阿发，这边是你家的，这边是六一公公家的，咱们偷哪边的呀？"阿发也跳下去了，左摸摸右摸摸，说："他们家什么破豆啊，偷我们家的，我们家的个儿大。"小伙伴们一听这话，全都下了船。左摘一颗右摘一颗，一边摘，还一边踩坏了不少的豆，边摘边糟蹋。双喜看出来了，连忙说："你们都别摘了，再摘，阿发的娘知道了，阿发的屁股就开花了。"大家连声说是。这时，有人提议，再摘些六一公公家的吧。不一会儿，一人一大把，捧着回到船上，煮着吃，别提有多香了！

生3：我们两个准备讲讲"六一公公"。

双喜你们这些小鬼，昨天偷了我的豆不说，还踩坏了不少！

生4：切——我们请客不行吗？本来我们都瞧不起你的豆！

生3：请客是应该的。迅哥儿，昨晚的戏好看吗？（好看）豆好吃吗？（不错）你们看看，还是大城市里，读过书的人识货，我这豆可是一粒一粒选过的，他们乡下人都不识货。今天，我要给姑奶奶送去点儿，让她也好好尝尝我的豆。

学生自主迁移、运用第一课时的学习方法，有的讲述，有的表演，有的动情朗读，还有的发现了新的方法。就在这样的过程中，孩子们渐渐地走进了平桥村，结识了双喜、阿发、六一公公。就是这一个个鲜活的形象，使孩子们在心中构建起鲁迅内心的桃花源。

师：联系我们刚刚的讲述，你的眼前是否出现了一个又一个平桥村的孩子、平桥村的村民呢，他们在你的眼中是怎样的呢？

生：热情淳朴、善良、不计较、好客……

师：你能体会鲁迅先生为什么要写这样的一些人呢？

生1：我们把这《社戏》和之前阅读的《少年闰土》联系在一起，发现这里面的人都是自由平等、和谐幸福的。鲁迅先生内心一直向往这样的生活。

生2：鲁迅先生铭刻在这字里行间的那份真切的情感就是人与人的亲密和谐。

鲁迅心中的桃花源究竟是怎样的？孩子们情不自禁地说：那是自由的、平等的、和谐的。此时，老师只有赞赏，孩子们看到了文字中的形象，自主地建立起关联，更进一步读懂了鲁迅先生的心。

3. 组合阅读鲁迅先生的其他小说，走近鲁迅先生的心

如果说第二阶段是开放的，第三阶段就是自主的了。在接下来的两周，学生自主运用课上习得的阅读策略，去阅读鲁迅笔下各具特色的人物；与此同时，还自发开展了综合性实践活动——走进鲁迅博物馆、鲁迅故居，聆听讲座，展板进校园，走进图书馆，编排课本剧……

此时的课堂，便成为学生展示独立阅读成果的平台。

生1：我想跟大家交流的是《故乡》中描写"中年闰土"的一些片段：当我再次回到故乡，闰土过来看我，我发现健康活泼的闰土变得十分的憔悴，沉默许久之后，闰土竟然叫了我一声"老爷"。闰土与"我"之间已经有了很大的隔阂，已经被地主和农民的阶级意识划分开来了！我能体会到文中的"我"的内心是十分难过的，多么想闰土和自己还是像小时候一样，而不是被地位、等级所分割。从中，我更体会到鲁迅对自由平等的人与人之间关系的向往。

生2：在综合性实践学习中，我了解到了那时的历史背景，感觉到农民被层层剥削，心灵完全是麻木的。这些剥削，在闰土的心中感觉像是应该的一样。"我"对闰土的麻木感到非常的难过，更表现出鲁迅先生对这样的社会的憎恨，以及对平等自由的社会的无限向往。

师：就是这样的中年闰土，"我"的心都凉了！"我"多希望向"我"走来的还是那个少年闰土啊！你还记得那是怎样的少年吗？

（生有情感地朗读《少年闰土》第1自然段）

师：就是这样的画面，就是印在你的心中、我的心中的画面。正是这样的画面让我们感受到鲁迅先生心中怀揣着一个希望啊！

生3：我想交流《祝福》中的祥林嫂这个人物形象。大家都非常鄙视祥林嫂并且她最终变成了乞丐。我最喜欢的是开头对祥林嫂外貌描写的这一段。"眼珠缝中能感到这是一个活物"让我感受到祥林嫂的麻木，她不知道自己要干什么，就是站在那儿，不知道自己的理想，脑中一片空白。为什么祥林嫂会这样呢？我想到了鲁迅去留学时的一个情境，中国人看见自己的同胞被杀却大笑不止。我想《祝福》中那些脑袋里有"吃人"的观念的人，曾经参与"吃人"，然而却心安理得……这没有恐怖感的恐怖，才是最大的恐怖！鲁迅先生用愤怒且指责的文字，揭露着当时社会的黑暗。透过这些看似冰冷的文字，我仿佛听到了鲁迅心中的呐喊，他在用自己的方式唤醒中国人麻痹的精神世界。

第三课时鼓励学生自主选择感兴趣的鲁迅的其他小说进行阅读，为学生打开更开阔的阅读空间、思想文化的空间。整个组合阅读的内容，以人物形象为中心展开，从闰土这一个形象，到《社戏》中的群像，再到更多的个性人物形象，从深度、广度上不断延展。在鲁迅小说的阅读中，鲁迅笔下一个个鲜活的人物形象走进学生内心，同时学生也借助这些形象渐渐走近鲁迅先生的心。

师：那么，在这一个又一个鲜活的人物形象中，你有什么发现吗？

生：鲁迅先生都在表达自己内心对自由平等、和谐幸福的社会的向往。

生：他在唤醒民众，让大家觉醒，共同实现这样的美好社会。

师：是的，不论是花鸟虫草，还是嬉笑怒骂，总有一种炽热的东西在鲁迅的心中燃烧！因为在他的心中，始终存有一个平等、自由、幸福的世界！他在用一颗最真挚、炽热的心，爱着我们的民族，这就是鲁迅先生！让我们继续阅读鲁迅的作品，真正地走近他，学会像他一样独立思考、温暖做人！

这样的组合阅读，直抵文学的根本和学生的心灵，引领学生吸纳文字，感受情感，将阅读的文字转化成自己看待世界的眼光，做一个真挚热切的人。

二、教学反思

反思本主题教学设计的组合阅读教学，对于学生的阅读、学生的发展、学生的成长是具有深远意义的。

1. 这样的组合阅读是有视野的，为学生打开阅读的窗

三阶段的学习活动设计打通了课内外的联系，关注了学生阅读素养的提升。这三个阶段是不断攀升、有梯度的三个阶段，是紧密联系的、完整体系下的整体主题活动。第一阶段的学习活动丰富学生对文本阅读的认识，习得阅读方法；第二阶段，是学生对学习阅读方法的体验与实践，由此引发学生广泛的课外阅读。整个过程阅读素养形成的长线思考，关注了学生语言的建构与运用、思维的发展与提升。就在大量的鲁迅小说作品的互文阅读中，丰富了学生学习文本的资源，扩大了学生的阅读量，培养了学生的阅读思维，提升了学生的阅读质量。

这就是组合阅读的魅力，它似水，可以浸润我们的语文课堂，滋润学生的心灵；它似繁花，绽放在每一个阅读的瞬间，更绽放在学生的心田。

2. 这样的组合阅读是有温度的，让学生体会到人物的情感与个性

阅读不只是为了文字，还是为了读懂作者和人物的精神、情感与个性。在阅读中，这一切并不是抽象的，而是在非常具体的、非常灵活的语言中的。作品分析，从哪里开始？从语言开始，甚至也可以说从语词出发。对语义进行深入的分析，揭示出同样的语词里存在着的两种不同的语义范畴。一方面是科学的、工具性的语义，讲究字典语义的准确和规范。但是，规范语义是客观的、共通的、稳定的，对于一切人来说都是一样的。另一方面，文学语言往往是超越字典语义规范的，表面上看来，甚至有可能是违反了语言规范的。它带着非常强烈的个人的、临时的感情色彩。这种语义离不开特殊的语境，表现的是作者或者人物瞬时的感情，不像字典语义那样是共通的、长期合用的，而是个人化的。正是从这种个人化的运用中，我们能够辨认出作者和人物的个性及深层的、潜在的情感。我们所说的语言的人文性，大体说来，就是人的精神的载体，不是一般的、抽象的人，而是个别的、特殊的人，在具体语境中的人，哪怕是瞬息即逝的感情。[1]

---

① 钱理群，孙绍振，王富仁：《解读语文》，福州：福建人民出版社，2010年，第14页。

3. 这样的组合阅读是有深度的，学生的阅读提升恰是需要这样的阅读体验与实践

既要站在儿童阅读的立场，又要站在语文教育的立场。《少年闰土》自然成为本主题学习下第一课时的教学内容。那么本课时则为学生组合鲁迅先生的另一篇小说——《社戏》的节选。《少年闰土》《社戏》这两篇小说主题相似，但《社戏》是以人物群像的方式呈现，人物更丰富，情节更生动。《社戏》的阅读，能够更好地帮助学生感受鲁迅笔下丰富的人物形象，更进一步体会鲁迅先生那颗关注生命的心。

组合阅读提供了一种方法引领，使学生在阅读一系列有机组合的文本时，将课内阅读与课外阅读进行链接、组合，构建课内外文本之间的联系。在这一过程中，学生学会的不仅仅是一个固定的理解，而且还能够通过多文本从不同层次、不同角度来看待同一个事物或问题，形成强烈的阅读兴趣，从而开阔视野。组合阅读能多阅读、多思考、多陈述、多倾听，使得学生能够真正地产生阅读的积极性。同时学习多篇文章还能使学生在一定时间内获得更多的信息，有效地提升学生的阅读质量，关注学生阅读习惯的培养、阅读素养的提升。

学习不是学生简单地接受教师的讲解，而是学生自我建构的过程。学生在一节课中能阅读到多篇文章，新的阅读内容不断激发学生的阅读期待，教师少问少讲，学生则在进行看书、思考、陈述、倾听等语文实践的过程中，真正成为语文学习的主人。

第六节　组合阅读案例

《走近鲁迅，认识鲁迅笔下的人物形象》主题阅读教学设计

教学设计：府学胡同小学　范金科
教学设计指导：北京市东城区教师研修中心　蒋杰英

一、教学主题设计

(一)教学内容选择的立场

鲁迅是在中国历史上一定要提及的人物，他不是一般的文学家，而是具有民族思想源泉性的思想家、文学家。他是中国人永远不能忘记甚至值得一辈子用心去读的人。人教版六年级上册就编排了"走近鲁迅"这一单元，共四篇课文，都从不同的角度介绍鲁迅，有鲁迅自己的作品；有鲁迅的亲人、朋友、学生写他的文章；有小说、散文、诗歌，文体不同。站在语文教学的立

场上，我们如何走近鲁迅，认识鲁迅，"由文识人"是最好的教学路径。由此，确定"走近鲁迅，认识鲁迅笔下的人物形象"为本单元其中一个教学设计主题。

本主题教学下，教学内容的选择立足于教材，既站在儿童阅读的立场，又从小说文体的角度，关注将课内阅读与课外阅读进行统整。《少年闰土》为本主题学习下第一课时的教学内容，它是小说的节选，是站在儿童的立场、儿童的视角来关注人与人的关系的。第二课时为学生联结鲁迅先生的另一篇小说——《社戏》的节选。《少年闰土》《社戏》是同主题，都崇尚人与人真诚的、平等的人情美和人性美。这种美好的生命，健康纯洁的关系，是鲁迅先生的内心一直向往的。这样的文本组合，学生更易阅读，有亲近感、有亲临感。第三课时鼓励学生自主选择感兴趣的鲁迅的其他小说进行阅读，为学生打开更开阔的阅读空间、思想文化的空间。就在大量的鲁迅小说作品的阅读中，鲁迅笔下一个个鲜活的人物形象走进学生内心，同时学生也借助这些形象渐渐走近鲁迅先生的心。

(二)学生发展提升的立场

"走近鲁迅，认识鲁迅笔下的人物形象"这一主题教学设计分三课时完成，分别是《少年闰土》、《社戏》、"我读鲁迅……"。在这三课时的设计中，第一课时，学生抓住"闰土有趣的事"，学习、体会怎样去读懂文章，怎么把读到的内容通过"想象""联系""体会感悟"等方式生动地表达出来，并能清楚明白地讲述；第二课时，学生充分利用第一课时的学习经验，发挥第一课时中所运用的学习方法，抓住《社戏》中"自己感兴趣的人或事"进行阅读，在阅读中学生会进一步发现，在关注形象的同时补充"选取、设身处地"等方法讲述；第三课时，学生依据自己表达的需要，灵活运用一、二课时习得的方法，交流自己读到的鲁迅先生其他作品中的人或事，学生在自主阅读中发现、感悟人物形象。三课时学生在学习情境中，在语言实践与言语运用的过程中，不断提升阅读素养。三课时每节课的尾声都设计了"议一议"的学习活动，不断引发学生思考——作者创作这些人物形象的原因。学生在这些人物形象之间建立关联，在一比、两比、再比中经历了一个又一个的思辨的过程，思维得到发展，同时对鲁迅先生的认识也在逐渐加深。

这三课时的设计指向学生的阅读、指向学生的独立阅读、指向阅读策略、指向阅读思维。

(三)单元教学目标与教学重点、难点

1. 单元教学目标

(1)学习运用想象、联系、选取、设身处地体会等方法，品味语言文字，并能转化成自己的语言，清楚、流畅地交流鲁迅笔下的人物形象。

（2）透过鲁迅先生笔下的人物形象，初步感受鲁迅对平等的、自由的、充满生机活力的人与人之间关系的向往，以及对美好社会及光明前景的追求。

（3）激发学生阅读鲁迅先生作品的兴趣。

2. 单元教学重点

学习运用想象、联系、选取、设身处地体会等方法，品味语言文字，并能转化成自己的语言，清楚、流畅地交流鲁迅笔下的人物形象。

3. 单元教学难点

透过鲁迅先生笔下的人物形象，初步感受鲁迅对平等的、自由的、充满生机活力的人与人之间关系的向往，以及对美好社会及光明前景的追求。

（四）单元整体教学思路（教学结构图）

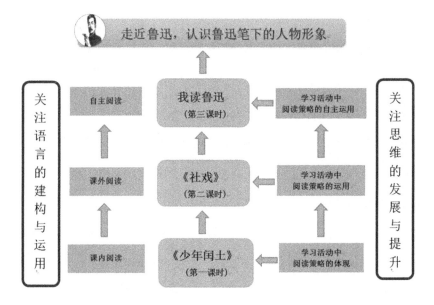

二、教学内容 1：鲁迅笔下的人物形象——《少年闰土》

（一）教学背景分析

1. 教学内容分析

《少年闰土》节选自鲁迅先生的小说《故乡》，这是本单元教材中首篇课文。全文主要通过闰土对自己乡下快乐生活的讲述，向我们展现了一个健康、纯朴、自然、充满活力的少年形象，鲁迅先生正是要通过闰土这一形象的塑造，抒发自己对自由、平等生活的向往。

2. 学生情况分析

六年级学生具备一定的自学能力。课前预习，学生通过查阅资料，对鲁迅先生已经有了一些了解，但认识仅局限于浅表。

《少年闰土》是鲁迅先生作品中适合学生阅读的一篇小说节选。但六年级学生对于小说这类文体的阅读到目前仅为第 2 篇（第 1 篇是人教版五年级《桥》）。该如何阅读小说，怎样认识人物，感受人物形象？学生还需要在本主题的学习中体悟。

（二）教学目标

1. 学习课文内容，体会少年闰土这一健康、纯朴、充满活力的人物形象。

2. 透过闰土形象，体会鲁迅先生对自由、快乐、平等、无拘无束的理想生活的向往与追求。

3. 学习用想象、联系等方法，品味语言文字，并能转化成自己的语言表达。

（三）教学重点、难点

1. 教学重点

学习用想象、联系等方法，品味语言文字，并能转化成自己的语言表达。在这一过程中体会少年闰土健康、纯朴、充满活力的形象。

2. 教学难点

通过闰土形象体会鲁迅对平等的、自由的、充满生机活力的理想生活的向往与追求。

（四）教学过程

环节	教师活动	学生活动
环节一：线上交流分享，明确学习任务	教师活动 1 1. 创设活动情境，引导学生回顾交流平台内容，聚焦话题。 2. 引导学生关注闰土心中有哪些趣事。	学生活动 1 1. 在情境中回顾线上交流情境，梳理交流内容，聚焦话题——闰土心中的趣事。 2. 明确学习任务。 (1) 把握内容。 (2) 自主阅读。 (3) 梳理趣事。
	活动意图说明：基于"互联网"线上线下的教学模式是本次主题教学的一次大胆尝试。线上的学习平台将学生在线上开启的话题聚合到一起，这样的学习方式为每个学生在课前预习提供充分交流的空间。通过学生的交流，发现学生集中讨论的话题，将话题的聚焦处作为本节课的学习起点。	

续表

环节	教师活动	学生活动
环节二：围绕"趣事"讲述，体会闰土形象	教师活动 2 1. 引导学生选取讲述内容，交流： 　你对闰土的哪件趣事最感兴趣？怎么能把这件事讲好？ 2. 创设情境，指导学生讲趣事。 3. 引导学生梳理讲方法。 4. 聚焦闰土形象。	学生活动 2 1. 自主设计讲述内容。 2. 自主练讲。 3. 汇报交流，梳理讲述方法。 4. 总结：读明白、想象、联系…… 5. 运用方法自主练习。 6. 展示练习成果。 7. 统整闰土讲述的故事，感受闰土形象。预设：勇敢机智、见多识广……
	活动意图说明：从"'我'最感兴趣的闰土的趣事"出发，为学生创设学习情境，在"读一读""讲一讲"这样的学习活动中，学生学习、体验阅读策略，从而读懂文章，读出趣味，为后面深入体会做好准备。	
环节三：创设阅读情境，体会作者情感	教师活动 3 　创设"我"与闰土生活的对比，深入体会，感受"我"的情感。	学生活动 3 1. 围绕"我"与闰土生活的不同，感受闰土亲近大自然、自由自在的生活。 2. 学生联系自己的生活，感受"我"单调生活的枯燥，进一步体会"我"内心的向往。 3. 有感情朗读，读出闰土生活的快乐，读出"我"对闰土生活的渴望。
	活动意图说明：学生在充分体会闰土生活的丰富、充满乐趣之后，在"闰土"与"我"的对比中，感受"我"单调生活的枯燥，进而体会"我"内心的向往，为后面体会作者的创作初衷做铺垫	
环节四：聚焦人物形象，体会作者情感	教师活动 4 　引导思考：鲁迅先生为什么要写闰土这个形象？	学生活动 4 1. 聚焦闰土形象，从言语情境中，感受人与人之间的情感，感受作者对自然、自由生活的向往。 2. 深情朗读课文。 （闰土讲述的四件事、第一自然段）
	活动意图说明：小说是借助人物形象，表达作者情感的。在前面学生饶有趣味的讲述中，闰土这一形象已走进学生内心。此时以"鲁迅先生为什么要写闰土这个形象"这个问题，让学生走出人物，思考作者的创作初衷。在这样的活动中，学生初步感悟阅读小说的方法，为后面继续阅读鲁迅先生的小说奠定基础。	

续表

环节	教师活动	学生活动
板书设计：	鲁迅笔下的人物形象——《少年闰土》 自由　平等	读明白 想象 联系 设身处地
作业与拓展学习设计：推荐阅读《社戏》，师生在线上平台上交流阅读感受。		

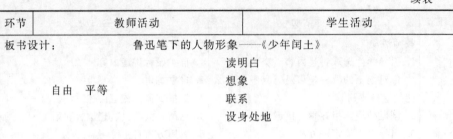

（五）教学评价

评价内容	评价等级			评价方式	
	优秀	良好	合格	自评	他评
讲述"闰土的趣事"	能充满情感地运用课上交流的讲述方法，清楚、流畅地讲述"闰土的趣事"，并根据自己的理解，想象、补充，让讲述内容更丰富，更有表现力、感染力。	较有感情，较清楚、流畅地讲述"闰土的趣事"。	较清楚、流畅地讲述"闰土的趣事"。		
思考：鲁迅先生为什么要塑造闰土这个形象？	结合人物形象，体会到既是作者对"自由、无拘无束、充满生机、活力"的生活的追求；又是对于"平等的人与人之间关系"向往的表达。	结合人物形象，体会到这个形象是作者对"自由、无拘无束、充满生机、活力"的生活的追求的表达。	整体感知闰土这一人物形象。		

三、教学内容 2：鲁迅笔下的人物形象——《社戏》

（一）教学背景分析

1. 教学内容分析

《社戏》是鲁迅先生写于 1922 年的一部短篇小说。这篇小说以作者少年时代的生活经历为依据，用第一人称写"我"20 年来三次看戏的经历。作者以饱含深情的笔墨，刻画了一群农家少年的形象，表现了劳动人民的淳朴、善良、友爱、无私，表达了作者对人与人之间平等、美好、和谐关系的追寻。读文识鲁迅，仅靠《少年闰土》一篇是远远不能实现的。《社戏》这篇文本和《少年闰土》文体相同，主题相似，适合学生继续认识鲁迅笔下的人物形象，进而体会鲁迅先生的创作初衷。

2. 学生情况分析

学生在第一课时《少年闰土》的学习中激发起强烈的阅读兴趣，同时习得阅读小说，体会人物形象的方法，对《社戏》这篇小说的阅读充满期待。

《社戏》与《少年闰土》相比，人物更多，情节更复杂，学生在小说的阅读中可能会出现困难。这就需要学生在教师创设的学习情境中，对小说阅读策略大胆运用、不断延展，感受人物形象，体会作者情感。

（二）教学目标

1. 继续运用想象、联系等方法品味语言文字，学习运用选取关键内容等方法讲述，增强语言的表现力。

2. 通过感受《社戏》中的人物形象，进一步理解鲁迅先生对平等、健康、自然的人与人之间关系的理想生活的向往。

3. 激发学生进一步阅读鲁迅先生其他作品的兴趣。

（三）教学重点、难点

1. 教学重点

继续运用想象、联系等方法品味语言文字，学习运用选取关键内容等方法讲述，增强语言的表现力。

2. 教学难点

通过走近《社戏》中的人物形象，进一步理解鲁迅先生对平等、健康、自然的人与人之间关系的理想生活的向往。

(四)教学过程

环节	教师活动	学生活动
环节一：线上交流分享，明确学习任务	教师活动1 1. 创设活动情境，引导学生回顾交流平台内容，聚焦新话题。 2. 引导学生关注《社戏》中的人和事。	学生活动1 1. 在情境中回顾线上交流情境，梳理交流内容，聚焦话题——《社戏》中的人和事。 2. 明确学习任务。 3. 初步交流阅读内容。
	活动意图说明：课前线上的交流已经开启了学生对《社戏》的阅读以及思考。在交流中聚焦本节课的交流话题——"《社戏》中感兴趣的人和事"，从学生的学习需求出发，确定学习任务。	
环节二：围绕"人、事"讲述，感受人物形象	教师活动2 1. 引导学生自主选择讲述内容：你对《社戏》中的哪些人和事感兴趣？ 2. 创设情境，引导学生相互交流讲述方法。 3. 通过交流、讲述，感受平桥村的众少年及村民的形象。	学生活动2 1. 交流阅读《社戏》，关注《社戏》中的人物和情节。 2. 自主设计讲述内容，自主练讲。 3. 带着情感，用不同的方式讲述。 4. 整合讲述内容，感受平桥村小伙伴及村民的形象。 预设：善良、淳朴、热情、平等、亲密等。
	活动意图说明：在教师创设的学习情境中，学生抓住《社戏》中的"人和事"，绘声绘色、人情入境地讲述，在"读一读""讲一讲"这样的学习活动中，学生学习、体验阅读策略，从而读懂文章，读出趣味，为后面深入体会作者情感做好准备。	
环节三：聚焦人物形象，体会作者情感	教师活动3 1. 创设情境，引导学生思考：鲁迅先生为什么要写平桥村的这样一群人？（引导学生进入深层次思考） 2. 推荐阅读：选择自己喜欢的鲁迅其他小说，感受人物形象。	学生活动3 1. 整体回顾，聚焦《社戏》中的人物形象，在与"闰土"形象的关联中，体会人与人之间自然、和谐、亲密的关系以及对理想生活的向往。 2. 体会小说最后一段——"真的，一直到现在，我实在再没有吃到那夜似的好豆，——也不再看到那夜似的好戏了。" 3. 情感朗读《社戏》中喜欢的语段。 4. 课下继续阅读鲁迅的小说。
	活动意图说明："鲁迅先生为什么要写平桥村这样一群人？"在这个问题的引导下，学生将《社戏》中的人物形象与"闰土"的形象建立关联，进行整合，透过人物形象，体会作者对平等、健康、自然的人与人之间关系的理想生活的向往。	

续表

环节	教师活动	学生活动
板书设计： 　　鲁迅笔下的人物形象——《社戏》 　　　　　　　　　　　　读明白 　自由　　平等　　　　想象 　人与人　自然和谐　　联系 　　　　　　　　　　　　设身处地 　　　　　　　　　　　　选取		
作业与拓展学习设计：推荐阅读《社戏》以及鲁迅先生的其他小说。		

（五）教学评价

评价内容	评价等级			评价方式	
	优秀	良好	合格	自评	他评
讲述 "《社戏》中的人和事"	能自主运用这两节课学习的方法，充满情感，清楚、流畅地讲述"《社戏》中的人和事"，并根据自己的理解、想象、补充，让讲述内容更丰富、更有表现力、感染力。	能够运用这两节课学习的方法，较有感情、较清楚、较流畅地讲述"《社戏》中的人和事"。	清楚、流畅地讲述"《社戏》中的人和事"。		
思考：鲁迅先生为什么要塑造平桥村的这样一群人？	整合《少年闰土》和《社戏》中的人物形象，体会到作者对平等、健康、自然的人与人之间关系的理想生活的向往。	在教师的提示下，能将"闰土"和"平桥村民"这些人物形象建立关联进行理解与体会。	整体感知平桥村民这一系列人物形象。		

四、教学内容3：鲁迅笔下的人物形象——我读鲁迅……

（一）教学背景分析

1. 教学内容分析

在《少年闰土》和《社戏》（节选）两篇小说阅读过后，鼓励学生阅读《社戏》以及鲁迅先生的其他小说，给学生打开更自由更广阔的阅读空间，灵活运用阅读小说的策略，认识鲁迅先生笔下各具特色的人物形象，为进一步走近鲁迅、读懂鲁迅的心服务。

2. 学生情况分析

学生在前两课时学习后，自发展开"走近鲁迅"的综合实践活动——依据鲁迅先生的作品编排课本剧，制作与鲁迅相关的小报，走进鲁迅博物馆，甚至利用假期来到鲁迅的故乡绍兴参观……对鲁迅先生有全方位的了解。

同时，学生学习并尝试运用前两课时学习的阅读小说的策略，自主选择阅读鲁迅先生的其他小说，读懂人物形象，为课上自主交流"难以忘怀的人物形象"做好准备。

(二)教学目标

1. 能用清楚、流畅的语言分享鲁迅作品中不同的人物形象。

2. 能够通过对鲁迅笔下人物形象的比较和梳理，初步感受鲁迅先生对美好社会和光明前景的追求。

3. 激发学生进一步阅读鲁迅先生其他作品的兴趣。

(三)教学重点、难点

1. 教学重点

能用清楚、流畅的语言分享鲁迅作品中不同的人物形象。

2. 教学难点

能够通过对鲁迅笔下人物形象的比较和梳理，初步感受鲁迅先生对美好社会和光明前景的追求。

(四)教学过程

环节	教师活动	学生活动
环节一：交流实践活动，明确学习任务	教师活动1 创设活动情境，引导学生回顾近期"走近鲁迅"的实践活动，聚焦话题——难以忘怀的人物形象。	学生活动1 1. 在情境中整合、梳理参与的"走近鲁迅"的实践活动。 2. 自主选择交流内容，明确学习任务。
	活动意图说明：《语文课程标准》中提出："语文是实践性很强的课程，应着重培养学生的语文实践能力，而培养这种能力的主要途径也应是语文实践。语文是母语教育课程，学习资源和实践机会无处不在，无时不有。因而，应该让学生更多地直接接触语文材料，在大量的语文实践中掌握运用语文的规律。" 　　本主题教学前两课时学习后，鼓励学生开展丰富的语文实践活动，全方位立体地认识、了解鲁迅。实践活动内容就成为本节课学生交流的储备资源，更是学生对鲁迅先生认识与理解的积淀，这都为本课时的学习交流做好充分铺垫。	

续表

环节	教师活动	学生活动
环节二：围绕"人物"讲述，走近人物形象，体会作者情感	教师活动 2 1. 搭建分享平台，鼓励学生交流：分享你阅读的人物。 2. 创设情境，引发思考、交流：鲁迅为什么要塑造这些人物？ 3. 教师总结： 　走近鲁迅先生的文字，阅读鲁迅先生的世界，你总会感觉到贴心的温暖。在这温暖的文字世界里，不论是花鸟虫草，还是嬉笑怒骂，总有一种炽热的东西在鲁迅的心中燃烧。因为在他的心中，始终存有一个平等、自由、幸福的世界！ 4. 鼓励学生继续深入阅读，读整本书，继续关注小说中的主人公，发现之前没有发现的动人情节。	学生活动 2 1. 交流、分享自主阅读小说中的人物。 预设：孔乙己、阿 Q、中年闰土等。 2. 运用前面学习的阅读方法，在自主阅读中交流发现、思考。 预设：有悲有喜，内心的愿景却是相同的。 3. 放声朗读自己选取的那一个喜欢的情境、场景。
	活动意图说明：此环节引导学生自觉地将对鲁迅小说中人物的认识与同学交流，分享在阅读过程中看到的那一个个相似而迥然不同的社会底层的小人物，读懂鲁迅的心——初步感受鲁迅先生对美好社会和光明前景的追求，对鲁迅先生的认识不断加深。这样的教学更直抵鲁迅的心灵和文学的根本，埋下了一颗文学的种子，一颗想要走近鲁迅的种子，使学生学会像鲁迅先生那样，用一颗最真挚、炽热的心，去爱我们的祖国和人民，做一个内心真正温暖的人。	
板书设计：	鲁迅笔下的人物形象 ——我读鲁迅…… 对光明前景的追求	
作业与拓展学习设计：课下继续阅读自己感兴趣的鲁迅先生的其他作品。		

(五)教学评价

评价内容	评价等级			评价方式	
	优秀	良好	合格	自评	他评
讲述"难以忘怀的人物"。	清楚、流畅地讲述课外阅读中"难以忘怀的人物",并根据自己的理解、想象、补充,让讲述内容更丰富、更有表现力、感染力。能在讲述中表达自己对人物的感受与理解。	能较清楚、较流畅地讲述课外阅读中难以忘怀的人物。能初步表达自己的阅读感受。	介绍课外阅读中"难以忘怀的人物"。		
思考:鲁迅先生为什么能塑造出一个个鲜活的人物形象?	学生自觉地将阅读到的鲁迅先生小说中的人物形象建立关联,透过这一个个相似或是迥然不同的人物形象,读懂鲁迅的心——初步感受鲁迅先生对美好社会和光明前景的追求。	在教师的提示下,将小说中的人物形象建立关联,初步感受鲁迅先生的创作初衷。	只能站在某一个角度去体会人物形象,感受鲁迅先生的创作初衷。		

【总评】

鲁迅是在中国历史上一定要提及的人物,他是每一个中国人永远不能忘记甚至值得一辈子用心去读的人。阅读鲁迅的小说,看他眼中的那个时代。教师在课堂上引导着学生去寻找鲁迅与"我"之间的生命契合点、连接点。在"由文见心"的过程中去感受文字传达的情感。

本课的教学设计看点有四:

1. 学生在语言实践中品味语言,学会阅读。

教学内容的选择立足于教材,既站在儿童阅读的立场,又站在文体的角度将课内文本与课外文本进行统整。重视学生自主的语言实践活动,特别是对"讲述闰土心中的趣事儿"环节的设计,使学生在学习讲述的过程中,不仅习得了讲述的方法,更习得了阅读的方法、学习的方法。

2. 在主题阅读活动中更加凸显了学生学习的主体性。

在本节课的主题阅读中,教师创设情境,组织学生开展了"认识鲁迅笔下人物形象"的交流会这样的活动，教师成为学生主动学习的助力者，充分激发了学生的兴趣，调动了学生主动学习和探究的欲望。学生在积极的思维活动、语言实践中，发展了思维，提升了阅读素养。

3. 充分发挥"组合阅读"的策略，在关注同一作者、同主题、同文体的情形下，创设阅读氛围。

在主题教学设计中，选择了与课文相关联的小说，为学生补充鲁迅先生的另一篇小说——《社戏》的节选。《少年闰土》《社戏》这两篇小说主题相似，但《社戏》是以人物群像的方式呈现，人物更丰富，情节更生动。《社戏》的阅读，能够更好地帮助学生感受鲁迅笔下丰富的人物形象，更进一步体会鲁迅先生的心。

4. 鼓励学生开展丰富的语文实践活动，全方位地、立体地认识鲁迅笔下的人物，从《少年闰土》迁移到《社戏》的阅读，为学生打开了更开阔的阅读空间、思想文化的空间。就在大量的鲁迅小说作品的阅读中，鲁迅笔下一个个鲜活的人物形象走进了学生内心，同时学生也借助这些形象渐渐走近了鲁迅先生的心。

第三章　组合阅读与学生的视野

阅读，它源于书籍却不限于书籍，我们通过不同种类的阅读，乃至阅读不同的生活、不同的人生，进而改变我们自己，改变我们的社会，改变我们的世界。

——朱永新

学生的语文素养是在长期的语文实践中慢慢形成的，语文素养形成的重要途径之一是大量的语文素材积累。这就要求我们的语文课堂不仅"用教材教"，把课文当作例子，还要引得学生在语文课上通过语言运用积累经验，发展学生对语言文字的理解和感悟能力。

文学是人学，写故事归根结底是写故事里的人，写人的困境、欲望、悲欢。而对文学的阅读，其实就是在审思每个人存在的肌理、审思人类的困境、审思构成人类困境的那些生活细节。正是在这样的阅读过程中，学生的思维能力、审美能力得以发展，进而在总体上提升了学生的语文能力和阅读素养。

学生在组合阅读视野下的名家名篇阅读实践中，可以通过基于名家名篇的一个个文本群，去扩大阅读视野，感受语言文字表达的情感，探究、解决阅读中的问题，进而促进自身阅读能力和阅读品质的提升；同时，在文本群的阅读中，学生可以贴近作家的语言，领悟作家的思想感情，深入作者的思维领地，感受写作风格上的特点，习得规律，提升语文表达能力和阅读鉴赏能力。在现实的语文教学中，组合阅读深入到学生每个学段的语文学习当中。依据教材内容的不同，学生学情的差异，以及所要达成的阶段性学习目标，组合阅读以适当的形式与程度，参与到语文教学实践当中。组合阅读成为教师在教学中有效的教学策略、学生学习中掌握的学习方法，深入到一节一节语文课堂当中、一个一个学生的学习活动之内。其推动着语文学习的发展、学生阅读视野的拓展、语文课程的变革。

经过一段时间的研究与实践，我们欣喜地发现了一系列有关组合阅读的优质语文课堂教学范例。这些课堂教学无不闪烁着教学热情与教育智慧的火花。借助组合阅读，语文课堂、教师的教学、学生的学习都发生了改变……

第一节　助推阅读兴趣：第一学段

　　第一学段的组合阅读青睐诗歌，助推学生阅读兴趣。例如："弯弯的月儿小小的船，小小的船儿两头尖，我在小小的船里坐，只看见闪闪的星星蓝蓝的天。"充满遐想的文字，遨游星空的对话，文字的灯火点亮了一年级学生稚嫩的心灵。

　　一年级《小小的船》是叶圣陶先生创作的一首深受儿童喜爱的诗歌。它把孩子们的思绪带入了美好的夜空意境中。学生对弯弯的月亮船、闪闪的星星、蓝蓝的天空无限神往，此时再唱一唱同主题的歌曲《小白船》，让他们在悠扬的旋律中感受夜空的神秘。"桂花树、小白兔"这些在月宫中的事物，更能激发学生丰富的想象。

　　　　　　《小白船》
　　　　　　蓝蓝的天空银河里，有只小白船。
　　　　　　船上有棵桂花树，
　　　　　　有只小白兔。
　　　　　　船呀船呀没有帆，
　　　　　　木桨也没有。
　　　　　　飘啊飘啊小船飘，
　　　　　　飘向西天走。

　　同一主题的诗歌相组合，还可以帮助学生理解文章内容。如课文《走路》组合《各行其道》。

　　　　　　《走路》(课文)
　　　　　　白云走路，贴着蓝天。
　　　　　　轮船走路，沿着航线。
　　　　　　火车走路，顺着轨道。
　　　　　　小朋友走路，靠马路右边。

　　　　　　《各行其道》
　　　　　　靠右行、靠边走，
　　　　　　交通法则要遵守。
　　　　　　自行车道、汽车道，
　　　　　　各行其道秩序好，

平平安安最重要。

通过组合同一内容的阅读，帮助学生更加深入理解遵守交通规则对自身安全的保障作用，起到深化课文主题的作用。

第二节　加深阅读体验：第二学段

第二学段的组合阅读侧重动物专题，加深学生阅读体验。动物主题是中年级学生最感兴趣、与他们生活联系最为紧密的内容之一，所以学生们愿意学习，也愿意进行阅读扩展。因此，我们不失时机，开展了有关动物专题的组合阅读实践。同时，适度的课外资料补白有助于激活文字、唤醒文本，加深学生的阅读体验。根据中年级学生的特点，我们找准结合点，进行组合阅读，让学生对文本的理解不再流于表面，而是内化为自己的情感体验。

如在教学法布尔的《蟋蟀的住宅》时，组合了《圣甲虫》文章片段。通过这一组合阅读的环节，学生详细观察了昆虫的生活和为生活以及繁衍种族所进行的斗争。以人文精神统领自然科学的庞杂实据，虫性、人性交融，使昆虫世界成为人类获得知识、趣味、美感和思想的文学形态，将区区小虫的话题书写成多层次意味，激发学生对昆虫科学的兴趣，并从作者的文字中学会比喻、拟人等修辞手法。

课上教师引导学生对比阅读，组合的文章是同一作家的不同作品、不同作家的相似作品。这不但是要认识文中所写的人物、事物，更是要把两篇文章相互关联起来以求发现规律。比如我们把老舍的《猫》和《母鸡》放在一起，学生正是在阅读中不断比较，在文章内容、结构、语言表达中有了认识和分析，发现了老舍的语言规律及其京味儿浓、朴实无华的语言特点，从而体会到老舍语言的魅力，最后凝练为一种对老舍的文学化评价，浅显易懂。这就超越了"猫多可爱呀""母鸡多有意思呀"这样单纯的认识，而是从中跳出来，看到了作者。看一篇文章就看文中的事物，而看多篇文章，研究的则是写文的人。老舍先生的作品通俗浅易，朴实、自然、无华。语言富有北京韵味，幽默亲切、耐人寻味的语言特点深深地印在了学生心里。如果我们试着用这样的阅读方法再来读一读不同作家的相同题材的作品，大家就会在比较中又有发现，中外作家由于生活背景和时代的不同，文笔也大相径庭，可见一个题材，语言可以丰富多彩，各具特色！

第三节　提升阅读品质：第三学段

　　第三学段的组合阅读将课内外阅读相结合，一篇带多篇，提升学生阅读品质。对于小学高年级的文章而言，有些内容学生理解起来有些困难。课外文本的介入可以帮助学生对课文内容有更加深入的体会、理解。高年级学生有一定的品析、鉴赏的能力。课外同一作家、同类型文本的课堂引入，对于学生去了解作家的生活经历、创作背景，体会作家创作的初衷起着至关重要的作用。更重要的是，在同一作家的同类别作品面前，学生的对比、甄别、迁移、理解等多方面的学习能力也不断被激发着，引起学生课下继续阅读相同作家、同类作品的兴趣。

　　比如《少年闰土》一课，学生在学习过程中，首先要感受作品主人公——小闰土这样一个见多识广的农村少年形象。透过闰土对"我"那滔滔不绝、绘声绘色的讲述，了解其在海边自由自在、无拘无束的生活，这对于六年级的学生而言并不困难。但与此同时，学生还要透过这些文字，读出"我"的满心羡慕，甚至要触摸到作者内心对自由、快乐、美好生活那无限的向往，这的确是需要引导、点拨才能够实现的。于是，在突破本课难点的教学过程中，我们同样关注到文中第16自然段："啊！闰土心里有无穷无尽的希奇的事，都是我往常的朋友所不知道的。他们不知道一些事，闰土在海边时，他们都和我一样，只看见院子里高墙上的四角的天空。"

　　但摒弃了以往教学中抓"他们都和我一样，只看见院子里高墙上的四角的天空"这一重点句反复分析、体会等方法，而是大胆地将鲁迅先生回忆性散文集《朝花夕拾》中的《从百草园到三味书屋》描述鲁迅先生儿时"读书生活"的片段引入课堂。

　　"先生，'怪哉'这虫，是怎么一回事？……"我上了生书，将要退下来的时候，赶忙问。

　　"不知道！"他似乎很不高兴，脸上还有怒色了。

　　我才知道做学生是不应该问这些事的，只要读书，因为他是渊博的宿儒，决不至于不知道，所谓不知道者，乃是不愿意说。年纪比我大的人，往往如此，我遇见过好几回了。

　　我就只读书，正午习字，晚上对课。先生最初这几天对我很严厉，后来却好起来了，不过给我读的书渐渐加多，对课也渐渐地加上字去，从三言到五言，终于到七言。

　　三味书屋后面也有一个园，虽然小，但在那里也可以爬上花坛去折蜡梅花，在地上或桂花树上寻蝉蜕。最好的工作是捉了苍蝇喂蚂蚁，静悄悄地没有声音。然而同窗们到园里的太多，太久，可就不行了，先生在书房里便大叫起来：

"人都到那里去了？"

人们便一个一个陆续走回去；一同回去，也不行的。他有一条戒尺，但是不常用，也有罚跪的规则，但也不常用，普通总不过瞪几眼，大声道：——

"读书！"

——节选自《从百草园到三味书屋》

在课外文本与课内文章创造性的组合中，学生强烈地感受到"我"与闰土两种截然不同的生活，在学生自主的阅读感悟中，教学困难迎刃而解。

通过以上三个学段的教学课例，我们可以清晰地看到组合阅读是如何改变着课堂教学，改变着学生的语文学习。而这种改变最终受益的就是我们的学生，不仅是阅读能力的培养和提升，更是阅读视野的拓展，以及背后思维能力的发展。与此同时，也可以发现组合阅读并不是一个固化、刻板的方法与规则，反而是以十分灵活的姿态，深入到课堂、阅读当中。组合阅读是一个柔性的概念与意识，先根植于教师、学生的内心，再借助文本，由课堂、阅读生发出来。

第四节　组合阅读方式：主题与作家

所谓组合阅读，在阅读实践中教师与学生是如何进行组合的呢？这是个十分丰富且繁杂的问题。因为一旦落到现实的语文学习中，面对学生那无数个鲜活的生命，高屋建瓴的概念描述与定义就往往显得隔靴搔痒，力有未逮。在现实中更多的是关乎细节的问题。总的来说，组合阅读的教学实践是将"以教材为根本，以文体为主线，以作家为延展"作为主线脉络的。我们试图通过"组合阅读的多种方式""单元整体意识下的组合阅读""组合阅读的典型课程案例"等不同角度来诠释组合阅读的教学实践。从一个个真实的案例、一个个生动的细节中，去感知组合阅读所带来的变化，明确地感受到学生的阅读视野以至于思维视野的丰富与拓展。

一、组合阅读的多种方式

(一)同一主题的组合阅读

1. 同一主题不同内容的组合，加深对文本内容的理解

我们很多选入教材的文本往往是节选，或者是改编过的。比如小说，人

物形象是构成小说艺术魅力的主要因素，可是教材受篇幅的限制，可能选取的仅仅是片段，如果局限于教材，学生很难完整、立体地把握人物形象。在教学《汤姆索亚历险记》和《鲁滨孙漂流记》的过程中，我们结合书中的精彩片段，以人物形象为主线，引导学生说一说，议一议，再组合名著中其他的精彩段落，让学生说一说又有哪些新的体会。在师生、生生、教师与文本、学生与文本的多角度对话中，学生对于人物形象的认识逐渐丰满起来。

2. 同一主题不同作者的组合，比较分析中获得思想启迪

教材中有些内容，学生理解起来是有困难的，如何来解决呢？我们就需要组合其他文本材料，让学生从多个角度去把握文本内容，可以有效地帮助学生理解。《一面》一课中六次写到鲁迅先生的"瘦"，我们在教学中一般也会让学生反复品读这些外貌描写，可是为什么反复写鲁迅先生的瘦呢？鲁迅先生为什么这么瘦呢？这是学生在深入体会、入情入境地朗读中提出的疑问。

对于这一疑问，文章中有一句话会帮助理解："我们这位战士的健康，差不多已完全给没有休息的艰苦工作毁坏了。"而这不足以让鲁迅先生走进学生的心灵，不足以让学生体会鲁迅先生的精神，也不足以表达作者对鲁迅先生的崇敬之情。

这正是我们答疑解惑、帮助学生理解课文的关键，我们适时地进行了组合阅读教学，从生活简朴、帮助青年、不畏迫害三个角度引入了三篇文章：

鲁迅一生的起居是很朴素的，刻苦耐劳的，始终维持着学生和战士的生活……他的寝具一向是用板床薄被，到上海后，才改用最普通的铁床。书桌旁边放着一张藤躺椅，工作倦了，就在这椅上小坐看看报纸，算作休息而已。 　　　　　　　　——许寿裳《亡友鲁迅印象记》	简朴
他最勤于写作，也最鼓励人写作。他会不惮其烦地几天几夜地在替一位不认识的青年，或一位不深交的朋友，改削创作，校正译稿。其仔细和小心远过于一位私塾的教师。 ……………	引领青年
但他并不灰心，仍然在做着吃力不讨好的改削创作、校正译稿的事，挣扎着病躯，深夜里，仔仔细细地为不相识的青年或不深交的朋友在工作。 　　　　　　　　——郑振铎《永在的温情》	为了国家和民族
不知不觉，十年的岁月过去了。其间，先生的身边常有危险，先生却很坦然。	面临危险

在国民政府下通缉令等等的时候，也还是满不在乎。好像完全不知道那么一回事似地来来去去。

不惧迫害

我们担心着，"先生，危险哪，暂时躲一躲怎么样？"这么一说他就——

"不，不要紧的，如果是真的要捉，就不下通缉令啦什么的了。"

为了国家
和民族

——内山完造《鲁迅先生》

通过这样的组合阅读，学生深入理解了鲁迅先生是怎样从事着艰苦而又危险的工作，而这所有的工作都是无私的，是为了民族和社会的进步。他是一面旗帜，一面精神的旗帜——"横眉冷对千夫指，俯首甘为孺子牛"。学生从而也就理解了作者心目中的鲁迅形象，理解了这短短的"一面"却对作者产生了终生影响的原因。

3. 同一主题不同文体的组合，丰富体验中加深认识

教学《只有一个地球》一课时，四年级学生已经接触过说明文，对于说明方法、应用相应方法的好处也了解了。对于这篇文章学生不明白的是，文艺性说明文与其他说明文不同的特点在哪？是语言的文学性。学生通过这堂课的学习到底收获的是什么？这篇文艺性说明文意义非凡，作者也极富学养。我想学生不仅要进一步体会说明方法及其使用特点，还应该唤起他们对于地球的热爱、对于环保的热情。在这样的思考之下，再来看教材，怎样能让学生理解这篇文章语言文学性的一面呢？我以"据有幸飞上太空的宇航员介绍，他们在天际遨游时遥望地球，映入眼帘的是一个晶莹的球体，上面蓝色和白色的文痕相互交错，周围裹着一层薄薄的水蓝色'纱衣'""地球，这位人类的母亲，这个生命的摇篮，是那样的美丽壮观，和蔼可亲"两句话为突破口，引导学生理解，读出情感。不仅如此，我还进行了组合阅读，"我们地球多么可爱呀，很多文人墨客也曾拿起手中的笔来表达对地球母亲的热爱之情，让我们一起来读读郭沫若的诗歌《地球，我的母亲》吧"。

地球，我的母亲(节选)

郭沫若

地球，我的母亲！
天已黎明了，
你把你怀中的儿来摇醒，
我现在正在你背上匍行。

地球，我的母亲！
你背负着我在这乐园中逍遥。
你还在那海洋里面，
奏出些音乐来，安慰我的灵魂。

地球，我的母亲！
我过去，现在，未来，
食的是你，衣的是你，住的是你，
我要怎么样才能够报答你的深恩？

在配乐朗读后，进行读写结合："你想对我们可爱的地球说点儿什么呢?"效果出乎意料，本以为学生会写几句话，可是很多学生很快就完成了一首小诗，而且恰当地运用了课文中的知识。课堂上的生成并不是偶然的，因为我们充分分析了学情，有效地运用了课内外的文本资源，不仅加深了学生对文本的理解，也推动了学生语文素养的提升。

4. 同一主题不同文体的组合，了解作家通过作品传递的情感

作家们的语言风格是不同的，思想情怀亦不同。外国名著对于学生来说阅读的难点还在于时代背景的久远、东西方文化的差异，所以我们通过组合阅读来让学生进一步感知作家的思想、所处时代和文化的特点。如在教学《卖火柴的小女孩》一课中，我们除了引导学生深入体会安徒生童话带给这个穷苦的小女孩片刻的幸福，还组合了安徒生的一首诗《弥留中的孩子》。虽然作品的文体不同，但同样反映了孩子的心声，都写下了即将离开人世的孩子的心愿。学生通过这样的组合阅读，体会到作家安徒生对于穷苦儿童命运的关注和深刻同情。

(二)同一作家的组合阅读

1. 同一作家不同作品的组合，深入体会作家的写作风格

如在教学《卖火柴的小女孩》一课时，我们在"安徒生童话"这种大的阅读视野之下，通过"组合阅读"这种教学方式，以《卖火柴的小女孩》一篇课文的教学，带动学生对《海的女儿》的重新阅读，感受安徒生笔下"小美人鱼"的形象。两部作品的主人公有着很多相似点，同样善良、美丽，同样可怜，同样获得一种幸福。孩子们在组合阅读的过程中加深了对安徒生童话的认识，理解了安徒生童话"是弱者的安慰所，是美的集聚地"，从而打开了阅读的视野；继而更深刻地体会童话文体所追求的真善美，感知安徒生在童话中所寄予的

美好希望，感受安徒生对爱与光明的追求。这样就激发了学生阅读安徒生童话的兴趣，引导学生去感受经典作品永恒的魅力。

2. 同一作家不同作品的组合，感知文体的写作特点

对于小说的阅读，学生还处于感知的状态，我们需要给学生一定方法以引导，使学生对于小说文体的特点有一定了解。那么在通过组合阅读完整把握人物形象的教学中，学生对于小说塑造人物形象的特点就有了新的认识。我们在教学《凡卡》一课时，重点关注了小说中对环境描写的重要作用。教师一方面引导学生关注凡卡两次回忆中那些诗化的环境描写，从而感知环境描写对于深化主题的作用；另一方面，教师组合了《渴睡》中的环境描写，让学生进一步感知环境描写在小说中不可缺少的作用，加深了印象。

第五节 组合阅读理念：单元整体意识

一、单元整合的组合阅读，充分发挥教材功能

（一）人教版教材

我们所使用的人教版小学语文教材是以主题组单元的，一个单元围绕一个主题往往选编了四篇课文，为开展组合阅读带来极大的便利。如人教版六年级上册第五组主题是"走近鲁迅"，课文有《少年闰土》《我的伯父鲁迅先生》《一面》《有的人》，同时人教版《同步阅读》教材《倾听鸟语》中还有《父亲对我的教育》《回忆鲁迅先生》《秋夜》《访鲁迅故居》这几篇与鲁迅先生有所联系的文章。这几篇文章分别描述了鲁迅儿时、中年、老年以及逝世以后的故事，从不同侧面表现了鲁迅的性格特点及崇高的精神品质。在教学中，以一篇带动多篇文章，引导学生透过这些故事，比较全面、比较深刻地了解鲁迅其人，从中受到感染、熏陶和教育。同时，学生也能学习一些描写人物的表达方法。这种组合阅读的教学方式实现了教学内容、教学时空、教学方法的全面开放。

（二）景山版教材

基于单元整合教学进行组合阅读，可以让教材的功能充分发挥出来。比如景山版教材三年级上册第三单元第一篇课文《松鼠》是重点精读课文，借助这一课，老师有意识地引导学生了解松鼠的外形和生活习性，学习作者按照一定的顺序抓住特点观察事物的方法，学习每一个自然段围绕一个方面来写的方法。并与课后阅读《松鼠的尾巴》组合，目的是丰富有关松鼠的知识。让学生进一步学习观察和描写。有了这一课的坚实基础，老师就可以引导学生进行小组学习，让学生在学习《翠鸟》时组合《松鼠》来进行比较阅读，自主发

现两篇课文的相似之处，明确描写动物时要突出动物的外形和生活习性特点。在深入学习课文时，通过深入品味课文语言，让学生初步感受不同作家在描写不同动物时表达也是不一样的。同学们在有感情地朗读课文的过程中，结合重点词句，谈自己的阅读体会，表达了对翠鸟的喜爱，也从中学习了很多描写小动物的好方法。为了夯实基础，老师以学习单元的方式，给大家推荐略读郑振铎的短文《鸬鹚》，丰富有关鸟类的知识。同是写鸟，翠鸟和鸬鹚的生活习性各有什么特点呢？以此来激发同学们的阅读兴趣，启发学生学习比较、归纳、总结所学课文的相似点、不同点。

二、统编版教材单元双主线下的组合阅读

(一)统编版教材四年级上册第三单元

微风起，那一墙绿绿的爬山虎摇曳在风中……每当看到这样的景象，我们总会想起叶圣陶先生笔下的那篇《爬山虎的脚》。统编版教材四年级上册第三单元的人文主题是观察。站在单元"观察与发现方面的趣事"这一主题的立场，学生通过学习要达成什么、发展什么？带着这些思考，我们进行了本节课的教学。课堂上学生通过自主研读文本，默读画批，围绕爬山虎叶子特点、脚的特点、爬的过程以及脚的变化这几方面交流了自己感兴趣的内容。这样做意在重点引导学生结合文本，并借助图片、视频和 Pad 多媒体辅助教学工具，来深入理解爬山虎脚的特点以及爬的过程。学生理解了课文内容，了解到要想写好身边的人和事、景和物，就要做生活的有心人，观察他们，熟悉他们，亲近他们。"登山则情满于山，观海则意溢于海"，叶老就是这样的人，他就是这样做的。借此机会，我又与学生一同回顾了三年级学过的叶老的散文《荷花》，孩子们在这两篇文章中感受到了叶圣陶平实、生动、有趣的语言特点，而这也激发了他们继续阅读叶圣陶作品的兴趣。

看着孩子们对叶老的作品这么感兴趣，欣喜之余我想到了学校在九年一贯制课程改革的大背景下开展的"走近大师"系列课程，对于叶老这位大作家，何不借着校本课程让孩子们多阅读一些叶老的文章，真正去走近他，了解他呢！

就这样，我阅读了很多叶老的作品，寻找什么样的文章可以满足孩子们的需求。当我读到叶老的《稻草人》一书时，我发现这部童话作品的语言生动优美、富有想象力，适合四年级的孩子们阅读，特别是这部作品是中国儿童文学史上的第一部童话作品，而童话这种文学体裁贴近儿童，也更容易被中年级学生所接纳，他们能够在阅读中品味童话的语言、体会童话的特点。于是我向孩子们推荐了叶圣陶的《稻草人》一书，以此来整合课内外阅读资源。

孩子们开始了津津有味的阅读之旅。课间可以看到学生手捧《稻草人》读书的身影，可以听到分享故事的声音。学生通过一个个故事，在丰富的情节中继续走进了叶圣陶的语言和内心世界。我知道孩子们有了阅读的兴趣，而正是这份兴趣对他们阅读习惯的养成、对语言的发展、对走近叶老这个人都有着特殊的作用。

有了孩子们自主阅读的基础，在阅读推进课上，我们组合阅读了童话的片段，我以"这本书中每个故事都有一个个性鲜明的主人公，这些主人公分别给你留下了怎样的印象"这个问题，引导学生关注主人公形象，感悟作品主题。课堂上，呈现出了学生独特的阅读体验，有的从故事中感受到了人与人之间的真诚；有的从主人公的行为中看到了金子般善良的内心。学生在读中思考，在读中感悟。在交流中，学生不仅对故事中人物的认识逐渐丰满起来，还在讨论交流中深化了对故事内涵的理解，走向作品的主旨。在交流故事的主人公形象之后，我继续引导学生思考："这本书中除了这些个性鲜明的主人公，还有什么也让你印象特别深刻？"我和学生一起再次阅读文本，在生动有趣、富有想象的语言中感受作品风格。从课堂上学生的自然生成中，我高兴地看到他们的认识在逐渐深刻。有的在词句段篇的联系中展开了积极的思考，有的在相互启发中相互碰撞着思维。就这样，我们走进了叶圣陶的语言世界，在进一步体会叶圣陶语言特点的同时，也使学生的思维得到了发展。

当然，阅读的乐趣不只来自作品本身，更来自于阅读的交流与分享。每个学生每次读同样一本书都会有不同的感受。所以孩子们在读完整本书后，都用自己喜欢的方式表达阅读的收获。我也为学生提供了充分交流的平台来分享自己的阅读收获。

学生的收获异彩纷呈，有的学生从朗读中联想到文字背后的画面，给文字配了插图；有的学生在阅读中感悟作品的主题，用图画表达阅读后懂得的道理；有的学生根据文字展开想象，创作连环画，取其重点将长篇幅的故事变为生动的画面；有的学生在阅读后还创作了诗歌作品，在这些同学的启发下，课堂上，每位学生都即兴创作了小诗，来表达自己的阅读感受。更可贵的是，有的学生以小报的形式，分享在阅读中对作品和作者的新认识，表达对叶圣陶的喜爱和钦佩之情。可以看到学生已经自主地将作品与作家相关联，在自我感悟、分享交流中逐步走近叶老。

这一阶段的教师仿佛不再是教师，而是学生的学习伙伴，和他们一起分享童话，交流童话。所以在展示课上，当孩子们分享了自己的阅读收获后，我也把这段时间的阅读批注和读书笔记出示给孩子们看，并告诉他们还可以用这样的方式来记录自己阅读的感受。时而是师者，时而是伙伴。就这样孩子们经历了一个丰满的阅读过程。而当我再问到对叶圣陶爷爷有哪些新的认识时，孩子们的回答更是让我坚定了我的做法是正确的。有的孩子对叶圣陶爷爷的新认识是知道了他也有一颗像他们一样充满童真、童趣的心；有的孩子说叶圣陶老爷爷非常和蔼可亲，他写的每一个故事也都很有童趣；还有的孩子眼中的叶圣陶是一个热爱生活的老爷爷，因为他会用生动、优美的语句记录他所看到的、经历过的一切。

从一篇课文到一部作品，学生经历了"走进文本—走近大师—走出文本—走向生活"的全过程，走近了真实的叶圣陶，感受到了他对儿童的热爱、对生活的热爱，以及他为人、为学的态度和对中国儿童文学的贡献。

一个主题式学习，让教师与孩子们走近了一位大师，共同经历了一段多彩的阅读旅程。我想，当语言承载的内涵与语言本身的美被学生所分享、所接受的时候，他们的阅读能力和审美水平也会不断提升，而这一定也会为孩子们和教师的成长不断蓄力。

（二）统编版教材六年级上册第七单元

《书戴嵩画牛》是北宋文学家苏轼为唐代画家戴嵩的《斗牛图》写的一篇题跋。提起苏轼，可能每个人都会想到他那朗朗上口的诗词。站在长江的岸上，我们会吟诵苏轼的"大江东去，浪淘尽，千古风流人物"；不能与家人见面的时候，我们会想到"人有悲欢离合，月有阴晴圆缺"；当我们受到挫折的时候，也会吟诵苏轼的"回首向来萧瑟处，归去，也无风雨也无晴"来安慰自己。苏轼的诗词已经深入人们的内心。在以往的教学中，我曾带着孩子们读他的诗词；在学习"走近大师——苏轼"系列课程中，曾和孩子们一起了解了他不平凡的人生；直到本学期，在执教文言文《书戴嵩画牛》一课时，对于苏轼我又有了新的认识。

《书戴嵩画牛》是一篇简单的故事，却给人以深刻的思考和启示。怎样才能让小学生读懂这篇文言文，引发了我的思考。因为小学阶段学习古文，读是重点，所以在课堂上，我以指导学生读好文言文为主要目标。在此基础上，引导学生尝试运用多种方法理解文言文的基本内容，此时，学生再朗读就能够根据理解适时地停顿，把握文言文朗读的节奏、韵律，因意促读。课堂上，以"读懂意思—读好节奏—读出思考"为读书路径，学生在读中悟，悟中读，在琅琅读书声浸润陶冶中，培养语感，读出意味、趣味。

除了文言文的朗读，这篇题跋用简洁的语言、平实的手法，围绕唐朝画家戴嵩画的《斗牛图》，刻画了杜处士和牧童两个特点鲜明的人物，讲述了一个有趣的故事，揭示了"耕当问奴，织当问婢"的道理。因此课堂上，我引导学生在揣摩和质疑中训练自己的思维深度。在学生理解了故事内容后，我提出问题：杜处士和牧童对待戴嵩的《斗牛》的态度有什么不同？为什么有这样的不同？然后引导学生结合课文内容及手中的资料来思考。课堂上呈现出了学生精彩的作答：

杜处士"好书画"，"尤所爱"戴嵩的《斗牛》，所以他"锦囊玉轴，常以自随"，他的态度是"好""爱"，是一种欣赏的态度、审美的态度，在艺术作品中享受趣味，所以当牧童指出问题的时候他也是欣然接受的。牧童是一种比较客观的态度，他拿这幅画"掉尾而斗"和现实生活中他所见到的"牛斗，力在角，尾搐入两股间"进行比较，是在求实、求真。

学生在讨论中各抒己见，加深了对文本的认知。而当我问到"处士笑而然之"的"笑"可能有哪些含义、你怎样理解他的"然之"时，孩子们也纷纷表达了自己的观点：有的说这是欣慰的笑、满意的笑，因为这个牧童善于观察生活，更不简单的是，他能够将自己的生活所见和这幅画做比较，看出它们的不同，所以杜处士对此感到欣慰、满意；有的说这是欣赏的笑、赏识的笑，这份笑当中包含了杜处士对牧童的欣赏和鼓励；还有的学生认为杜处士心里明白，戴嵩的《斗牛》是一幅艺术作品，艺术不仅在描述一个世界，更在创造一个世界，而不是客观生活的再现，因此，艺术是用来欣赏的，所以他这一笑，也是缓解尴尬的气氛。

可以看到，在交流中学生打开了思维，有更多、更深的认知。我想，语文教学，不仅承担着训练学生"运用语言文字"的语用使命，还有促进学生"思维发展与提升"的责任。而苏轼的这则题跋，就在学生深入讨论，在比较、揣摩、质疑、发散、拓展、挖掘中，促进学生思维朝着纵深的方向发展。而这些对文本的理解，也成为学生用自己的话讲故事的支架，将故事讲得生动、有趣，娓娓道来。而后，我又为学生组合了苏轼的另一则题跋《书黄筌画雀》，学生运用课上所学的阅读方法，读着苏轼的题跋，感受着他对艺术的态度，对于苏轼其人也有了更多元的认识。

语文教育以她特有的情致与情意，引得无数语文教师始终与她站在一起，保持着"语文的姿势"，充满着生命活力。钱理群曾对语文课做过这样的描述：这门课程打破时空的界限，克服个人生命的有限范围，把同学引入民族与世界、古代与现代思想文化的宝库，与百年之远、万仞之遥的大师巨匠，与古代最出色的哲学家、历史学家、文学家、军事家，与现代一流的小说家、剧作家、诗人、散文家进行心灵的交流，精神的对话。成长中的学生需要这样的大智大勇的高贵的头颅，需要遇见这样的有声有色有思想的浸润，需要这样的生命互动，更需要这样持续地体会生命博大与情怀。

第六节　组合阅读案例

一、走近大师——苏轼

学生在"走近大师——苏轼"的系列课程中，课内学习苏轼的诗词，课外积累苏轼的诗词。在综合性学习中，孩子们抓住意象，走近了苏轼诗词中的"月"，了解了苏轼对"月"的把握，生发于他对自然之深切体验和亲密接触，他亲近一草一木、一山一川，徜徉其中而得无穷乐趣。这既是苏轼的审美追求，更是其人生修养和人生境界的追求。通过阅读《苏东坡传》等相关书籍，孩子们了解了苏轼的生平、思想和艺术，理解苏轼诗词创作与其人生经历的关系。从只知他是北宋的大文豪到了解他也是一位多才多艺的人，在诗词、文章、书法、绘画、美食、音乐等许多方面都可寻得他的身影。在学习中，每学一首东坡诗词，孩子们都试着写一段或短或长的文字，或许还不够成熟，但却承载着他们最独特的思考。在小组合作探究中，孩子们绘制了东坡旅行的路线图，把东坡游历的名胜古迹，有创意地展示出来，结果惊奇地发现这些名胜古迹，有的是自古就有的自然景观，有的是有历史传承的人文景观，有的恰恰是因为他曾经游历过而成了如今的人文景观；有的是东坡的游学景观；有的是他被贬谪生涯中的游历景观……

苏轼的一生留下了无数传奇，学生也在这个过程中逐步走近了东坡。古人以诗文会友，我想，在"走近大师"的过程中学生们也在用一种特殊的方式与大文豪游山玩水，吟诗作画，谈论古今……

（一）学生对苏轼的认识1

千古奇才——苏轼

东直门中学附属雍和宫小学　董依昂

我认识苏轼是从三年级学习的一篇古诗中，这首诗是《饮湖上初晴后雨》，诗中每一句描写西湖美景都是那么生动，仿佛让我身临其境，那时我认为苏轼一定是一位热爱大自然的诗人。

果不其然，四年级的时候我们又学习了一篇苏轼的古诗《题西林壁》，这首诗赞美了庐山雄伟壮观，诗句"横看成岭侧成峰，远近高低各不同"足以体现苏轼是多么的热爱大自然，不然怎能把庐山观察得如此细致？正面、侧面、远处、近处的景象全都描写到了。

后来，徐老师鼓励我们学习苏轼的诗词，于是，我找了很多苏轼的诗词来读，我发现他的诗词中很多都有月亮，但这些诗词并不是单纯描写月亮的景象，而是借月亮抒发情怀。思念兄弟的《水调歌头·明月几时有》中"人有悲欢离合，月有阴晴圆缺"，道出了他对人生的感悟。思念亡妻的《江城子》中"十年生死两茫茫，不思量，自难忘""明月夜、短松冈"，听着让人有肝肠寸断的感觉，如此凄凉。读到《念奴娇·赤壁怀古》时，那一句"大江东去，浪淘尽，千古风流人物"仿佛让我看到苏轼走在赤壁的情景，当时他的心中一定无限感慨，那是当年三国英雄们打仗的地方，他感慨道："江山如画，一时多少豪杰！"可历史已随时间而逝了，他又感慨道："人生如梦，一樽还酹江月。"

通过学习苏轼的诗词，我对这位古人无比崇敬，他热爱大自然，心怀美好；他重视亲情和友情，善良多情；他博学多才，总能用恰到好处的词语，得心应手地表达出自己的情感。苏轼的表达能力是惊人的，在他的笔下几乎没有不能写入诗词的题材。他真是一位千古奇人！

（二）学生对苏轼的认识2

千古风流人物

"大江东去，浪淘尽，千古风流人物……"在宋朝，有一位大文豪，他的诗词风格豪放；他重情重义，《赠刘景文》是他的代表诗作；他的散文自然、畅达，同时他是"唐宋八大家"之一；他的优点还有很多很多……他，就是多才多艺的苏轼。

对于苏轼，我们最先接触的是他的诗词。我们在徐老师的带领下学习过《饮湖上初晴后雨》，当时，我们和徐老师一起将课程录制了下来。在课堂上，我们了解了苏轼诗词的魅力。在这首诗中，苏轼大胆地运用了比喻的修辞手法，把西湖比作了西施，让我感受到了苏轼的豪放。徐老师还教授给了我们学习古诗的方法，使我获益匪浅。从此我就爱上了苏轼的诗词。

苏轼是一位大才子，他创作了许多流传千古的诗篇、词篇。"明月几时有？把酒问青天"是苏轼的亲情；"欲把西湖比西子，淡妆浓抹总相宜"是苏轼对西湖的热爱；"不识庐山真面目，只缘身在此山中"更是他欣赏庐山后最深刻的感受。苏轼，真是一位大文学家！

后来，我们又和徐老师一起开展了"走近大师——苏轼"活动。我们在这次活动中了解了苏轼的生平，制作了小报。这时我发现，苏轼不仅诗词、散文豪放，他的生活也是豪放的，他那传奇的一生包含着他的情和义，同时包含着他对美好生活的向往。

其实，苏轼从青年时期开始，就展示出了他惊人的才华。苏轼在二十一岁那年，同父亲苏洵、弟弟苏辙一起进京参加科举考试，并且在参加制科考试时，苏轼入第三等，为"百年第一"。后来，苏轼还多次到杭州做官，并建苏堤。苏轼一生历经坎坷，但他的诗词、散文总是可以体现他的乐观，照耀出他的光彩人生。

这学期，我们再度登上名为苏轼的"邮轮"，与徐老师同行，一起探索千古风流人物——苏轼。

我们组织了一次"寻找多才多艺的苏轼"活动。最开始，徐老师与我们一起归纳总结了苏轼的才艺，然后，我们分小组讨论、查找资料，最后展示，在这个过程中，我们不仅提高了学习的探究能力，还对苏轼有了更深入的了解。

苏轼不仅是一位文学家，也是一位艺术家。他的《黄州寒食帖》被誉为"天下第三行书"。苏轼擅长写行书、楷书，与黄庭坚、米芾、蔡襄并称为"宋四家"。书法与绘画相通，苏轼擅长画墨竹，并主张画外有情，画有寄托，他可真是"千古风流人物"哇！

苏轼，这位全才，是我们学习的典范，更是中国历史中一颗闪亮的星。在未来的学习中，我愿继续走近这位千古风流人物！

(三)学生对苏轼的认识3

我眼中的苏轼

东直门中学附属雍和宫小学　刘米迦

在"走近大师"课程三年多的学习中，我们认识了多才多艺的苏轼。苏轼，不像李白"力士脱靴，国忠磨墨，贵妃奉砚"那样张狂，也不像陈子昂"前不见古人，后不见来者"那样忧国忧民，他与大部分的诗人不一样，他既多才多艺，又生性豁达、率真，诗风既婉约，又豪放，他的散文也是数一数二，是唐宋散文八大家和宋四家之一。

"问汝平生功业，黄州惠州儋州。"苏轼一生起起落落，但不得朝廷重用。得欧阳修指点后，苏轼一时名动京师，但因向朝廷表达了自己的看法，被新党利用告上朝廷，这就是著名的"乌台诗案"。乌台诗案是苏轼一生中一个巨大的转折点。新党想要置苏轼于死地，不过还有一些有识之士向朝廷上书不要杀苏轼。最后，苏轼因退休金陵的王安石一句"安有圣世而杀才士乎"而去往黄州。苏轼，这个宋朝的伟大诗人，因为惹怒了新党而皇帝又不能明察秋毫，所以就任新党折磨。我觉得，大家不能因为观点的不同而去打压、抨击一个文学才子，因为失去一位伟大诗人，将是后人无限的遗憾与悲哀。黄州团练副使这个职位并无实权，其实相当于流放。在这时，苏轼的诗风已经十分清新脱俗，到达顶峰。他曾无数次游览赤壁山，写下了《赤壁赋》《后赤壁赋》《念奴娇·赤壁怀古》等伟大名篇。"故国神游，多情应笑我，早生华发。"这华发，寄托了他谪居时的思想感情。在黄州东边的一个土坡上，苏轼在那里种田帮补生计，由此世称"苏东坡""东坡居士"。苏轼在黄州的这段时间内十分乐观，不自暴自弃，与大众生活十分融洽，得到了百姓的认可。我觉得，苏轼这种乐观不放弃的向上精神值得我们学习。六年后，苏轼东山再起，升为翰林学士。但而后受到新党与旧党的联合打压，又被诬告陷害，自请外调杭州。苏轼又一次被贬，可是他无论在哪里都亲城亲民，就像在杭州，苏轼开通水利工程，把西湖里阻挠百姓生计的淤泥都挖出来，用淤泥修建了一条长堤，在湖中修建三塔，后人称这长堤为"苏堤"。举城欢庆长堤修成时，苏轼不骄不躁，面对百姓的交口称赞只是微微笑，点点头，十分谦逊。他这种谦虚不骄傲的精神值得后人学习。短短两年过后，苏轼又前往颍州、扬州、定州做知州。后新党执政，苏轼被贬惠州。三年后，苏轼被一叶孤舟送往儋州，从此在此办学堂，品茗为乐，把这里当作自己的第二故乡。到了生命接近尾声时，苏轼仍然吟诗品茗办学堂，仿佛发生的一切都与他无关。他这种豁达的品质，值得我们学习。不久后新党下台，宋徽宗即位，苏轼北归途中，在常州病逝，葬于汝州郏城县。宋高宗即位后，追赠太师，谥号"文忠"。

苏轼对社会的看法、人生的思考、人物的评价都毫无掩饰地表现在他的作品中。他并不是在抱怨自己的力不从心和朝廷的不识才华，也不是局限于批判新政，局限于眼前，而是超前地抨击封建社会由来已久的弊端与陋习，从而体现出更加深沉的批判意识。他更加善于从客观事物中找出规律，在人生的不幸遭遇中总结宝贵的经验。黄庭坚评价他："人谓东坡作此文，因难以见巧，故极工。余则以为不然。彼其老于文章，故落笔皆超逸绝尘耳。"苏诗题材均新颖、广泛，一张白纸到了苏轼那里，苏轼题的诗你绝对想不到，因为在他心中，几乎没有不可以入诗的题材。苏轼的诗词不仅用材新颖、广泛，而且创造了宋代诗词的新面貌。在创作中，苏轼避免了宋代诗词尖新生硬和枯燥乏味两个主要的缺点，也不把某一风格推为至尊的地位，所以苏轼的诗词受许多人的喜爱。

众所周知，苏轼是一位罕见的文学巨匠，一位胸怀坦荡的官员，一位倜傥潇洒的才子，一位乐观向上的凡人……在我眼中，苏轼体现了宋代先进的文化精神，他进退自如，宠辱不惊，多才多艺，正因为他把封建社会中士人的两种处事态度的优点予以整合，所以他可以做到处变不惊，文才双赢。许多人都美慕他有才华，有官职，可当他和朋友谈起此事时却波澜不惊，因为他知道所有人都有可能东山再起，所有人都有可能升无可升，贬无可贬。我认为他对这个世界的世界观是超前的，因为他胸怀大志，两袖清风，坦坦荡荡。历史见证了他的睿智，见证了他的努力，人们见证了他的幽默，见证了他的多才多艺。他的作品和他的故事已经流传了千年，流芳了百世，他的精神和他的思想会永远活在我们心里，经久不衰。

二、从《只有一个地球》到《地球通史》

《只有一个地球》是人教版小学语文六年级上册第四单元的第一篇文章，该单元以抓住文章要点，体会文章所表达的思想感情为主题展开。《只有一个地球》是一篇精读课文，主要从宇航员在太空遥望地球所看到的景象写起，引出了对地球的介绍，接着从地球在宇宙中的渺小，人类活动范围很小，地球所用的资源有限而又被不加节制地开采、随意破坏等方面说明地球面临着资源枯竭的威胁。然后，用科学研究成果证明当地球资源枯竭时，没有第二个星球可供人类居住，最后得出结论：人类的选择只有一个，那就是精心保护地球，保护地球的生态环境。在学习完这课后，我引导学生们展开了对墙书《地球通史》的学习。

《地球通史》这幅长达 2.4 米的巨幅图谱，不仅包括自然史、科技史，而且还包括人文史、艺术史、战争史，等等。阅读时，就像是在电影院观看一部巨幕历史大片，里面有一千多个演员在不同的场景里横跨 137 亿年演绎着不同的故事，这是一种多么奇妙的体验啊！

《地球通史》和其他的书相比，最大不同点就是它是在用"时间线图谱来讲故事"。穿越时空、跨越地域、涉及不同领域……地球上发生的过往就这样同时呈现在眼前。这一个个看似独立的事物背后，静下心来纵观横看，你仿佛又能触及每个事件背后那些千丝万缕的联系，每一个事物、每一次变化都或多或少地影响着历史车轮的走向。这种时间、空间上的联系是我们在阅读这本书的过程中需要更为关注的！

如何和学生们一起阅读这样一本特别的书呢？我确定了"兴趣""联系"这两个关键词。通过第一节课的学习，每一个学生都对《地球通史》的特点及其作者有了一定的了解，随后的一大段时间就是让他们从自己最感兴趣的内容入手，按照每个人的学习方法和习惯对其兴趣点进行深入的学习。经过一段时间的独立学习后，我们就需要创设一个让孩子们共同交流的过程，引导他们在知识交流的过程中，关注事物之间的联系、关注思维的独特性。

和孩子们一起在不断的惊叹声中游历漫长的历史，探索缤纷的世界；以联系的视角，以全局观的角度去发现，在交流的过程中完善自己的思维方式，这就是我想和孩子们共同学习这本书时的大致想法。

现将部分课堂教学环节摘录如下：

【环节一】交流阅读方法

师：同学们，我们读《地球通史》这本书已经有一段时间了，现在跟大家交流一下在这个过程中你是怎样读这本书的，好吗？

生1：我是通过时间轴，按照时间的顺序找我感兴趣的内容来读的。

生2：我是由自己最感兴趣的点入手，然后横向看看事件前后发生了什么事，纵向看看同一时间别的地区都在发生着什么事情。

生3：我是从后面的自测题开始，那些题目我不太会做，就到墙书上去看看相应的内容，如果感兴趣再深入查查资料什么的。

生4：我在阅读的过程中，注意到了墙书上有一些折线、圆点、阴影等很特别的符号，后来联系着旁边的文字前后看看，就大概知道了都代表什么，比如这个折线，就是表示跟死亡有关系的事件。

可以看出每个孩子都从不同的点进行切入，但其本质却是相同的，即"联系"。

孩子可以通过好奇心自主选择学习内容，"墙书"允许孩子进行选择性阅读，不像往常那样，对一本书要从第一页开始读才能够清楚把握故事的内容和脉络。孩子不必循规蹈矩地从头到尾进行探索，而是完全可以很随意很任性地选择自己喜欢的起点。

【环节二】交流学习内容

师：上节课我们一起看通史的时候说，希望每位同学都能找到通史中一个最感兴趣的点进行深入的研究学习，而且最好能给你的这个交流找到一个引子、一把门钥匙，今天都带来了吗？先跟你同组的同学交流一下。

（学生与同学习小组的同学交流）

师：谁来跟大家共同交流一下？

首先一名学生跟大家分享了她对拉美西斯二世的了解，从拉美西斯二世的丰功伟绩谈到了人们对他的看法，最后还说到自己最欣赏的是他对妻子的爱，并为大家朗读了他刻在妻子墓碑上的诗。这名学生从不同的角度阐述了对拉美西斯二世的了解和认识。

第二个学生拿了红白两朵玫瑰花作为她的"门钥匙"，跟大家分享了她对玫瑰战争的学习过程。她简要讲述了玫瑰战争的起因、过程和结局，在这次战争中，兰开斯特家族和约克家族同归于尽，大批封建旧贵族在互相残杀中或阵亡或被处决……除了讲述了这段战争，她还联系了同一时期的黑死病、奥斯曼战争、新西班牙占领印加、法国战争以及中国明朝修建长城、出口瓷器、莎士比亚出生地、英国的殖民地……她用她的方式，追随着自己的好奇

心，从一点出发，横向、纵向联系，逐渐建构出一个立体饱满的故事。

第三个学生则从猫入手，讲了有关猫的来历传说，将历史与传说故事有机地结合起来，让我们对生活中这个常见的小动物有了更为深入的了解。

在这个过程中老师要根据每个孩子不同的叙述内容和思维形式对孩子的学习方法、思维方式给予适当的点拨指导，让更多的孩子去发现别人思考探究问题的过程，在不同思维方式的交流中取长补短，构建更为全面的思维。

在这个过程中，因为每一个人的思维角度不一样，所看到的事件内容不一样，看完后得到的结论不一样，那么，当孩子们一起进行讨论的时候，他们就会碰撞出绚烂的思维火花。这培养了孩子的思辨能力和独立思考，培养了孩子的开放性思维。在一阵阵掌声里，通过不断的学习和思维的碰撞，每个人都可以通过自己的方式把通史读长、读宽、读厚。

【环节三】根据兴趣，拓展通史

师：有的同学经常会跟我一起探讨，说我喜欢的东西没有出现在这个地球通史里呀。老师就受到启发：你能不能试着给你感兴趣的内容像通史那样用图和简要文字介绍的形式，制作一个通史卡片？

（学生制作自己的通史卡片）

学生把自己制作的通史卡片贴到前面的通史书上，然后互相介绍分享。他们制作的内容非常丰富，有人物、事件、动物、游戏，甚至有一个小组的学生把自己在小学每一年生活中的大事用简单的图画和文字表述出来，让自己的生活也融入了历史的画卷中。可以说在他们的头脑里已经渐渐产生了初步的历史观。

（一）以兴趣为基点的组合阅读

关注孩子的学习兴趣也是我们在进行组合阅读时的一个角度，未来的世界不断变化，教育应该帮助孩子准备好面对未来变化的世界——让孩子对学习产生终生强烈的热爱。这种学习的愉悦感的来源是多方面的，其中之一就是主动性。当孩子们能主动选择学习的内容，大脑会分泌多巴胺，幸福感就会升高。还有强调动手能力，记忆和想象力是图像化的，大脑最喜欢的存储形式是图片和声音，而非文字和数字。通过图像和声音我们能高效、系统化地获取知识的原料素材。还要让孩子建立学习上的自信，让他们知道自己懂得比别人多。选择墙书作为组合阅读的材料，这种新颖的形式和丰富的内容，都是学生学习的兴趣点，在兴趣下开展学习，才能更好地调动他们的学习主动性。

（二）用组合联系的方式去思考问题

真正的学习不是填充毫无联系的碎片化知识，而是通过整合信息看到事物的本质、因果或内在联系。避免大脑信息碎片化的最好方法，就是跨学科学习，把多学科的知识联系起来。例如在学习历史事件的时候，地理、政治、艺术、生物学等其他领域的知识同时能得到印证，在这样的视野下解释我们生活的世界，才能不狭隘局限，而好奇心能促使孩子探索问题，驱动关联的力量。这也正是组合阅读要达到的效果。

(三)拥有自主学习探究的欲望和能力

作为新世纪的教师，我们的作用区别于以往的知识的传授，因为我们跟孩子几乎是站在同一个起跑线上，有些时候在很多方面我们甚至没有自己的学生对知识的了解更全面更深入，那么在这样的课堂上我们能做的又是什么呢？我们的认知是高于孩子的，我们要在课堂上提升孩子的认知，引导孩子的思维，指导学习的方法。用组合阅读的方式帮助孩子拓展学习的视野，打开学习的半径，提升学习的能力，更重要的是养成一种学习思维习惯，让他们在以后的学习中能不断地主动地去寻求更多更深层的学习内容，始终保持求知欲和好奇心，这才是我们进行组合阅读时最想看到的。组合阅读不仅能激发孩子们的学习兴趣，调动学生积极思维的内在动力，更是孩子们在学习交流的过程中发展思维的过程，鼓励孩子们大胆探索、积极思考，自主地选择学习的内容和方法，确立自己的学习目标，做自己学习的主人。科学地利用时间，在有限的时间内有计划地学习，互相交流，借鉴学习方法，取长补短，为学生的终身发展奠定基础。

第四章　组合阅读与学生的生活

我们自动的读书，即嗜好的读书，请教别人是大抵无用，只好先行泛览，然后抉择而入于自己所爱的较专的一门或几门；但专读书也有弊病，所以必须和现实社会接触，使所读的书活起来。

——鲁迅

第一节　浸润生命：组合阅读与写作力

一、阅读不仅仅是一种了解世界的方式，或许我们的生存也取决于它

组合阅读，生发在学生的课堂，更是在学生的心中播种。这样的播种，是要在学生的生活中生根发芽、开枝散叶的。人们常说，阅读不仅仅是一种了解世界的方式，或许我们的生存也取决于它。所谓的"生存"，一定是在强调其背后所支撑的思维方式与认知水平，而这些无疑很大程度是要从学生的阅读中来的。对文学的阅读，从外部看，是打开一个新世界；从内部看，则是一个理解自我的过程。你将从他人的人生故事中窥见自己，在他人的困境、欲望、悲欢中理解自身，从而更加明了自己是一个怎样的人、从哪里来、从哪些人当中来、对生活抱持着怎样的情感和态度。正如美国著名作家塞琪·科恩在《写我人生诗》中所说：文学滋养着我们，同时引导我们走向对语言的尊重——它有让我们成为更好的人的潜能。当我们可以传达出我们真正的意图的时候，我们就可以与自己和他人建立更好的联系……永远不要小看文学对于个人塑造的可能性，因为宇宙有多大，人性就有多复杂。无法观望全部宇宙真谛的我们，是不是其实早已在全力以赴创作的过程中，走向永恒真理了呢？

因此，组合阅读在助力学生的语文学习的同时，也必然潜移默化地影响着学生的生活。这种影响又会经由学生的表达展现出来。

在本章当中，我们力图更多地呈现组合阅读在学生生活中产生的影响、生发的变化。尽可能地从学生的视角，通过他们自己的语言来表述组合阅读。在这份独特的表达中，组合阅读会转化为学生阅读时真真切切的体会与感受，进行分享；也会转化为学生的一种良好阅读方法，向读者推荐；更会转化为学生的语言资源与表达能力，在学生的写作中彰显出来。

二、组合阅读与写作力

安妮·迪拉德说："你读得越多，你就会写得越多。你读得东西越好，你就会写得越好。"

阅读好的作品会自然而然地让读者产生联系、联想、联结，提出问题，推测发展，这样的阅读一定会使我们有所想，有所思，有所感悟，也正因如此，写作时脑中的言语就这样产生了，也就是"写作力"。

写作者要怎么努力才能让他们的作品影响读者，是技巧？是主题？正如思考是"阅读力"的原则，思考也是"写作力"的中心。不过不是要求写作者思考自己所写的东西，恰恰相反，"写作力"是要求写作者思考读者阅读的过程，思考联结着写作和阅读。当我们阅读时，我们的一只眼睛看着书页，另一只则在我们的脑中找寻和文章互动的方法，让我们更加理解文章；当我们写作时，我们的一只眼睛看着纸张，另一只则在我们的读者身上，找寻方法来确保互动的发生。[1]

组合阅读在创设阅读机会的时候，并没有忘记语文教育的功能，它还要促进学生整体语言的积累与运用的建构。写作对学生而言，是自我语言生成和提升的过程。从语文教育的意义而言，语文教育使主体精神与潜隐在语言符号中的文化、历史和传统等客观精神产生意义交流，达成对客观精神的同化，令主体精神为之兴奋、愉悦，获得精神培育的动力。可见，语文学习是一个生成的过程，是每一代人在新的历史境遇中理解传统、理解他人世界，并建构自身存在意义的过程，同时于这一建构中达成对个体生命方式、自我人生意义的深刻认识。[2] 当阅读使学生通过阅读过程而获得一次在审美化的语言世界中体现人生的精神感知、在联想与想象中获得精神的参与时，这该是一个怎样的阅读路径？我们又应如何以阅读的姿态保持自己独立的精神感受，追逐阅读带来的精神世界？

---

[1] ［加］阿德丽安·吉尔著，陈中美，钱飚译：《写作力：创意思考的写作策略》，南宁：接力出版社，2017年，第2页。

[2] 曹明海，陈秀春：《语文教育文化学》，济南：山东教育出版社，2005年，第110页。

第二节 课堂心得：阅读与表达相伴而行

课堂偶遇法布尔

北京市东城区和平里第四小学 邓睿涵

从第 11 课《蟋蟀的住宅》中，我知道了蟋蟀有住宅，又知道了蟋蟀住宅外部、内部的构造和蟋蟀如何建住宅，我第一次进入生动的昆虫世界。

有一个人，他写了世界有名的《昆虫记》，他就是法布尔，是一位法国著名的科学家、生物学家。法布尔耗费一生的光阴来观察、研究"昆虫"，已经算是奇迹了；一个人一生为"昆虫"写出十卷大部头的书，更不能不说是奇迹；而这些写"昆虫"的书一版再版，先后被翻译成 50 多种文字，直到百年之后还会在读书界一次又一次引起轰动，更是奇迹中的奇迹。法布尔这种坚持不懈的精神值得我们每个人学习。

第一次读《昆虫记》，它就吸引了我。它是一部描述昆虫们生育、劳作、狩猎与死亡的科普书，平实的文字，清新自然；幽默的叙述，惹人捧腹……人性化的昆虫们翩然登场，多么奇异、有趣的故事啊！法布尔的《昆虫记》，让我有梦幻感，具体而详细的文字，让我感觉到放大镜、潮湿、星辰，还有虫子气味，仿佛置身于现场一样。《昆虫记》不是作家创造出来的世界，因为它是最基本的自然！法布尔生活的每一天每一夜，孤独而安静，有着与世隔绝的寂寞与艰辛。真正的好的文章，是来源于生活和细心的观察的，又加之以优美的文字。

我看过一本书，书上说小时候的法布尔喜欢在自己的口袋里放满昆虫，回到自己的家里后，慢慢地观察。他对萤猎食蜗牛、蝉虫的蜕变，观察细致入微，描写事物简练，真不愧为昆虫世界的"维吉尔"。他付出了许多难以想象的努力，这也培养了他后来的兴趣和成就。有一次，法布尔在一条路上正聚精会神地观察着一只蜂，看这只蜂如何捉象鼻虫。这时，一位农民经过，正好看见了这一幕，心想：这个人每天都在这里，不知道他在做什么，最近有几户人家的东西不翼而飞了，是不是他偷的？于是农民马上就去向警察报案。法布尔废寝忘食，烈日底下观察昆虫，别人骂他"疯子""小偷"他也不管，只一心一意地观察。尽心是美好的起点！

课堂上的风景真是美不胜收，有写蝙蝠的，有写蝴蝶的，有写麻雀的，有写牛的，有写植物爬山虎的，还有很多自然和美丽的故事……阅读是一种美好的汲取，这种风景会陶冶我们的情操。作家们勇于探索世界、勇于追求真理，尽力把美好展现在我们面前，这种精神真的值得我们学习。在学习中努力发挥我们美好的想象力，去记忆那些美好的风景。我们感谢那些作家。

做什么事情都要像法布尔那样，有一种严谨的科学精神，坚持"准确记述观察得到的事实"，不添加什么，不忽略什么。做任何事都要坚持不懈，阅读也需要努力和坚持，这给我很大的启发。阅读是有力量的，其中有很多风景等着你。

课文也会有天地
北京市东城区和平里第四小学　洪安林

在四年级上学期，老师给我们讲过一篇课文，是安徒生童话，叫《一个豆荚里的五粒豆》。这个故事讲的是一个豆荚里有五粒豆，第一粒豆子要飞到广阔的世界里，第二粒豆子要飞向太阳，第三粒和第四粒认为自己会飞得最远。可是这些豌豆都没有好结局。只有第五粒豌豆说："该怎么样就怎么样！"它掉进了阁楼窗下旧板子的裂缝里发芽成长，帮助一个生病的小女孩恢复了健康。

我觉得这个"阁楼"似曾相识，有一个人特别像这第五粒豌豆，在一本叫《春天》的书中读过，作者是梅子涵。于是，我把这本书从书柜中找出来，在书的目录里寻找，想找到那篇文章，但是这本书里文章的名字都很简短，我不确定哪一篇里有"阁楼"和"第五粒豌豆"。我大致圈定了一个范围，开始快速寻找"阁楼"，终于我找到了，这篇文章叫《亮了》。

《亮了》说的是作者当知青的时候，经常和朋友们在安宜同学家的阁楼里聚会。他和同学们被分配到很远的农场干活，但他身体不好，而且身边的同学都慢慢回了上海，只剩他一个人在农场，所以他感到很郁闷。这天，安宜同学的妈妈对作者说："梅子涵啊，机会迟也不一定是坏事，说不定你将来会比别人更加好。"这句话在作者的心里留下了一道亮光，让他终生难忘。后来，作者成了教授和作家。

我觉得作者就像第五粒豌豆，虽然最迟，但该怎么样就怎么样，即使掉到缝隙里，在阳光下也能茁壮成长，而且比别的豌豆更加好。我也好像有一点懂了，为什么伴随豌豆苗的成长，小女孩的病就慢慢好了。这颗豌豆苗，就是安宜妈妈说的话，就是梅子涵心里的那道亮光。

从这件事情中，我觉得在欣赏文章的时候，如果心里感觉似曾相识，就要抓住它，再细细地品味一下，会让语文变得更有趣。

课堂上的"组合阅读"：窃读小记
北京市东城区和平里第四小学　王怡菲

在语文的学习中，有一种阅读方式叫"组合阅读"，就是从一篇课文的阅读让你关联到另一篇文章的阅读，再从一篇文章的阅读关联到整本书的阅读。

我亲身体验过这种阅读方法，让我获益匪浅。

上了五年级，我们学习了林海音的《窃读记》。小英子（林海音小名）没有钱买书，由于对书强烈的欲望，便放学去书店"窃读"，怕被书店老板赶走，就借雨天避雨来读。老师告诉我们，英子家以前还是很幸福的，父母亲、奶妈宋妈和孩子们一起生活，无忧无虑，然而英子六年级时，宋妈得知儿子小栓子的离去，便回了老家，父亲又因病去世了。

为何小英子的生活发生了巨大变化？她以前的生活是怎样的？课文的学习也激发了我对《城南旧事》的兴趣。寒假里，我读了这本书，这是一本自传体小说，以朴实、纯真的笔调，讲述了五岁时小英子同父母迁至北京，认识了秀贞、妞儿等各种人。她把书里的人物描写得淋漓尽致，比如说秀贞和妞儿。作者多次暗示了秀贞和妞儿的关系。这两个人在同一章节里出现，秀贞口中的小桂子和妞儿脖子后面都有一块青色的胎记。妞儿也告诉过英子，自己的父母不是亲的。最后，在《爸爸的花儿落了》这一章节里，作者运用了插叙的写作手法，写了英子一年级时赖床不想上学，挨了爸爸的打。到了教室，看见了窗外送花夹袄的爸爸，说明爸爸虽然严厉，但是对"我"始终是呵护和关爱的。从那以后，每天早晨，"我"从未迟到过。毕业典礼那一天，"我"代表同学领毕业证书并致谢词，但爸爸病了，来不了。爸爸告诉英子，无论什么困难的事，只要硬着头皮去闯，就会闯过去，我从中感受到了深挚的父爱。这本书通过对人物的描写，展现了英子刻骨铭心的童年生活，从一句歌词"人生难得是欢聚，唯有别离多"感受到了即将逝去的童年……

寒假过后，我们又学习了林海音的《冬阳·童年·骆驼队》。这篇文章是小说《城南旧事》的序言。以骆驼为贯穿全文的一条线索，讲述了小英子童年学骆驼咀嚼、议驼铃作用、想剪驼绒和问驼踪四个内容，抒发了她的离愁之情。长大后，她非常想念童年住在北京城南的那些景色和人物，于是就写下了这本《城南旧事》。通过组合阅读，我更能体会到林海音对童年的怀念。

把作家相同、主人公相似的文章合起来，通过这样的文章还能联系到整本书的阅读。这种组合阅读的方式既能很好地理解文章的意思，又可以把文章的主旨思考得更深入。

在生活中，我们要学习运用组合阅读，将恰当的与相似的文章进行联系。如果能恰当地运用像组合阅读这样的学习方法，联系以前学过的文章，理解文章就会变得简单多啦。

组合阅读乐趣多
——从《刷子李》到《俗世奇人》
北京市东城区和平里第四小学　王一鸣

本学期，我们学习了一篇课文叫《刷子李》。《刷子李》讲述了一个技术精湛、粉刷技能出众的粉刷工匠。他每刷完一间屋子，屋里不但如同升天一样美，更让人叫绝的是，刷子李每刷一面墙，身上绝没有一个白点。他之所以能靠粉刷墙面赚钱吃饭，是因为他有别人都做不到的绝活儿。于是，我对身怀绝技的人产生了浓厚的兴趣。平时，我总爱去王府井、南锣鼓巷等古老的街巷，去看各种艺人表演，有做糖人、剪纸、画内画壶、刺绣等。

一个周末，爸爸带我去天津玩。天津是一个文化丰富的城市。我们来到一条老街参观，在街的两边是一个个小店铺。有做风筝的、捏泥人的、画国画的，应有尽有。但我印象最深的还是泥人张。泥人张的铺子并不大，正中放着一张小木桌，上面放着各色的泥和一些工具。一个六十多岁的老爷爷正在全神贯注地捏泥人。只见他有时把泥卷成卷，有时把泥搓成球，做成的小人儿一个个活灵活现。我想泥人张能达到这个境界绝非一日之功，而是长年累月坚持不懈练习的结果。

爸爸看出我对泥人张很有兴趣，回到家中就找出一本书，打开其中一篇文章让我读。这篇文章是专门介绍泥人张的，我饶有兴趣地看了起来。看完后，我觉得作者把泥人张写得栩栩如生。这本书的名字叫《俗世奇人》，作者是冯骥才，正是《刷子李》的作者！冯骥才是中国著名作家，著有长篇小说《神灯》、短篇小说《雕花烟斗》等。我再次打开《俗世奇人》这本书的目录一看，哇！这本书里写的全是像刷子李、泥人张那样的人物。于是我一口气看完了这本书，书中的每个人物都各有特长，各有各的绝活儿。真是三百六十行，行行出状元。有医术高超的苏七块，有酒量过人的酒婆，还有力大无穷的张大力、能说会道的好嘴杨巴。生活是平凡的，但不是平淡的。平凡的生活有了这些身怀绝技的人，才变得波澜起伏、妙趣横生。

难怪冯骥才说"手艺人靠的是手，手上就必得有绝活儿"。虽然书中介绍的人物很多我都没有亲眼见过，但冯骥才却把他们描写得惟妙惟肖。在他的笔下，每一个人物都是鲜活的。《俗世奇人》中的人物真奇、真妙、真有趣！

读完这本书后，我在想：这些艺人能有如此本领，没有其他捷径，诀窍只有四个字：坚持不懈！这种精神品质也体现在作者冯骥才身上。为了挽救我国许多已经处于濒危状态的文化遗产，冯骥才倾尽自己大半生的时间，跑遍了祖国大江南北，全力保护国家非物质文化遗产。其间他也遇到了许多困难，以及周围人的不支持、不理解，但是冯骥才并没有知难而退，他依然全力地去寻找和保护文化遗产，大到一个民族，小到一句山歌，他都认真地搜集起来并集结成册。通过阅读冯骥才先生的作品，我深深感受到他锲而不舍、坚持不懈的精神。我想这种精神正是做好任何事的唯一秘诀，学习也不例外。我们只要坚持不懈地努力学习，所有的困难都能迎刃而解。

通过学习《刷子李》这篇课文，使我对身怀绝技的人产生了兴趣，进而阅读了《泥人张》和《俗世奇人》。这种组合阅读的方法，使我增加了课外阅读量，拓展了知识，开阔了眼界，更加激发了我对阅读的兴趣。我爱阅读！

不一样的阅读体验
——在组合阅读中发现和成长
北京市东城区和平里第四小学　高展颜

五年级下册的语文书中有这样一篇课文，名叫《冬阳·童年·骆驼队》。书后的"知识链接"说道：这篇课文是《城南旧事》的序言，作者都是林海音。这篇课文的题目很特别，作者用排比的写作手法，将三个深刻的记忆、难忘的回忆穿插在了一起。

冬阳

这部分内容应该是小英子刚到北京时，在惠安馆与秀贞、妞儿在一起的回忆。我想小英子一定认为与她年龄相仿的孩子的童年应该和她一样，拥有一个幸福温暖和谐的家庭，每一个孩子都应该受到父母的精心呵护、关爱、理解和尊重。但当小英子看到小桂子时，对她的怜悯之情油然而生，热切盼望小桂子也能有和她一样温暖幸福的家庭。于是在一个下雨天，当英子发现妞儿就是小桂子——秀贞的女儿时，便带着妞儿去找她亲妈。接着娘俩儿又半夜离家去找妞儿的生父——思康三叔。但不幸的是在路上发生了车祸，一辆洋车碾过了娘俩儿的身体……秀贞和妞儿带着希望却悲情地离开了人世。我联想到自己的生活，我不就是另一个小英子吗？我拥有父母的精心陪伴和悉心养育。只是看完了小桂子这一段，我懂得了并非人人都有这样的家庭。在慢慢消逝的童年生活里，我是多么的幸运啊！我现在要做的就是珍惜童年里与父母一起度过的美好时光，认真过好每一天！后来英子搬家了，冬阳在书中也就消失了，在家庭的爱中，小英子的童年时光悄然流逝着。

童年

这部分的故事可多了，也欢快了许多。我觉得《我们看海去》是英子童年最美妙的一段时光。《我们看海去》是《城南旧事》中第三章的题目，也是英子读小学一年级时书中的一篇课文："我们看海去，我们看海去，蓝色的大海

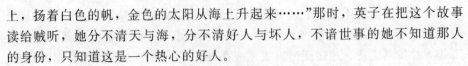

上，扬着白色的帆，金色的太阳从海上升起来……"那时，英子在把这个故事读给贼听，她分不清天与海，分不清好人与坏人，不谙世事的她不知道那人的身份，只知道这是一个热心的好人。

骆驼队

这一部分可是重要得很呢！因为它贯穿了全文，时间也是随着它们的一去一来，慢慢地流逝的。

每每读到一篇新的课文或是文章时，我都会像这样解读题目，用全文的内容一一对照，把课文与全书联系起来细细品味。我们继续说《城南旧事》。

《驴打滚儿》讲的是宋妈的事。宋妈是一个苦命的人，她是英子的奶妈，一直照看着英子，无暇顾及自己的儿女。狠心的丈夫偷偷把女儿送了人，而儿子小栓子却又溺水身亡。从此后，宋妈无儿无女，回家跟她那没出息的丈夫讨生活去了。宋妈离开了英子的家，英子也长大了，英子的童年慢慢地消逝掉了。

英子六年级时，爸爸得了肺病，在毕业典礼时，爸爸的病重了，不能来参加。回家后，沮丧、失望和满怀着对爸爸担心的英子发现爸爸精心养护的花落了。英子不再是小孩子了，她的心灵开始成熟了，坚强了！这时我便联想到了自己。我的妈妈是中学老师，在上三年级时，我见妈妈去上课了，觉得妈妈累了一天，很辛苦，就为她泡了杯茶。妈妈十分感动、欣慰，说我长大了，会体谅和关心人了。今年妈妈不仅仅教课，还担任高三班主任，每天起早贪黑，也没有时间送我去上学，放学后还要接我回单位，给学生答疑到晚上六七点才带着我回家。看着如此不辞辛苦爱岗敬业的妈妈，我特别想帮她分担。我能做些什么呢？思来想去，"自己的事自己做"就是答案！渐渐地，我开始自己定闹钟，自己做饭，放学后自己步行去妈妈单位……这个学年结束了，我发现自己不仅仅是年龄上增长了一岁，心灵也获得了更大的成长，与小英子一样，心灵成熟了，坚强了！虽然我和小英子的童年都在流逝，但心灵却在茁壮成长！

骆驼队又叮叮当当地来了，而英子长大了。这不正是课文中所说的话吗？骆驼队又来了，童年却一去不复返了。作者林海音知道，在她内心的某个深处，童年在呼唤着她。

我在阅读过程中还会结合书中的知识进行思考。作者所写的一切都是她在北京城南的往事，是她童年的美好回忆。在她爸爸去世后，她们一家去了台湾，但作者对那些往事十分怀念，于是她写了这本《城南旧事》，纪念不一样的童年。

这就是组合阅读。拿到一篇新课文，要先联想到其他文章，再品味内容，体会中心思想，联系自己的认识和感悟，用心去与作者交流。读书要有方法，不能走马观花，只关注情节。组合阅读绝对会带给你不一样的阅读体验！

冬阳不再，五味杂陈的童年时光都从指缝中溜走了。童年一去不复返了！

骆驼队又来了，童年一去不复返了！

《城南旧事》写完了，英子成长为优秀的作家了！

读"重新组合"的《城南旧事》，跟着林海音回忆童年，也在组合阅读中发现新的人生阅历，珍重宝贵的童年，让自己获得更多更好的成长。

从《草船借箭》到《三国演义》

北京市东城区和平里第四小学　荆雨琛

从小我就很爱看书，从还没懂事开始我就和书成了形影不离的好朋友。家里有一大柜子书，我经常翻来翻去找书看。小的时候，我认识的字不多，不能单独读书，就让妈妈帮我读，上学之后，就能自己读书了。随着年龄的增长，我从书本里感受到了更多的奥妙。

上学期，我们学了《草船借箭》这篇课文。文章讲了三国时期心胸狭窄的周瑜，看到足智多谋的诸葛亮处处比自己强，便怀恨在心，想害死诸葛亮。于是，他以军中缺箭为名，让诸葛亮十天造出十万支箭。足智多谋的诸葛亮却胸有成竹地答应了，还说只要用三天，他趁着漫天大雾，用草船从曹营"借"了十万支箭，使周瑜的诡计落了空。读到这里，一股敬佩之情在我心中油然而生。我佩服诸葛亮的才智，更佩服他豁达大度的品质。他明明知道周瑜不怀好意，处处和自己作对，但他总是那么从容镇定，总是那么宽宏大量。跌宕起伏的故事，仿佛一把钥匙，为我打开了一扇大门——聪明睿智的诸葛亮和心有不甘的周瑜之间后来又发生了什么故事？赤壁之战中诸葛亮是怎样运筹帷幄的……一个个问题仿佛是小精灵，在我的脑子里不停翻飞跳跃。于是，我迫不及待地打开《三国演义》津津有味地阅读起来，想解开心里的一个个困惑。

《三国演义》仿佛是一座藏着无数珍宝的宝库，藏着一个个精彩的故事。《七擒孟获》《煮酒论英雄》《赵子龙大战长坂坡》……读着这些故事，我仿佛看到了许多个性鲜明的人物，有胸怀大志的刘备，有虎背熊腰的张飞，还有脸红如枣的关羽，等等。读了《三国演义》后，我对诸葛亮的深谋远虑有了更加深入的认识。诸葛亮上知天文，下晓地理，能文能武，足智多谋。他火烧新野，借东风，草船借箭，三气周瑜，巧摆八阵图，七擒七放孟获，布空城计，设七星灯，以木偶退司马懿……都令人叹服叫绝，意想不到。杜甫在《咏怀古迹》中曾经赞颂诸葛亮："诸葛大名垂宇宙，宗臣遗像肃清高。三分割据纡筹策，万古云霄一羽毛。伯仲之间见伊吕，指挥若定失萧曹。运移汉祚终难复，志决身歼军务劳。"诸葛亮之所以令人佩服，不光是因为他的神机妙算，还因为他一生忠心为主，鞠躬尽瘁。刘备三顾茅庐之恩，诸葛亮一生不忘，诸葛亮 41 岁那年，刘备正式称帝，建立了蜀汉政权。由于孙权密谋夺回荆州，和曹魏联合攻打蜀汉，蜀汉连失数将，刘备一病不起，在白帝城托孤，将无所作为的刘禅托付给了诸葛亮。诸葛亮事必躬亲，处处帮刘禅处理国家大事，即使是他出征，也要派个忠实的大臣去帮他当政，还留下《出师表》来时时提醒刘禅做个明君。诸葛亮虽然只活到 54 岁，但是他的忠心耿耿、聪明盖世、流芳百世，也令我佩服得五体投地。

高尔基说：书是人类进步的阶梯。不错，有了书这个良师益友，激励着我一天一天地进步，一天天长大。

从《祖父的园子》到《童年》
北京市东城区和平里第四小学　尹子涵

这学期，我学习了《祖父的园子》这篇课文。文章的作者是萧红，主要描写作者在童年时代，和祖父在菜园一起劳作的情景。随着作者的描述，我们看到了在一个欣欣向荣、充满生命气息的菜园子里，一位白发苍苍的老人正在地上给作物浇着水，一位四五岁大的可爱小姑娘伴在老人身边，假装帮忙一起干活，但实际上一会儿追蝴蝶，一会儿爬到老人的身上玩耍，像一只欢快的小鸟儿一样，一会儿到这儿，一会儿到那儿。老人显然十分喜爱小姑娘，对她提出的各种问题非常有耐心地回答，对她的"捣乱"行为也一笑置之。

在这篇文章中，作者并没有使用太多华丽的辞藻，只是用十分平实平淡的语言描绘了自己在祖父菜园子的一幅幅美丽的画面，有点像我们平常所说的"流水账"，情节也没有过多的跌宕起伏，记录了一件似乎十分普通的事情。但在这些简单的语句中，字里行间却透露着别出心裁的情趣，这一点跟老舍的文章有点相像。

读完这篇文章，我有两个主要的感受：一个是"自由"，一个是"爱"。"自由"是因为文章中年幼的"我"想干吗就干吗，无忧无虑，就像文中描写的农作物一样，想怎么长就怎么长，就算长到天上也没人管它，这也表达了作者对童年的怀念和喜爱。关于"爱"，要提到作者本身，萧红童年其实非常坎坷，亲生母亲在她很小的时候就去世了，她父亲对她基本不闻不问，后来的继母对她也是经常刁难。但所幸的是她有一位好祖父，他慈爱、宽容、仁厚，给了作者疼爱和温暖，作者与祖父形影不离，常在后花园陪着祖父一起劳作。在作者的记忆里，童年是五彩斑斓的，是丰富多彩的。我认为这些大都源自祖父对作者的爱，有爱，才会有阳光。

从萧红的《祖父的园子》，我不由得想到了高尔基《童年》里的第二章，两篇文章都是描写童年，但情感却截然相反，仿佛冰与火般对立的存在：当我读完《祖父的园子》，满心都感受到轻松、自由与惬意，而高尔基《童年》里的第二章，却让我感到恐怖、愤怒和悲伤。

在我心里，温馨的家庭是这样的：大家虽然忙着各自的事情，但彼此互相关怀、和睦相处，脸上时常挂着幸福的微笑。《童年》第二章描写的是高尔基在外祖父家第一次挨打的场景。在这幅画面里，我们看到的不是一个温馨的家庭，而是在一个冰冷刻板的房间里，一位老人狠狠地用柳条鞭打着一个孩子。老人脸上不仅挂着愤怒，还展现着一种令人讨厌的高傲与冷酷；孩子的表情则极度恐惧，眼泪不停地往下流，不停地挣扎着。外祖母与母亲拼命去抢外祖父手中的柳条，其他孩子们吓得哭个不停。旁边的大人们表现各异，有冷漠习以为常的，有幸灾乐祸的，有看热闹的，也有个别担心孩子的，场面一片混乱。高尔基对人物负面情绪的描写没有一点收敛，把当时人间的冷漠描写得淋漓尽致。虽然孩子的外祖母和母亲展现了人类应有的温情以及对孩子的爱，但在外祖父的愤怒面前显得软弱无力，似乎在衬托这种绝望和无奈。在读这篇文章时，我仿佛身临其境，内心感受到了当时的黑暗与恐惧，每个字都像尖刀一样插入了我的心，让我感受到了当时人们的心有多寒冷。

通过两篇文章的对照，能让我们对作者表达的感情和主题有更突出的感受和认识。《祖父的园子》写作的背景时代是在 20 世纪初，而《童年》则是在 19 世纪末，时间相差并不是很远，所在社会都处于动荡和不安中，虽然背景类似，但两个祖父对两个孩子截然不同的态度和行为，让我们更加渴望和向往人世间的美好，而摒弃人与人之间的冷漠与丑恶。

《童年》是一部很长的著作，当读完第二章时，我突然脑中闪过了一丝灵光，我发现这章与《童年》整本书很相似，相似点在情感基调与叙事方式上。就整本书而言，高尔基先生通过对人物的细节进行仔细的刻画与描写，生动展现了高尔基童年艰难的经历。他看透了这个黑暗的社会：家里的亲戚虽看似和睦，其实只要稍微有点矛盾，就能打破脆弱的平衡和虚假的平静；各家孩子之间不是相互信任和怀有美好的友谊，而是相互嘲讽、打架和斗殴；在店里，伙计面对顾客时虚情假意地献殷勤，背地里却对顾客们毫无顾忌地侮辱与嘲笑……《童年》第二章是作者整个童年诸多艰苦生活场景中的一个，本章与《童年》整本书的主旨与中心思想是一致的，与其他章节一起从生活的方方面面表达当时社会的黑暗与人性的堕落。所以读完一本书中的一章，只要仔细思考，就能大致了解这本书要表达的思想了。

通过《祖父的园子》和《童年》，我发现在阅读文章时，可以有意寻找不同文章的相似点，或者描写同一类型事物的不同表达方法。通过对比，我们可以挖掘出更多的内涵，也更能理解作者要表达的思想。另外，一本书中的某一篇文章或章节，和整本书都有着密切的联系，环环相扣。只要我们细心发现，深入学习，一定能事半功倍，在阅读的世界里不断进步。

我的组合阅读：窃读怀念中

北京市东城区府学胡同小学　张梓睿

阅读，宛如一个知心的朋友，伴你经历风雨，伴你一路成长，一路净化你的心灵。我喜欢阅读，也有过许多阅读的经历。

有时我会从一篇文章的阅读关联到另一篇文章的阅读，再从这篇文章的阅读关联到一本书。这种阅读就叫作"组合阅读"。

在上个学期，我阅读了林海音的一篇文章《窃读记》。这里的"窃"不是偷，而是读。一句"我很快乐，也很害怕——这种窃读的滋味"把我吸引住了，品读文章，我仿佛随着这个小心翼翼地藏在大人中间，匆忙阅读着的小女孩，一同体会到读书时的饥肠辘辘、恐慌、快乐与满足。这种复杂的感受，正是窃读的百般滋味。作者用"哟，把短发弄乱了，没关系，我总算挤到里边来了"写出了自己对阅读的渴望。然后，作者还运用了细致的动作描写来表达自己的感情。如"我跨进店门，暗喜没人注意，踮起脚尖，从大人的腋下钻过去"这些动作描写表现了作者对读书的如饥似渴。作者在文中还运用了恰当的比喻，如："急忙打开书，一页，两页，我像一匹饿狼，贪婪地读着。"作者把自己渴望读书的心态刻画得十分生动。读完《窃读记》这篇文章，我一下对它的作者——林海音十分感兴趣，迫切地想更加了解她。在查找资料后，我得知了她是台湾著名的女作家，出生在日本大阪。

我很想再读一些她的文章。于是我读了她的另一篇文章《爸爸的花落了，我也不再是小孩子了》。文章讲了毕业那天，英子她如愿以偿做了学生代表，而父亲却病倒了，不能去学校了，只留下一句："不要怕，无论什么困难的事，只要硬着头皮去做，就闯过去了。"这句话给作者留下了深刻的印象，也让我难以忘怀。临走前，英子摘下一朵爸爸种的夹竹桃别在胸前。爸爸平时对英子虽然十分严厉、苛刻，可在这背后，却深藏着一颗伟大的父爱之心。我也懂得了面对生活中的挫折不要灰心，只要你学会向前看，就可以看到越来越近的曙光。我还懂得了人生的分别有很多，要在拥有那个人时好好珍惜他，不要等到失去了才懂得珍惜。可能身边的人离开时你会很伤心，但"不要怕，无论什么困难的事，只要硬着头皮去做，就闯过去了"。

后来我得知，《爸爸的花落了，我也不再是小孩子了》这篇文章是从一本书中摘取的，这本书就是《城南旧事》，我一下子十分迫切地想读这本书。故事的开头是由一支骆驼队引起了作者对童年时期生活的城市——北京的人与事的怀念，于是写下了这本书。书中刻画了许多鲜活的人物，有善良聪明的女主人公英子，有"疯子"秀贞，有爱说爱笑的兰姨娘，还有朴实的宋妈。作者把这些人物刻画得栩栩如生，我仿佛也感受到了英子童年的快乐、自由。但是看到最后，那些在英子身边十分重要的人都一个接一个地离开了她，也让我明白了，人要学会独立。在时间的长河中，我们的亲朋好友都会离去，这时我们要学会坚强，保持乐观，坚持将自己的道路走下去。并且我们也要学习小英子身上善良的本性，只有善良待人，才能让别人对你善良，这个世界才会更美好！

豆荚中的安徒生

北京市东城区府学胡同小学 邵泊雅

说到四年级上册的语文书，我第一个想到的就是第五课《一个豆荚里的五粒豆》，这也是我在"从读一篇课文到读另一个故事再到读一整本书"活动中读的第一篇课文。这篇文章的作者是丹麦的安徒生，译者是叶君健。

看到安徒生这三个字，我一下子想到了《安徒生童话》这本书。你问我为什么一下子就想到这本书了呢？当然是因为《一个豆荚里的五粒豆》的作者和《安徒生童话》的作者一样啦！也就是同一作者。

我先阅读的是《卖火柴的小女孩》。有一天我无意中在家里翻到了这本书，就兴致勃勃地阅读了起来，当我把这本书阅读完之后，我查看了它的作者，原来是安徒生。我深深地被这篇文章吸引了，就下定决心一定要把《安徒生童话》这本书都给看完。

我觉得"从读一篇课文到读另一个故事再到读一整本书"这个活动给我带来了许多好处。比如说：让我的阅读量增加了，还让我的阅读经验越来越丰富，了解到了更多的知识。这不，我就来讲讲我知道的知识：安徒生1805年出生，于1875年去世。并且终身未婚，因为他觉得自己太丑，而且太穷了。

"从读一篇课文到读另一个故事再到读一整本书"，这是一个非常好的阅读方法，我很推荐你去试一试。希望你也可以获得很好的阅读体验！

眼前的繁星多灿烂

北京市东城区和平里第四小学 白芷萌

我爱读书，也喜欢在读书的时候，随手查查背景资料，常常能收获意外之喜。

最近在课上读了巴金先生的《繁星》，短短的一篇文章中，作者描述了他在人生中的三个阶段看星星的不同心境。

为什么会每晚在海上和繁星相对呢？我有些好奇，查了资料知道，那时巴金先生二十出头旅法求学，他坐船横渡大洋，历时一个月到达法国。年纪轻轻远渡重洋，对故乡的思念想必都化成星星温柔的怀抱。这样短小的文章饱含了先生思念故乡、憧憬未来这样无尽的思绪。

我不禁对巴金先生产生了兴趣，想要去更多地了解他一些。通过翻资料知道，巴金先生才华横溢，著作颇丰。他担任过很长时间的中国作家协会主席（就是离我家不远，我经常要路过的这个作家协会），不禁更加心生敬佩。

我又读了巴金先生的另一本书《长生塔》。《长生塔》是写给孩子的书，里面尽是一些童话。这些童话虽然写了不同的内容，但是都有一个共同的主题，就是对于旧时政权的反抗。这可和我之前读过的童话完全不一样啊。正像先生在书的序言里说的："现实的生活常常闷得我透不过气来……"我又不禁对他所处的时代产生了兴趣。写作《长生塔》的 20 世纪 30 年代正是中国革命风起云涌的时代，也诞生了一大批伟大的人物。

我还准备去读更多巴金先生的书，以及他朋友圈好友们的书：冰心先生的《小桔灯》、朱自清先生的《背影》和《匆匆》、沈从文先生的《边城》，等等。

书本为我打开了一个广阔的世界。在这个世界里可以看到古往今来，可以领略到像巴金先生这样的大家风采。我在一个小小的书房里，瞥见了世界的无限精彩。

从"精卫"到"科学"
北京市东城区和平里第四小学　纪昱辰

这学期我们学习了中国古代神话故事里的《精卫填海》，故事讲述的是炎帝的小女儿淹死在东海，死后变成了一种叫精卫的鸟，衔来各种东西要填平东海。这个故事出自《山海经·北山经》，这不由让我想起中国古典四大名著《西游记》里，孙悟空的武器金箍棒就是在东海龙宫里取得的，据说是当年大禹治水时放在东海的定海神针，而"大禹治水"这个故事出自《山海经·海内经》。

中国许多的神话故事都出自《山海经》，而作为中国古典四大名著的《西游记》也是一部关于神话故事的著作，讲述的是唐僧师徒在神仙的帮助下斩妖除魔，经历九九八十一难，最终取得真经的故事。故事里有各路神仙，例如有人参果树的镇元子、有蟠桃园的王母娘娘、有广寒宫的嫦娥……神仙们住的地方风景优美，吃的是珍馐美味；神仙们各自有不同的本领，例如千里眼、顺风耳、火眼金晴；神仙们有各种法宝，例如金箍棒、照妖镜；神仙们都可以腾云驾雾，遨游四海。在我想来古时候人们听到神仙的故事一定是非常羡慕的，神仙代表的就是高大上，一说谁过的日子好就会形容过的是神仙般的生活。

一开始我也非常羡慕神仙，但是在我学了一篇课文后我就不羡慕了，这篇课文是《呼风唤雨的世纪》。课文告诉大家，人类利用科学创造了一个又一个神话，例如电视、电话、网络，堪比千里眼和顺风耳；B超、导弹，能够比得上照妖镜和金箍棒；飞机和轮船、潜水艇，可以让人们像神仙一样腾云驾雾，遨游四海。这些技术现在都应用在我们的生活中，我们现在看着电视、打着电话、上着互联网，闲暇时可以坐飞机、轮船出去旅游，居住的小区干净整洁，吃的食物也是品种繁多，而在今后的日子里，科学必将继续创造新的奇迹，我们的生活将比以往任何时代都要美好！

第三节　童年书香：走向阅读天地的表白

读书之乐，乐趣无穷

北京市东城区和平里第四小学　陈子越

我喜欢阅读，在暑假后的第一个学期我读到了一本书，名字叫《草房子》，当时我就被这个名字迷惑了，以为和小时候妈妈给我讲的故事《三只小猪》类似呢，因为那里面也提到过一间草做的房子。当我开始阅读这本书的时候才发现它并不是童话故事，而是一本"少年长篇小说"，我以前都没有接触并阅读过这样的书，当然也有点好奇。

阅读这本书时我先看到的是这本书的封面，上面写着书的作者——曹文轩，书的前两页介绍了作者的很多作品，例如：《山羊不吃天堂草》《红瓦》《根鸟》《青铜葵花》等，看到作者的这些主要作品让我觉得这位作者起的书名很有意思，我每本都想读一读！书里介绍这位作者很厉害，他的作品还被译成了很多种语言，版本居然有七十余种，简直惊呆我了。让我想快点把这本书看完。

《草房子》的每一章起的名字都很怪异，阅读后才发现那些标题都是"一个人"或"一个地方"。书中讲述了主人公桑桑用他的眼睛发现油麻地小学里人与人之间发生的故事。桑桑和我一样，也是一名小学生，他的经历好丰富啊！

第一章的名字叫"秃鹤"，让我很好奇，印象也最深刻。本以为是动物的故事，在阅读后发现原来"秃鹤"是班里同学们给他起的外号，其实他叫陆鹤，只因为他没有头发，所以才有这个外号。同学们都不喜欢和陆鹤做朋友，十分嫌弃他。一次学校文艺会演，里面有一个角色是秃子，同学们都不愿意把自己的头发剃掉，最后"秃鹤"自告奋勇演这个角色，没想到他演得非常好。陆鹤通过自己的努力得到了大家的认可，成为了大家的朋友。

我阅读到最后觉得主人公桑桑就是作者曹文轩本人，通过百度搜索才发现原来真的是他本人，让我觉得不可思议。整本书中语言生动有趣，让我还想读曹文轩的其他小说。

阅读的兴趣

北京市东城区和平里第四小学　段诗芸

"阅读源于兴趣，有兴趣才能阅读。"这句话能算得上是我的名言名句了！今天我就来讲讲"阅读的兴趣"。

首先，每个人天生都有自己感兴趣的内容。有的同学喜欢阅读科幻小说，有的同学喜欢阅读童话故事，而我则喜欢读一些古装剧和野猫的故事。有一天，我无意中得到了一本叫《猫武士3：疑云重重》的书，决心读一读。你看，到这里，我对《猫武士》的兴趣就产生了。我总是不由自主想看这本书，在课间看，在写完作业后看，在睡觉前看，在周末还看，看完一遍又看一遍，我沉浸在《猫武士》可爱温暖和充满野性战斗的故事里，巴不得自己就是书里的主角。这就是阅读的兴趣，它能促使你一页一页地去读某本书，所以，兴趣是你阅读的一个十分重要的帮手。

你肯定很想知道兴趣是怎么培养的吧？其实，很简单，你可以通过亲身体验深入了解书中描述的事物，再反复阅读，这样有助于兴趣的培养。举例来说，《爬山虎的脚》这篇课文，可以采用触摸墙面的方法来亲身感受，我就曾在老家摸过爬山虎，它的叶子嫩嫩的，它的脚和课文中说的完全一样，紧紧地巴住墙，之后再读这篇课文时，就更感同身受了。还有语文书的《观潮》这一课，可以采用看视频的方法来亲身感受，当我看到视频中汹涌澎湃的钱塘江大潮，听到那轰隆隆的潮水声，感受到观潮人群迫切想要看到大潮的心情时，我也仿佛站在观潮台上，伸开双臂，闭上双眼期待潮水溅到身上。

兴趣说完了，那我们就翻篇儿，来说一个多读好书的法宝——语文书！我一开始的时候也很疑惑：语文书也算得上法宝？后来我听老师说才明白，原来，每本语文书上大概有27篇课文，也就是说，每个学期至少能读上27本书，我一开始晕乎乎的，现在，我总算明白了。语文书还真是一个名副其实的法宝啊！

笑看课堂的阅读

北京市东城区和平里第四小学 海涵

今天我想跟大家分享一种阅读方法叫组合阅读。所谓组合阅读就是读到一篇文章联想到与它有共通点的另一篇文章继续进行阅读。共通点可以是同一位作者、同一个主题或表达同样的情感。

比如说我在阅读一篇以童年趣事为主题的文章后，发现童年是多么可爱美好，让我陶醉其中。这篇文章叫《陀螺》，讲的是作者小的时候喜欢玩陀螺却一直因没有好陀螺而懊恼，于是他的叔叔送给了他一个小陀螺。作者的"丑"陀螺和另一个陀螺交战后第一次尝到了胜利的甜头。

我读了这篇文章后发现作者的童年生活是多么有趣啊！于是我想看看其他书中的童年故事是怎样的。我找到了一本罗尔德·达尔的《世界冠军丹尼》。这本书讲述了一个名叫丹尼的小男孩和父亲居住在乡间，虽然家里穷，母亲也不在了，但父子俩过得其乐融融。一次偶然的机会，丹尼发现自己的父亲居然有一个不可告人的秘密：他是一个祖传的偷猎者。一次丹尼在父亲偷猎失败后冒险救回了父亲，从此父子俩同仇敌忾，誓要与邪恶霸道的林场主周旋到底。

在林场主为巴结权贵而准备的狩猎日前夜，丹尼以自己的机智和勇敢完成了一次最盛大的偷猎。他和父亲两个人一夜之间居然偷猎了 120 只野鸡。他成为当之无愧的偷猎冠军。

组合阅读让我对童年故事这方面了解得更全面，看到了大家的童年虽有不同，但都丰富多彩，十分有趣，也可以让我们从不同角度思考童年。我明白了丹尼他们的家庭条件虽然较差，但依然可以在这种环境中找到乐趣；再看看我们，虽然生活在幸福的家里，却往往还是不知足。我们是不是应该调整心态，多往好的方面想，向他们学习呢？我希望我的童年也能是一幅美丽的画作。我要少一些抱怨，珍惜父母对我的爱。

组合阅读对我来说也是一种崭新的阅读方式，它可以帮助我通过联想去扩展阅读范围，对文章或书籍有更深入的理解。希望这种组合阅读可以帮助更多的同学爱上阅读，变成小书虫。我们一起加油吧！

我心中的精卫

北京市东城区府学胡同小学 马尚

小时候，我曾经读过一本书，书中有一个故事叫《精卫填海》，读完这个故事，我一直想问问大人："精卫鸟长什么样子？它为什么要填海？最后填平了吗？"大人们一直在说，那是故事，讲给孩子听的。真是没意思，都不是我

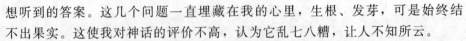

想听到的答案。这几个问题一直埋藏在我的心里,生根、发芽,可是始终结不出果实。这使我对神话的评价不高,认为它乱七八糟,让人不知所云。

直到我上了四年级,我们学习了《精卫填海》这篇课文。当我们认真地、深入地去理解这篇课文时,我才发现,这才是我心中的疑问"结果"的时刻。

这一刻,我明白了,精卫是一只有骨气的鸟,精卫是一只有血性的鸟,精卫是一只为信念不轻言失败的鸟。在这一刻,我对神话也有了新的认识——的确如单元导读中所说,神话具有永久的魅力,是人类童年时代飞腾的幻想。还是在这一刻,我心中的精卫,已经不是那只小鸟。此刻我心中的它,已是一只羽毛无比鲜艳、充满了坚定信念的小鸟。它也是一只带给我无穷力量、带给我勇气、带给我欢乐的小鸟。它为我指出了一条坚持走下去的光明之路。

没听说过的"组合阅读"
北京市东城区和平里第四小学　贺筱筱

最近,我读了一本书,它是由丹麦作家安徒生所写的《安徒生童话》,书里有一篇故事令我印象深刻,故事的名字叫作《丑小鸭》。丑小鸭是一只与众不同的小鸭子,它长得个子大,又笨又丑,身边的朋友都嘲笑它、排挤它,它逃离了鸭场,开始了流浪生活。在寒冷的冬天里,丑小鸭受尽了种种挫折。可是当春天来临的时候,它却变成了一只能够在天空中自由飞翔的美丽天鹅!《丑小鸭》的故事让我明白了,逆境也是可以让人生长的,只要你曾经在一只天鹅蛋里待过,就算你生在养鸭场里也没有什么关系,不被挫折轻易击倒,自强自信,长大后,就一定能变成一只美丽的白天鹅!

读完这个故事,我不禁想起了以前我读过的一本书。它是由英国作家丹尼尔·笛福所写的《鲁滨逊漂流记》。书中主要描述了主人公鲁滨逊·克鲁索在一次非洲航海的途中遇到风暴,漂流到了一个无人的荒岛上,开始了与世隔绝的生活。他独自捕食、建造房屋、建造伐木舟,凭借强韧的意志与不懈的努力,在荒岛上生存了28年2个月零19天,最后被人救了出来,返回了自己的故乡。鲁滨逊这种遇到困难不退缩、勇敢面对的精神让我钦佩不已。

通过这两个故事让我明白了一个道理,越是在逆境中,越是要把握好自己的人生方向,无论做什么事情,都不要轻易放弃,只要努力拼搏,逆境也能成就美丽的人生。

《狼图腾》和《重返狼群》

北京市东城区和平里第四小学　田子菀

这个暑假，我读了《狼图腾》。这本书讲的是 20 世纪 60 年代末一个发生在内蒙古靠近边境的原始草原上的人与狼的故事。主人公是一位北京知青陈阵。他和另外一位青年杨克响应国家上山下乡的号召，从北京来到内蒙古额仑大草原插队。在草原上，他们结识了草原上令人敬畏的动物——狼。陈阵对这一物种有了强烈的兴趣，甚至有了想养狼的念头。

就在此时，一群外来人贪婪地掠杀抢夺了狼群储存的过冬的黄羊，打破了狼群和牧民之间的生态平衡。以包顺贵为首的生产队员更是发起了一场灭狼行动，让狼和人类之间的关系达到了剑拔弩张的地步。这是一个悲惨的故事。

当我阅读每一篇与狼有关的故事时，我都心惊肉跳，愉快的心情被书里所描写的场景吓到，变成害怕不已。读了《狼图腾》后，我对狼的恐惧逐渐消失，好像也像陈阵一样迷上了狼，迷上了狼图腾精神。这些草原狼似乎随时会从书中呼啸而出，它们的每一次侦察、布阵、伏击、奇袭的高超技术让我感到狼的凶猛、英勇和机敏。狼对地形、天气的巧妙运用；狼的视死如归和不屈不挠，狼族中的友爱亲情；狼与草原万物的奇妙关系；倔强可爱的小狼崽失去自由后艰难的成长过程……其中，最让我感动的是这一段：老人是个很有正义感的人物。当陈阵和巴图去捉狼崽时，被老人狠狠地骂了一通。这在我心中画了问号：为什么老人再三拒绝他们掏狼崽？读完才明白了。在老人看来，腾格里是草原天神，是草原和草原人民的守护神，而狼是他的生命的一部分，你捕杀了狼，就是对腾格里的不尊重，就会让腾格里发火，腾格里就会用狼反击人类。后来妈妈告诉我，这是一种大自然规律，是大自然的食物链，羊吃草，狼吃羊，人打狼，但是如果过多破坏或者过度保护，就会生成某种物种的灾害，就会造成生态的不平衡，最终违反自然规律，从而受到惩罚。

草原狼对人的爱与恨，狼的神奇魔法，使人类与狼结下了不解之缘。狼是草原民族的兽祖、宗室、战神的楷模。狼的团结精神也反映了人类的家族责任感。我们不要违反天意，只有尊重、善良才能得到它们的认可。

这本书让我想到之前我读过的《重返狼群》，是中国现代女作家李微漪写的一部小说。这两本书相同的地方都是人与狼、人与自然的故事。两位作者笔下的狼都有共同的特点：机智，勇敢，不屈不挠。但不同的是《狼图腾》的作者把人贪婪的一面写出来，写了人与狼斗争的故事，表达了作者对狡猾、贪婪的人的憎恨和对那些有正义感、善良、心中有爱的人的赞美。而李微漪笔下的狼，却写了狼与人和平相处，用很温暖的文字生动形象地写出了小狼格林天真活泼、机敏、不屈不挠的勇敢品质。《重返狼群》中的小狼格林是幸运的，它被美丽善良的主人从若尔盖草原救下，并历尽千辛万苦带它回归真正的家园——草原，并使格林成为世界上首只由人类母亲抚养成功并返回大自然的狼。

《狼图腾》和《重返狼群》这两本书描写的狼有很多不同和相同之处。比如：狼身上露出灰黄厚密的毛，狼脖狼背上一根根黑色粗壮的狼毫，像钢针一样尖利挺拔；（出自《狼图腾》）格林疯狂地挖着，越挖越开心，合不上嘴了，眼里闪着光。（出自《重返狼群》）姜戎把狼描写得凶气腾腾，很具有草原霸气，表现了狼的不屈不挠的顽强个性；李微漪笔下的狼却十分可爱、天真，表现了狼可爱顽皮、活跃勇敢的性格。他们描写的不同让我的阅读感受也不同：当我读到《狼图腾》时，我能感受到紧张的气氛，我屏住呼吸，细细地盯着那些文字，我仿佛听到了狼的嘶吼声和人的叫喊声，仿佛看到了硝烟弥漫和一只只死在雪里的狼；当我读《重返狼群》时，我微笑着品味狼的可爱，我仿佛闻见了奶香，听见了小狼打呼噜的声音，看见了格林那充满活力的双眼。当然这两本书也有很多相似的地方，比如都对狼的不屈不挠、勇敢机敏的优秀品质进行了描写。

通过组合阅读，我发现他们的写作手法、中心思想、表达的感情是不同的，不同的作者、不同的描写、不同的写作手法让我看到了不一样的狼，有了不一样的感触，让我品尝到了不一样的滋味。通过对比故事中的每一句话、每一个词，我更加深刻地理解了作品。

精卫，精卫

北京市东城区府学胡同小学　杨晓玥

大家一定都读过《精卫填海》这个故事，我也不例外。可是今天学过这篇文章后，我却对小小的精卫有了新的认识。

如果以前你问我精卫是什么，我会说："精卫是一只小鸟。"

今天我怀着激动的心情，听范老师讲《精卫填海》。课堂接近尾声时，老师问"精卫是一只怎样的小鸟？"大家便七嘴八舌地说了起来，有的说"我觉得精卫是一只伟大的小鸟"；有的说"我觉得精卫是一只不畏艰难的小鸟"；还有的说"我觉得精卫是一只不屈不挠的小鸟"……其中，有两位同学分别提到了"坚定"和"信念"两个词。老师把这两个词写在了黑板上，说："好一个'坚定'！精卫一定会不知疲倦地填下去。精卫的家族也会这样世世代代、永不停息地填下去。就凭着这样的'信念'，相信精卫一定能填平东海!"老师的话深深地刻在了我的心里。

如果，你现在问我精卫是什么，我会毫不犹豫地回答："精卫是一种坚不可摧的信念，是引领我们前进的身影!"

神话，被人们世世代代传颂，具有永不枯竭的魅力!

古韵当头
北京市东城区和平里第四小学　胡鼎宸

今天老师教了我们一首古诗，名字叫《山行》。看到这首诗我觉得好熟悉，回到家里我找到了一本书，书名是《唐诗漫画之植物大战僵尸》，其中一个小故事里提到了这首诗。我一下就有了想读它的冲动，于是我便开始看了起来。

我翻到《山行》这页津津有味地看了起来，书中描写的大概内容是这样的：一天，豌豆射手不小心把向日葵的书碰掉在地上，里面有好多美丽的红色枫叶。豌豆射手问向日葵："枫叶真美啊，你从哪里摘来的?"向日葵回答："我才没有摘呢，是昨天到小山上的枫树旁捡来的，我就是因为想起了杜牧那首《山行》才跑过去看枫叶的。"向日葵的话还没有说完，坚果就插话说："我记得那首诗，有一句是'枫叶红于二月花'! 对不对?"豌豆射手说："错啦，是霜叶才对。"这时向日葵又把完整的古诗说了一遍："远上寒山石径斜，白云生处有人家。停车坐爱枫林晚，霜叶红于二月花。"后面就是植物间有趣的对话，如大白菜怎么打僵尸啦，坚果怎么不相信啦，向日葵虽然也去了山上，但是因为有雾霾所以没有见到大白菜，也就没帮上忙。书的最后还有知识卡片，介绍了这首诗的作者还有内容和中心思想，我学到了好多的知识。

整部漫画都是由这些小故事组成的，读每个小故事都能学到一首古诗。通过阅读这些漫画书，我不但学到了新的知识，还得到了快乐，这使我越来越喜欢阅读!

童年·回忆
北京市东城区和平里第四小学　胡钰昕

四年级语文书上的第六单元的主题是"童年"，而其中《陀螺》这篇课文我最喜欢。这篇课文先为我们介绍了"陀螺"在作者的家乡叫什么名字、怎么玩陀螺以及作者和朋友们"战斗"的情景;又记述了作者有一次"以小胜大"的经历。看着这篇文章，我的眼前仿佛呈现出一幅热火朝天的陀螺大战的画面。最后还告诉我们一个道理——人不可貌相，海水不可斗量。

一次偶然的机会，我知道了一位作家，叫冰心。她写过很多儿童文学作品。在我看过的她的作品里，我最喜欢的是《小桔灯》。这篇小说讲述了"我"在春节去看望朋友的时候偶遇一位小姑娘的故事。小姑娘的镇定、勇敢和乐观给"我"留下了深刻的印象，"我"也会经常想起她亲手制作的那盏小桔灯。冰心先生笔下的小姑娘，被描写得十分生动，我好像能看到一位提着小桔灯的善良的小姑娘站在我的面前。

除此之外，冰心先生还有很多小说、散文和诗歌等各种不同形式的作品，如：《超人》《寄小读者》《我们把春天吵醒了》等。我在家里找到了一本冰心的诗集《繁星》，这是一本关于母爱的诗集，我随便看了几页，居然看到一首小诗，其中有一句"童年啊！是梦中的真，是真中的梦，是回忆时含泪的微笑"。这句诗居然和我们教材里第六单元的主题句一模一样，这让我感到很惊讶，这难道就是巧合吗？

我觉得我们现在就处于人生的童年时期，我们现在的哭泣、欢乐和苦恼，也许就是我们未来美好的回忆。只要我们现在认真观察事物，记录身边的事情，也许以后也能写出和他们一样好的文章。

读《福尔摩斯探案集》

北京市东城区府学胡同小学　金芷清

我第一次接触侦探小说，看的是家喻户晓的《福尔摩斯探案集》。我当时惊奇于为什么他能从这些看似不相关又没有什么提示的线索中找到真相，对于书后的精密分析，也非常讶异。那时我看小说只是草草了事，看完一遍就不会再读，但是对书中的那些离奇古怪的案件，以及意料之外情理之中的案件分析却印象十分深刻。

由于我比较喜欢这一类的书，之后我又看了许多探案小故事，它们也同样令人摸不着头脑，也同样会令人在看到真相时大吃一惊。

举个例子。有一个故事，讲的是在一片沙漠中发现了一个人的尸体趴在沙子上，行李散落一地，而他手中拿着半根火柴。这个人不是渴死的，请问他究竟是怎么死的？

答案十分出乎意料，但是细细想来似乎只有这样的可能性：那个人乘坐的飞行工具飞过沙漠上空，由于过重快要坠落，几人抽签决定将谁扔下去，而死者抽到了那根半截火柴，随着行李一起被扔下去了。

从类似的小故事中，我发现了几点非常重要的"破案"线索。

还是拿这个故事举例，故事的突破口恰恰就是一个不起眼的字——"趴"。

为什么是趴在地上？显然是从高空摔下来的——这就是解开谜团的关键所在。

还有就是大部分人都会注意到的半截火柴。但是如果你并不知道他是从高空中坠落下来的这个前提条件，你就很难想象它有什么用途。在这种故事里，有时候，一个字、一个词，就可以让整个问题迎刃而解。

再举个例子。故事里的几个关键信息，通常跟时间、地点、工具和穿着一类有关。比如，为什么是在晚上？为什么用的是手术刀？为什么案件在天桥上发生？为什么这几件连环案件的受害人都穿着同样款式的衣服？

这就是问题所在。想通了这几个"为什么"，真相就浮出水面了。

"曹粉"生成记

北京市东城区府学胡同小学　佟金朔

几个月前的一天，做完作业我随手从家中偌大的书架上抽出了一本书，这是妈妈给我买的一套曹文轩的经典作品集里的一本——《草房子》。

我抱着随便看看的心态翻了几页，竟一下子就被书中的内容吸引住了：故事情节跌宕起伏，文字描写生动，里面的人物活灵活现，让我不忍释卷。很快我就读完了这本小说，又迫不及待地拿起了另一本，然后又是一本……书中的每一个情节都刻画得淋漓尽致、人物都像活了一样，形象地浮现在我的眼前和脑海中。我完全沉浸在曹文轩创作的书的世界中，忘记了时间，甚至废寝忘食。很快地，我就将曹文轩的这一套书全看完了。我感觉意犹未尽，于是就又缠着妈妈给我买了曹文轩其他系列的书看。

不知不觉地，曹文轩的书让我懂得了许多做人的道理，学会了许多写作技巧，记住了许多优美、形象的词汇，让我写出的文章更加顺畅、更加优美……现在，我已经成为一名忠实的"曹粉"了，我开始追看曹文轩写的每一部作品。最近，我又在让妈妈给我买曹文轩"大王书"这一系列的小说呢。

没想到吧，随手翻看的一本书，竟成了"曹粉"一枚。同学们，我等待你们也来加入哦！

阅读伴我成长，生活中一道亮丽的风景

北京市东城区和平里第四小学　王语萱

很小的时候我就特别喜欢听故事。大概只有一岁多吧，还不会说话，但我好像完全能听懂大人在说什么，特别喜欢"阅读"那些宝宝读物，如果别人给读一读就更好啦，但可千万别停下来，只要一停我就会哼哼着抗议，如果不被理会，就直接抓住大人的手去划拉那些图片或文字……当然了，这些我不记得，都是听妈妈说的。我只记得最早听的故事是《狼和七只小羊》，每次听到小羊们被大灰狼逼得东躲西藏，最后还被吞进肚子里，我就感觉很难过，

当听到羊妈妈回来救出小羊，就会马上开心地笑。妈妈说，每次我不开心，她就会跟我讲这个小羊的故事。大概是印象太深了，我两岁多的时候由于各种原因被送回老家待了半年时间，听姑姑说，只要听到这个故事，我的表情就会很难过，估计是想家了却不会表达吧。因为这个缘由，爸爸就给我买了《格林童话》，开始是妈妈读给我听，后来我看着拼音自己读。那里面的故事差不多都被我读得倒背如流了，每一篇文章都喜欢，《白雪公主》《睡美人》《灰姑娘》等好多篇我几乎都能背下来。《千兽皮》中的小公主有个绰号叫"毛家伙"。那年冬天妈妈给我买了双粉嘟嘟的绒毛拖鞋，特别可爱，我突然就想起"毛家伙"这个词，然后就将这个名字赐给这双拖鞋了，觉得非常合适，当然我可没有侮辱小公主的意思，相反是非常喜欢她。我特别推荐大家去读读《格林童话》，里面的故事真的好美好美！

　　我差不多三四岁的时候，妈妈说，《格林童话》里的故事都是外国的，咱们中国也有很多好听的故事，然后就给我讲了"田螺姑娘""八仙过海"等很多民间传说，后来又讲了"盘古开天""女娲补天"的故事，我觉得太有意思了。五岁生日时，我就买了一本《中华上下五千年》，它太好看了，我从头到尾差不多很短时间就读完了。这时候我开始对中国历史感兴趣，在爸爸妈妈的帮助下，我还背会了《朝代歌》，"夏商与西周，东周分两段……"。在《中华上下五千年》的帮助下，我从盘古开天的中国古代神话读起，对中国历史的发展有了简单的了解，佩服大禹坚持不懈的精神，讨厌美丽却祸国的妲己，听到岳飞抗金却被陷害时真想掐死那个坏秦桧，为大唐的繁荣而骄傲，更为清朝后期被外国人欺辱而义愤填膺。我最喜欢听林则徐虎门销烟的故事，那一段在《中华上下五千年》里介绍得特别少，我就"逼"着妈妈给我讲，鸦片怎么坑害中国，我们是怎么反抗的，那个时候我就在心里暗暗地对自己说，一定要好好读书，为我们国家更加富强而读书，富强了就不被人欺负，当然了，贪玩的时候我就把这个"决心"忘得干干净净了，小惭愧。

　　从《中华上下五千年》里，我知道了中国有灿烂的文明、悠久的历史文化和不朽的文学作品。还在幼儿园的时候，爸爸妈妈就给我讲过"武松打虎"、"桃园三结义"和"唐僧西天取经"的故事。随着我了解了中国历史发展的梗概，在我六岁的时候，爸爸给我买了一套四大名著（注音版的，别笑话我啊），我特别爱看，有空就翻，尤其是喜欢看《水浒传》，哈哈，那里面全是英雄好汉，什么豹子头林冲、青面兽杨志、及时雨宋江……这些"人送外号"我几乎全部都能说出来。当时就是觉得故事太好听了，听到"西门庆命丧狮子楼"，我就想象西门大官人那副狼狈相，忍不住哈哈大笑。随着知识和年龄的增长，我开始慢慢理解故事背后的内容，并找机会跟大人交流。有一次又读到武松打虎那一段，妈妈说："其实宋朝的官吏也还是可以的，有老虎危害四方，官府就派人去抓，虽然屡战屡败，但至少态度是很好的。"我非常不满意地说："什么呀，官府选的那些人都是无能之辈，根本就解决不了问题！"妈妈听了之后夸我会思考问题了，弄得我挺不好意思。从故事到思考，后来我们语文老师朱老师引导我们读书时注意好词佳句的运用，我就开始注意四大名著里的那些描述，都特别精彩。像《水浒》里的"武松打虎"、《三国演义》里的"青梅煮酒论英雄"、《西游记》里的"猴王学艺"等片段，要么生动形象，要么扣人心弦，要么发人深思……《红楼梦》的精彩之处就更多了，听妈妈说，红楼梦中没有一句多余的废话，我感觉好玄妙啊，很多地方我现在虽然有点看不懂，但我已经从里面理解很多知识啦，这是我最骄傲的地方。

　　以上就是跟大家分享的"我在组合阅读中成长"的故事，希望对你们有帮助，我也期待你们的分享。

第四节　渔人授渔："我"的阅读方法

两本关于昆虫的书

北京市东城区和平里第四小学　匡穆之

　　我有一种阅读方式，叫作"组合阅读"。我想为大家推荐几种关联组合的方法：关联同一本书内容、关联同一作者作品、关联同一主题作品和关联同一情感作品等。下面就让我以阅读中的一个小例子来说明。

　　我们学过一篇课文，叫《昆虫记·蟋蟀的住宅》，我采用关联同一主题作品这种方法进行了关联，想到了《酷虫学校》这本书。《昆虫记》和《酷虫学校》这两本书里面讲的都是关于昆虫的精彩故事、它们的习性和它们的"食谱"。

　　"关联"，这种方法给我们带来了各种各样的好处，通过这种方法不但可以读到自己喜欢看的书，而且还可以让我们得到更多的知识。现在，我为大家节选一个精彩片段：

　　一大群苍蝇、一大群蜜蜂和一大群黄蜂一哄而上把蜜蜂同学痛揍了一顿……这种事情是不可能发生的，虽然这个昆虫社会已经世风日下了，但社会虫子聚众殴打学生这种令虫子都发指的情节是不可能出现在这本努力倡导和平、有爱、团结、互助的故事书里的。所以他们就围着蜜蜂同学嗡嗡了半个多小时才陆续散开了。这些善良的、淳朴的、有爱心的社会飞虫们觉得自己有责任来教育一下不懂事的孩子。

　　当蜜蜂同学终于从全身麻木的状态中渐渐复苏后，食蚜蝇早就不见了，学校也已经放学了。"啊——该死的食蚜蝇,我和你没完——"怒火中烧的蜜蜂站在空荡荡的校园里凄惨地号叫着。

我特别喜欢这本书,不仅因为这本书生动有趣、特别幽默,还因为从这本书里,我学到了许多关于昆虫的知识,比如:昆虫的化学防御、昆虫的口器,还有昆虫的寄生。最重要的是里面有些故事还告诉了我们一些人生的道理,比如说我们要做内心强大的人,而不是做外表强大的人。

同学们有没有觉得这种方法很好呢?如果有的话,不妨试试看,也许可以用这种方法找到自己心爱的书,让课堂上的风景越来越美丽。

动物也要成长

北京市东城区和平里第四小学   李帅

阅读能让我们增长知识,读书使我们明白道理,读书使我们快乐。

当我在学校的课文中读到《麻雀》,里面写道"老麻雀用自己小小的身躯护着小麻雀,想拯救自己的幼儿。可是因为紧张,它浑身发抖,发出嘶哑的声音,准备一场搏斗……",老麻雀的无畏精神让我想起了沈石溪的作品《五只小狼》中的母狼黄美人。当时母狼黄美人刚生下五只小狼崽就遇到了比它身形大十倍的黑熊。黑熊用鼻子在地上嗅嗅闻闻,它一边嗅闻一边走,显然是闻到了小狼崽的味道,勾起了食欲,想用小狼崽来填饱饥肠辘辘的肚子。黄美人见熊来了,就一直守着洞口,她先用"调虎离山"计,勾引黑熊离开,将自己的孩子留在洞里。可是黑熊并没有上当,因为黑熊闻到了甜美的奶香味,便放弃了追黄美人,直奔洞口去了……黄美人把头伸出洞口对着熊龇牙咧嘴,面目狰狞,严阵以待。作为一个母亲,她有着强烈的保护狼崽的冲动,也不缺乏牺牲精神。如果她的死能换来一窝小狼崽的生命,她会毫不犹豫地与大她十倍的黑熊拼死搏斗。她没有停留,没有犹豫,蹿到黑熊身后死死咬住了黑熊的尾巴。熊吼狼嚎殊死搏杀。熊掌狠狠地捆了过来,捆到黄美人脑壳上,刹那间黄美人的头皮被撕裂……沈石溪精彩地描述了黄美人为了保护自己的孩子牺牲了自己,体现出了母爱的伟大。

沈石溪写了很多成长小说,描述青少年由天真幼稚逐渐走向成熟的故事。这些故事深深地吸引着我。随后我又读了他写的《象母怨》《峡谷山鹰》。

在阅读的过程中我也有一些自己的方法:

1. 我会把不认识的字标上拼音。

2. 我会把精彩的句子、词语抄下来。

3. 我会把不知道、想问的问题记在书的一旁,阅读后统一解答。

梦想的力量

北京市东城区和平里第四小学 梁熠君

《为中华之崛起而读书》，相信大家都耳熟能详吧？这个故事就出现在我们四年级的课堂上，每当我看到这篇课文的时候，我总能想到《梦想是人生的翅膀》这本书，我坚信同学们对这本书也一定深有感触。

《为中华之崛起而读书》，这篇文章与其他 22 篇文章共同收录在《梦想是人生的翅膀》这本书里，其中除了《为中华之崛起而读书》外，《莱特兄弟的飞翔梦》和《焦耳的实验》也同样让我印象深刻。《莱特兄弟的飞翔梦》讲述的是莱特兄弟小时候看见一群大雁在空中飞过，从而有了让人类飞翔的理想，经过努力他们在三十多岁的时候实现了自己的梦想，发明了飞机。《焦耳的实验》这个故事告诉我们焦耳小时候在书里看到一个实验并冒险实施，在一匹马身上实验，险些造成事故，然后回到学校和老师讨论实验原理。焦耳一直保持着对物理学的兴趣，长大之后，成了一名物理学家。这本书上的 23 个故事讲述了同一个道理——梦想是人生的翅膀，只要有梦想，并为之而努力，梦想就一定会实现。

在三年级春季的时候，随着知识难度的加深，我的阅读题总是答不好，正确率不高，于是我下决心一定要提高自己的阅读能力。在老师的帮助下，我们制订了学习计划，每天打卡一到两篇阅读题。第一天我一下子做了八篇阅读，连续大量的阅读让我突然间体会到从未有过的阅读的乐趣，尽管做题正确率不高，但是我对阅读燃起了兴趣，并意识到阅读的提高不是一蹴而就的，而是需要踏踏实实的一步一步地来。之后的每天我都会保持阅读的习惯，并做一到两篇阅读题，然后将答案发给老师检查，老师在帮我批改的同时会用课堂学习的知识点启发我，就这样我整整坚持了一年，即使寒暑假也没有间断过，其间因为遇到难题我发过脾气，哭过鼻子，每一次的挫折都让我想起周总理、莱特兄弟及焦耳的故事，经过不断努力，我每天都进步一点，终于在四年级的秋季我的阅读成绩取得了明显的提高。

尽管提高阅读能力的事只是我人生中的一件事，但是这件事让我深刻地意识到了梦想需要坚持的道理，以梦为马，为梦想而拼搏，奔向一个遥远的目标的道路是崎岖而漫长的，只有持之以恒地努力下去，才能实现自己的梦想。

安徒生童话阅读

北京市东城区和平里第四小学 吕金洋

我非常喜欢阅读童话故事，因为它可以让我获得想象力与创造力。

四年级上册的语文书里有一篇童话《一个豆荚里的五粒豆》，它的作者是安徒生。文章大意是有五颗豆子，它们都想脱离豆荚，远走高飞。在豆荚里，它们谈论谁会飞得更远。终于等到豆子成熟的时刻，一个小男孩要把它们当成子弹发射出去。豌豆们很高兴，都暗暗设定目标。它们都飞出去了，有3粒豆子都被鸽子吃掉了；1粒豆子掉进了脏水里；只有"主人公"豆子帮助了一个小女孩，让她的病好了起来。

读完《一个豆荚里的五粒豆》，我想起了安徒生的另一篇与豌豆有关的童话《豌豆上的公主》，讲的是一位公主来到了一个王国，想在那住一晚。这个王国的王子正好想找一位真正的公主做妻子。为了测验这位公主是真是假，国王和王后就在公主睡觉的床垫下放了一粒小豌豆。公主睡觉时总觉得被东西硌着，国王和王后听说后非常高兴，他们找到了真正的公主，理由是压在厚厚床垫下的豌豆都能感觉到，除了真正的公主谁还能有这样敏感的皮肤呢？

这两篇童话同样描写的是豆子，但作用大不相同。第一篇主要是歌颂了善良；第二篇寓意不太明显，感觉有些浪漫色彩。大家都希望成为能治病的豆子、有用的豆子，而不愿意碌碌无为。

《安徒生童话》中的其他故事，我全部读完了。这些故事虽然是虚构的，但使我懂得了许多道理，增加了不少知识，我的想象力和创造力也增加了。这些都是阅读带来的乐趣。我爱阅读！

课上"爬山虎"，课下"稻草人"

北京市东城区和平里第四小学　满昊宇

在语文课上，当我学习到一篇新课文的时候，就特别想了解课文的作者和课文中没有的知识。比如，第10课《爬山虎的脚》这篇课文是叶圣陶爷爷写的，由此我知道了叶圣陶爷爷是一位很著名的作家和教育家，他创作了我国第一部童话集《稻草人》。

我忽然想起来我以前读过这本书，于是一回到家我就迫不及待地又打开这本书认真地读起来……

其中，《燕子》是我印象最深刻的故事，它写了一只小燕子被一颗不知从什么地方飞来的泥弹打中了背部，从柳树上掉了下来，这只受伤的小燕子伤心地躺在棠棣花旁边，哭着喊："妈妈，你在哪里呀……"柳树、池塘里的水、蜜蜂都听到了小燕子的哀哭声，都想要帮助它，有的想要扶它起来，有的想要把它身上的血洗去，还有的想要把它抱起来送回家，可是它们都没有办法做到，而棠棣花用它的花瓣盖住了小燕子的身体让它好好休息。最后，小燕子被一位来花丛采花的小姑娘青子发现了，救起来带回家养伤。青子和玉儿这对好朋友看着受伤的小燕子说："我们一定要好好调养小燕子，让它恢复活泼可爱的原样。"青子调了些很好的东西给小燕子吃；玉儿采来柔软的草铺在一个匣子里，做小燕子的巢。她们还一起给小燕子唱儿歌听，使小燕子高兴起来。经过她们的精心照顾，小燕子终于恢复了活蹦乱跳的样子，并且找到了妈妈。以后每年春天，小燕子都和妈妈飞回来看望青子和玉儿。我从这篇故事中学到了当别人有困难的时候应该关心和帮助别人，给他们以温暖。同时，当我们得到别人的帮助后要学会报答和感恩。

这本书中还有很多故事非常吸引我。比如《鲤鱼的遇险》，讲述了一群原本快乐生活的小鲤鱼被一些不速之客的到来打破了它们宁静的生活……最后，遇险的小鲤鱼得以生还，靠的不是别人的救助，而是自己的努力。这就告诉我们：遇事不要惊慌，而要仔细观察和思考，才能找到解决问题的良方。还有一个故事讲述了瞎子和聋子想要交换对方的缺陷，但对调后他们觉得幸福了吗？《瞎子和聋子》这篇故事讲述了他们对调后遇到了很多不开心的事。其实，人的一生不可能一帆风顺，只要有一个积极乐观向上的人生态度，快乐就在自己身边。

我的阅读经验

北京市东城区和平里第四小学 孙乐陶

怎样阅读最好呢？当然是组合阅读。什么是组合阅读呢？我发现原来组合阅读早已经悄悄地进入了我的阅读过程，让我对知识的吸收大大增加了！这到底是怎么回事呢？听我慢慢讲给你。

组合阅读就是通过我们平时阅读的一篇很有趣的课文，吸引我们去阅读另外的有关联的文章或者是相关书籍。关联就是通过同一作者、同一题材或者一本书的节选来选择书籍。说到这儿有的同学可能糊涂了，这到底是什么意思呢？我举个例子大家可能就明白了：这个学期语文书上的第 14 课是《普罗米修斯》，讲述了希腊神话里的天神普罗米修斯为了人类有火用，冒着生命危险上天去盗取火种的故事。我非常喜欢这个故事，回家后我找出了以前买的《希腊神话与英雄传说》翻看，这本书买了一段时间了，因为没有兴趣，就放在那里没有阅读，学过这篇课文后激起了我对希腊神话传说的兴趣。除了普罗米修斯我还想了解其他的神，例如课文里提到了宙斯、赫淮斯托斯等，没有写得很详细，但等我读完《希腊神话与英雄传说》这本书，关于他们的故事我就都了解到了，还知道了雅典娜、波塞冬等其他天神的传说故事。

在阅读这本书的时候，我还了解到了一个生活在古希腊的盲诗人荷马，他根据民间流传的短歌编写出了长篇的叙事诗《荷马史诗》，分为《伊利亚特》和《奥德赛》两部分。于是我又央求妈妈给我买了这两本书。《伊利亚特》和《奥德赛》这两本书并不像大家想象的是白话，而是诗歌，这是为什么呢？因为那个时候缺乏文字记录，各种作品都通过你告诉我、我再讲给你这种方式流传，然后用表演的方式展示出来。所以他讲的虽然是故事，但其实却是诗歌。这两本书我现在还没阅读完，等我看完再讲给大家听吧。

同学们，现在你们懂了吧，组合阅读就是帮助我们从点到线、从线到面、从小到大逐渐引发我们探求和吸收知识的愿望，我就是最好的例子，通过一篇课文的学习，由此产生兴趣，我又读了三本相关的书籍。现在仔细想想，这就是组合阅读的魅力！让我们一起开始组合阅读吧！

文言文也传神

北京市东城区和平里第四小学　杨和毅

课堂上，老师给我们讲了《王戎不取道旁李》这课，我体会到了文言文的行文简练，在用词上和白话文有很多不同，例如，答曰："树在道旁而多子，此必苦李。"仅用了 11 个字就生动地写出了王戎不取道旁李的原因，还能让我感受到他遇事爱思考的品质，以及他有着敏锐的观察能力和过人的聪明才智。

我学完了这篇课文，回家和妈妈讲了这个故事，妈妈说："你想想，还有你知道的人和王戎一样聪明吗？"我想了想，以前听过一个三国时期诸葛亮的《草船借箭》，这个故事出自罗贯中《三国演义》中的一个片段，孔明曰："望子敬借我二十只船，每船要军士三十人，上皆用青布为幔。各束草千余个，分布两边。吾别有妙用。第三日保管有十万支箭。只不可又教公瑾得知，若彼知之，吾计败矣。"这个故事讲述了周瑜嫉妒诸葛亮的聪明才干，让他在短时间内，赶制十万支箭，诸葛亮答应他三天造好，由于诸葛亮上知天文，下知地理，知道这天将有大雾，河上的雾气更大，就下令将士们开着装满稻草人的船靠近曹营，让士兵擂鼓呐喊，曹操以为有人来偷袭，命令弓箭手朝船射箭，等船上的稻草人插满了箭，诸葛亮就下令回师了，十万支箭轻松"借"到。

和妈妈说完这个故事，妈妈告诉我《三国演义》中还有很多关于诸葛亮博学多才、聪明机智、以少胜多的故事。我好奇地问："真的吗？还有什么呢？"妈妈说："《空城计》就是诸葛亮以虚胜实的故事。"我心中充满了疑惑：虚的，什么都没有，能胜过实实在在的东西？

妈妈拿出了一套《三国演义》，让我打开了第九十五回"马谡拒谏失街亭，武侯弹琴退仲达"，书中都是文言文，我基本读不明白，妈妈耐心地说："先一句一句地读，多读几遍，然后猜猜看每句话说的是什么意思。"可是我读了几遍，还是没太读明白，妈妈说："你想想，语文课学的缩句，是把长句变成了短句，现在读文言文，试着把独字变成词理解，把短词组成句子去理解，虚词可以忽略不计，不认识的字用百度查一下。"通过这个方法，我用了四十多分钟，就把这回看完了。

"马谡拒谏失街亭，武侯弹琴退仲达"这回，通过我自己的努力，我读明白了其中的意思，感受到了文言文中的乐趣，比如：孔明的传令："将旌旗尽皆隐匿；诸军各守城铺，如有妄行出入，及高言大语者，斩之！大开四门，每一门用二十军士，扮作百姓，洒扫街道。如魏兵到时，不可擅动，吾自有计。"这么少的字，就把诸葛亮"空城计"的布局和每个人的任务说明白了。真是很神奇的文言文啊！

我发现文言文越读越有意思，每个人对文字的理解不一样，想象的画面就不一样，后来，我自己又看完了《三国演义》的第三回"议温明董卓叱丁原，馈金珠李肃说吕布"，这回中我印象最深的就是写赤兔马的："果然那马浑身上下，火炭般赤，无半根杂毛；从头至尾，长一丈；从蹄至项，高八尺；嘶喊咆哮，有腾空入海之状。"听妈妈说，赤兔马后来是关羽的坐骑，关羽被杀后，赤兔马思念关羽，绝食而死了。我下周末要从书中找到，赤兔马如何成为关羽的坐骑。

读着想着······

北京市东城区和平里第四小学　袁浦峻

四年级第六单元的课文都是以童年为主题的文章，其中有一篇名叫《一只窝囊的大老虎》的课文，让我非常喜欢。

这篇课文讲的是作者叶至善童年的故事。那时，他第一次参加课本剧表演，扮演的角色是一只大老虎，他特别想演好。可是在表演时，他的吼叫声非常小，一点儿也没有老虎的气势；同时，他也不会豁虎跳，只能在台上爬来爬去，他的表演引起了观众的哄堂大笑，他感到脸上一阵阵的热，心里又害羞又难过，但他忍着把戏演完了。表演结束后，他心里想："为什么演老虎一定要会豁虎跳呢？我已经尽力表演了，但还是演砸了！"看到这儿，我觉得作者心里一定感到非常沮丧。

这个故事让我想到意大利作家万巴的一个作品《捣蛋鬼日记》。这本书是作者写他小时候的一系列的故事。主人公叫加尼诺，他做了很多让他自己都数不清的坏事。但是，这些坏事并不完全是真的坏事。这么说的原因，让我慢慢道来。有一次，他的姐姐要举办婚礼，他为了在婚礼上增加热闹的气氛，给姐姐惊喜，于是他买了一些鞭炮，但又害怕被发现，就把鞭炮藏在了壁炉里。没想到的是，客人抱怨屋里太冷了，于是加尼诺的爸爸点燃了壁炉，你一定能想到，鞭炮也被点燃了，壁炉爆炸了，客厅一片狼藉，大家都被吓坏了。爸爸气急了，抓住加尼诺，把他狠狠地修理了一顿。加尼诺心里委屈极了，他想："我本来是想让婚礼更好，我也没想到会是这个结果。"

其实，我也有过类似的经历，本来想做一件好事，但结果不太好。比如，有一天，午饭时，菜做好了，我抢着去端菜，盘子非常烫，我边忍着边走向饭桌，但实在太烫了，我不由自主地松开了手，盘子摔成了碎片，菜也洒得到处都是。我当时又害怕又难过。

你看，从这篇课文，让我知道无论是中国的小男孩还是外国的小男孩，无论是过去的人还是现在的人，成长的经历就是从做不好到慢慢做好。但最重要的是，我们要有做好一件事的想法。

关于中国古代神话传说

北京市东城区和平里第四小学　郭泰祈

和许多小朋友一样，小时候喜欢听大人讲神话故事。为什么呢？因为它流传千年，引人入胜，魅力独特啊！今年我们学了袁珂的《盘古开天地》和《女娲造人》，也学了希腊神话《普罗米修斯》。这使我想起了小时候每次睡觉时爸爸都会给我讲个故事，但每次都越听越兴奋，为什么呀，因为故事太棒了，一个听不够，得听三个，但随着爸爸工作越来越忙，晚上给我讲故事的时间少了，就给我买了袁珂的《中国古代神话》。他说，这是他小时候一直陪伴他的读物，教给了他好多道理，也开拓了眼界，希望我也读一读。

没想到啊，我一翻开书就沉浸进去了，中国古代人民太有智慧了，他们不知道世界和人类是怎么来的，就从劳动中系统地创造了很多神话，比如盘古开天辟地(轻气上升为天，浊气下沉为地，眼睛变为太阳和月亮，身体幻化为万物)，女娲造人，雷公的故事(雷公被囚后妹妹放走雷公，雷公给了他们一颗牙齿，种下长成一个葫芦，哥哥和妹妹躲进葫芦里避开了大洪水，后来结婚生子)，三皇五帝的诞生，共工怒撞不周山，刑天舞干戚，等等。这些故事都反映了人民对生活的热爱和渴望。

我觉得还是中国的神话好看，为何呢？因为我们都是在自己争取，在斗争和反抗压迫中进步，这和希腊神话不同。我们遇到大洪水是大禹治水，疏通河道，铸九鼎，建九州，统一寰宇；希腊只是躲在诺亚方舟里面等待。天生十日，后羿射日，夸父逐日，都是为了解救人民。神农尝百草、钻木取火，是自己在实践中尝试，而欧洲神话是普罗米修斯从天上偷下火种，还要受到惩罚，人民都是在等待馈赠。还有，后稷教化人民识五谷；黄帝战蚩尤中黄帝发明指南针，驯化野兽；精卫溺水而填海；九天玄女赠河洛；蚕神献丝；创造文字；制音律、懂刑法，一步一步地将社会雏形给完善了。再有后来更加人性化的愚公移山、尧舜禹禅让、各种长生不老药等，体现了我们祖先的坚忍不拔、品德高尚、努力追求的各种特质。

虽然各种神话有互相冲突的地方，但作者袁珂还是进行了分类整理，并不只是一家之言。正是由于有了古代神话的流传，我们后人才能在此基础上逐步演化和创造出如《封神演义》《西游记》《东游记》等脍炙人口的小说。所以说，我从这些神话故事中阅读和成长。推荐小朋友们多读一读我们自己的故事，没准以后也能拍出像《哪吒》这种"我命由我不由天"的好电影呢。

起读经典

北京市东城区府学胡同小学　王子琪

在课堂学习中，我们学习了《草船借箭》一课，一读到这篇课文，我就十分感兴趣。课堂上老师推荐了这篇课文的原著《三国演义》。于是我就让妈妈给我买了人民文学出版社出版的《三国演义》。书中写到了以张角三兄弟为首的黄巾起义。作者罗贯中称其为"黄巾贼"，第一回中写道，角与三弟商议曰："至难得者，民心也。今民心已顺，若不乘势取天下，诚为可惜。"我看到这里，想起之前看过的《水浒传》写的也是农民起义。但水浒和三国不同，《水浒传》歌颂了宋江等一百零八条好汉农民起义的英雄气概，是"官逼民反"，而《三国演义》却是说张角想夺取天下。农民起义是什么？宋江起义和黄巾起义有什么关系吗？

通过网上查阅资料，我了解到"农民起义通常意味着失去土地的农民的起义，反抗既成的秩序或建制，是专制朝廷和民间社会矛盾的反映"。黄巾起义和宋江起义虽然都是农民起义，但时代不同，历史上的农民起义有大泽乡起义、黄巢起义、绿林起义等。

《三国演义》的前言中写道：由于历史条件的限制，他不可能提出取代封建地主阶级政权的任何设想。从罗贯中所写几种小说的思想倾向看，他推崇"忠""义"，主张用"王道""仁政"治理天下。罗贯中一定程度上看到了导致社会动乱的某种政治因素，但他所持的态度是错误的，他从根本上否定农民起义的历史作用。他这种政治主张不仅表现在《三国演义》里，在《隋唐志传》和《三遂平妖传》里也有明显反映。罗贯中写作时的社会背景也决定了《三国演义》维护封建社会的立场。毛主席教导我们要"剔除其封建性的糟粕，吸收其民主性的精华"地阅读三国。

通过组合式阅读，我终于解答了自己的困惑，也了解了《隋唐志传》和《三遂平妖传》。

《丁香结》留念

北京市东城区和平里第四小学　王新晴

最近我们学了宗璞先生的《丁香结》。课上我一直都在想："丁香结"到底代表什么？课后，我查了一些参考资料，原来作者一家在"文化大革命"时期深受迫害，疑惑和痛楚一直萦绕在作者的心头，这使得作者见到丁香花有感而发，写下了这篇具有很强的启示性的文章。

之后，我又读了作者写的《紫藤萝瀑布》。我发现这两篇文章有很多共性：第一，它们都是由花引发的思考；第二，它们都有"赏花"和"悟花"这两部分；第三，它们都写出了深刻的人生哲理。

这两篇文章的"赏花"部分中，分别点面结合地描写了两种花的形貌、颜色、特点和气味。但《紫藤萝瀑布》比《丁香结》多了"忆花"部分。作者很自然地从"赏花"过渡到了"忆花"，并用十年前院子中稀疏的紫藤萝花和现在浓密得像瀑布一样的紫藤萝花做了一个鲜明的对比，写出了"生命的长河永无止境"这一人生道理。

现在我明白了，丁香结有两个意思：一是指丁香的花苞，二是指人生中的许多困难。我再把两者结合起来看，也明白了作者写《紫藤萝瀑布》的初衷。当时作者的弟弟身患绝症，她非常悲痛，所以借紫藤萝来抒发自己的情感，阐释了"生死谜，手足情"的人生道理。

读起《母鸡》

北京市东城区府学胡同小学　王涵

老舍先生有一篇文章，很有名，叫《母鸡》。文章讲述了作者从开始厌烦、讨厌母鸡，到最后尊敬母鸡。为什么作者后来会尊重母鸡呢？文中说，母鸡有了一群鸡雏后，它成为了母亲，每个母亲都是英雄。母鸡在哺育鸡雏时，作者写道："每一只鸡雏的肚子都圆圆地下垂，像刚装了一两个汤圆似的，它自己却消瘦了许多。"在哺育鸡雏时，母鸡一改之前的傲慢与欺软怕硬，而是踏踏实实地喂养鸡雏。

文章读到这儿，我总觉得我还不大理解它的中心思想，于是，我又特意找到了老舍的另一篇文章《母亲》，老舍笔下他的母亲让我更加深刻地明白了"母亲"这个词的意思。

老舍在描写他的母亲时，用的是最平常的语言。而且，就像在唠叨生活中的小事那样，将一位伟大的母亲清清楚楚地勾画了出来。读完，我觉得我明白《母鸡》的中心思想了。母鸡，在哺育鸡雏时，心里想的只有鸡雏，重要的并不是它自己；母亲，在把我们培育成人时，永远把我们放在第一位，难道不是吗？妈妈在陪伴你的时候，难道不是先满足你吗？

想想吧！思考到这步，老舍先生写的"一位母亲必定是英雄"也不难理解了，母亲为了我们的健康成长，宁愿牺牲自己，《母鸡》里说得很清楚，母鸡喂养鸡雏时，鸡雏长大了，而它自己却消瘦了许多；不断地教鸡雏洗澡、捉虫、刨地；它伏在地上，鸡雏在它身上跳来跳去，还啄它，它也不言不语。据我所知，母鸡一次会生下四五只鸡雏，而它一次要带四五个孩子！

母亲是平常人，是的，我也承认，但是，不一样的就在于，她的行为。

我笔下的猫

猫是一种十分可爱又淘气的小动物。

几周前，我在亲戚家看到了刚出生不久的三只小猫。它们身上都是黑、白、灰几种颜色的纹路，很是漂亮。小猫们身体很轻，我抱着一只，爱不释手，它的小爪子时不时挠挠我的手，痒痒的，圆圆的眼睛瞅着我，萌萌的，可爱极了！

看着小猫，我不禁想到了老舍先生的课文《猫》。老舍那生动细致的笔触，真挚的情感，将一只猫刻画得栩栩如生，令我百读不厌。老舍笔下的猫时而淘气，时而乖巧，时而温柔可亲，时而胆大包天……字里行间可以看到老舍先生对猫无比的喜爱，他与猫之间无限的乐趣，一种和谐美好的情境让人回味无穷。

老舍先生讲述的是猫的性情特点。另一位名家郑振铎则讲述了他与家人前前后后养了三只猫的故事。给我印象最深刻的当然是第三只猫的故事。那只猫不那么招人喜爱，后来又遭受冤屈不被认可，十分可怜，最终死在邻家的屋脊上。作者以真挚的语言，打动了我，让我体会到了养小动物之外更深的生活感悟。

关于猫，还有梁实秋的《猫的故事》。文中讲述了一只野猫总爱到梁实秋家去，家人几次施计也未能赶走野猫，后来当他们发现原来是因为在他家中产下了小猫，才冒着生命危险回他的家去照顾小猫，梁先生不禁动容……我想起当我抱着刚出生不久的小猫，身旁伏着焦躁地瞪着我的母猫，我看到母猫对小猫的爱护，也让我感动不已！

名家笔下对猫的描述各有特色，被赋予不同的灵性，不仅体现了作者对猫深厚的喜爱之情，还让我们感受到了人与自然的和谐美好！

第五节　文海涵英：笔下叙心湖

这是本章当中最为特殊的一部分。在这里，不再是学生分享自己关于组合阅读的阅读经历与感受。而是，学生直接成为作者，在组合阅读的助力下，创作散文、小说等文学作品。我们常说：心湖蓄满了，自然就会从笔尖泻出来。古人也有"赋到沧桑句便工"的诗句。这心湖蓄满，感受沧桑，便是组合阅读带给学生的收获。也正是在此基础之上，学生的语言表达、文学创作产生了变化，生发出无限的可能。

"喜欢"阅读

北京市东城区府学胡同小学　陈硕

一个人都能喜欢些什么呢？他又因什么而喜欢呢？我因《红楼梦》一书爱上了阅读。

有一段时间我爱玩手机，不怎么读书。一次偶然的机会，我在书架上看到了《红楼梦》，随手翻开，第一眼便看到了"花谢花飞花满天，红消香断有谁怜"，当时心中便生出疑问：区区一枝花有什么可怜悯的呢？便立即看完了"黛玉葬花"这一回，心中才不禁叹道：好一个痴情多思的林妹妹！记得老师说过："名著是你一开始不想读，读后就放不下的书。"今一读《红楼梦》果然不假，宝玉挨打，黛玉葬花，元妃省亲，再到最后大观园的衰败，一切都像是一场梦一样，有人说："一入《红楼》梦不醒。"看过多遍《红楼梦》后，我不仅感受到了它不朽的魅力，更感受到了它文字的魅力。

打这以后，我便从原来的不爱阅读，到"喜欢"上《红楼梦》，再到养成了阅读的习惯，爱上了阅读。

也许，"喜欢"只是单纯的，甚至不经意的，但正是简单的这两个字，让我把阅读当成一种爱好，爱上了阅读。十分感谢当时的我能遇上《红楼梦》，进而爱上阅读，让我在这个"恰同学少年"的年纪里"腹有诗书"，也希望我的"喜欢"能让我"气自华"。

喜欢：诗书文化

北京市东城区府学胡同小学　傅子豪

喜欢，是一种情感，微不足道却藏着巨大的力量。

文化，是一种文明，像一条源源不断的涓涓细流，滋润着心田；像一根看不见的线牵动万古的心跳，它于无形之中化作许许多多的事物去延伸。

一句诗，一卷画，都是它的化身。

喜欢，演变成热爱，而热爱支撑文化、文明的传递、绵延；喜欢，是一种无形的力，推动一支支微弱的支流汇成一条暗涌的激流，万古不息。

一个人，一份力，一滴水，是微不足道的，然而，文明通过无数的化身融会贯通，从而推动向前。

文明同出一脉，又同归一脉。

我爱的不仅是诗，是画，亦是灿烂的文明。

笔下点点丹青，演绎着千年以来的太多："泪眼问花花不语，乱红飞过秋千去。"一点飞花，寄托着八百年前的愁；"残灯无焰影幢幢，此夕闻君谪九江。垂死病中惊坐起，暗风吹雨入寒窗。"一段残烛，寄托着千年前的义；"江畔何人初见月？江月何年初照人？人生代代无穷已，江月年年只相似。不知江月待何人，但见长江送流水。""花间一壶酒，独酌无相亲。举杯邀明月，对影成三人。""露从今夜白，月是故乡明"……月，寄托着万古的悲欢离合；"晚来天欲雪，能饮一杯无？""抽刀断水水更流，举杯消愁愁更愁""今朝有酒今朝醉"……欢也酒，悲也酒。

花，烛，月，酒，诗，画……都是文明的载体，流入心田，牵动着心跳。

我希望这份爱是永恒的，如果一定要有个期限，我希望是一万年。

喜欢是一种信念

北京市东城区府学胡同小学　荣泽佳

我经常去打网球，网球是我生活中不可分割的一部分。无论严寒酷暑风吹日晒，我总是会坚持练球。

网球训练十分艰苦、乏味。一个正手挥拍动作就要练上上百遍。握拍、引拍、挥拍、击球，每一个动作都暗藏玄机。在备战比赛期间，我因训练而小臂受伤，每一次挥拍，手臂都疼痛难忍。疼痛，像上百只白蚁，啃咬着我的肌肤，一点点侵入血脉，深入骨髓。每一次训练都像一次酷刑，手臂随着挥动而变得疼痛、僵硬。我曾几度想要放弃，可转念一想——如果现在放弃了，那以前付出的努力岂不全都付诸东流？我如何对得起我心中的那份热爱？最后，我带伤获得了第二名的好成绩！

赛后，许多朋友问我：你是怎样做到的？那么痛，你如何坚持下来的？我坚定地回答——因为喜欢。"喜欢"，一个多么简单的词，可就是它在关键时刻支撑着我激流勇进。每一次疲惫时，我都会想起我的喜欢：喜欢网球的优雅、美丽；喜欢在红土上奔跑、跳跃；喜欢看球划过天空的优美弧线……

喜欢是一种信仰、一种信念。它支持我们勇往直前。有人说，在身不由己的世界里，一个人的喜欢、厌恶是多么渺小，可我想说一个人的喜欢，是一种无比强大的力量。它引领着我们去拼搏，去挑战！

让我们看清心中的"喜欢"，去追求我们的梦想吧！

第五章　组合阅读与学生的创作

　　种下一颗未来的种子，滋养孕育，终能长成大树参天。荼蘼星火，足以燎原。组合阅读的实践研究一路走来，伴随始终的是学生的成长，是阅读能力的提升，是语文学科核心素养的培育，更是一颗爱语文、乐语文的赤子童心。这一颗颗美好的心灵，涌出美妙的文字，绘成一幅幅美丽的图画，谱成一曲属于他们自己的绮丽乐章。

第一节　童心中的"动物世界"

白虎传奇
——跨越亲情的争夺
作者：张笑语　魏瑞琳　刘书立　张鑫睿　周千琪　尚滨

　　天刚蒙蒙亮，启明星从东方慢慢升起。今天的天气出奇得好。清烁看着自己隆起的大肚子，又看看温暖而安全的弯月洞，小宝宝们快出来吧，相信你们一定会喜欢这里的！洞里将添加几个新生命了，清烁的虎脸上充满温柔。清烁突然感到肚子一阵疼痛，要分娩了！疼痛的分娩过后，清烁看看自己身后——刚刚诞生的三个小宝贝。她一个个看，发现竟全是雌性小虎崽！更令她惊讶的是，大女儿竟是白虎——高贵而美丽，那高高在上，形似贵族的白虎！

　　清烁看着自己的三个宝贝，脸上充满了幸福的神情。她给大女儿起名为白月莎。因为这第一只小虎崽是十分珍稀的白虎，额头上的一道纹恰似弯月，它似乎天生就带着王者的气息；围在清烁身边的一只小宝贝叫雅塔拉，她是一只普通的孟加拉虎，相比她的姐姐差了几分姿色，也少了几分威武；还有一只靠在清烁身旁的是三女儿，名叫紫凌，性格比较勇敢，可以和白月莎媲美。

　　小宝贝们，你们饿了吧，来吧，尝尝妈妈的乳汁吧。三个小宝贝齐齐地蹲在她丰满圆润的乳房下，贪婪地吸吮着。清烁太渴望做母亲的感觉了，她终于感受到了这种心情是无法形容的，这比得到恋人的爱还要愉悦，心里按捺不住的兴奋。

两个月后，清烁第一次带着三个孩子出去捕猎。大女儿带头走在前面。忽然，白月莎停了下来，和站在一边的清烁交换了一下眼神。原来，红树林里藏着一头大黑猪，这美食是虎的食谱中的上等美味。

白月莎俯身蹲在地上，颈部下垂，头往前伸着，死死地盯着那头黑猪，浑身散发出冰冷刺骨令人恐慌的感觉。

突然，狂风骤起，叶子被吹得沙沙作响。这声音正好掩盖了她们的脚步声。很好，这只黑猪没有被惊动。

这时，白月莎和清烁分别从左面、右面同时夹击。她俩同时跃起，弓起身子就扑了上去，四只锐利的爪子深深地插入黑猪的肉里，划下一道道伤痕。接着，白月莎和清烁一起围住黑猪，白月莎则跳到了黑猪的背上。清烁亮出雪白的虎牙，精准地咬在黑猪的咽喉上。"咔嚓"一声涌出一股热血，血渗进清烁的嘴里，黑猪倒在了地上。

雅塔拉看着白月莎大口地享用美食，而懦弱的她只能安安静静地望着，心里有说不出的感觉，而一旁的紫凌也是心有不甘。

时光流逝，清烁的三个孩子逐渐长大了，大女儿白月莎长得越来越健壮，对权力和领地的欲望也愈发强盛。她的第一个目标是懦弱的雅塔拉。这场战争对于她来说不费吹灰之力就成功了。这场斗争，不见血、不见亡，只有雅塔拉受着重伤，一瘸一拐地走了。白月莎冲着她的背影大声嘶吼："你以后不准再回来了，这是我的领地！"

白月莎的下一个目标是紫凌。白月莎趁着她正休息的时候，一个大飞跃扑了上去，一口咬住了她的咽喉。一个年轻的生命之光随即消亡，白月莎满意地长吼一声，走向黑暗的森林。

"呼——"白月莎解决完两个妹妹之后，长舒一口气，她要准备对付她的母亲——清烁。她准备先向母亲示威，终于，她发现了目标——一只豺。"哼！这只豺根本不是我的对手。"白月莎暗暗想到。

虎类最擅长的捕食方法是扑杀，虎类的脚上长着厚软的肉垫儿，走路时不会发出过大的声响。白月莎先蹑手蹑脚地在猎物附近的草丛中隐蔽好自己。慢慢地，豺离她越来越近了，她掌握好时机，一跃而起，扑倒猎物，张开血盆大口朝猎物的喉咙"咔嚓"一声，给了对手一个致命的绝击，"快准狠"地结束了战斗。

当她叼着那只死去的豺出现在洞口时，白月莎不出意料地看到了母亲惊讶的神情，是的，她就要让母亲惊讶，让母亲看到自己的蜕变，让母亲知道自己的厉害，感受到自己的强大。她要向母亲证明，她生来就与众不同，她是高高在上的白虎，她是出色的捕猎手！白月莎肆意地吼着："我不知比你强多少倍！你能追到聪明而狡猾的豺吗？你看看我，我是老虎中的贵族，你呢？你顶多也只能当我的仆人，要是你识趣的话就赶紧走！"

清烁的喉咙里发出"呜噜噜"的声音，表示委屈，但没有后退的意思。

大战将一触即发！！！

清烁和白月莎周旋着，双方不时发出愤怒又带着几分威胁的吼声。这对母女沉不住气了，撕咬在一起。这场战争的两个主角各有利弊，白月莎虽然年轻气盛，力量强于清烁，可毕竟也是初出茅庐的新手，并没有什么作战经验；清烁却有多年的作战经验，可以灵活地应对各种麻烦，但垂垂老矣，体力不支。

两只老虎撕咬在一起，不相上下，但一会儿的工夫，白月莎就把清烁压在身下了。清烁的腿在白月莎的身上乱蹬，迫使白月莎打了个滚儿，清烁便从缝隙里逃了出来，姜还是老的辣啊！白月莎恼羞成怒，吼了一声，又想把清烁扑倒，但在最后一秒却戛然而止——她毕竟是自己的母亲，生自己、养自己的母亲啊！在她犹豫的时候，清烁早已绝望地跑开了。

白月莎成为最终的胜利者。她眼神中带着几分得意，但一会儿又黯淡下去——她为了占领领地，不惜一切代价，将自己所有的亲人都置于死地、赶尽杀绝，她这样真的对吗？但在动物界中所有事情都没有对与错，所有的做法都只是为了生存！

白月莎向远方长吼一声，其中带着王者般独孤求败的意味。她要离开这片令她伤心的土地。夕阳的光芒照在白月莎白白的虎背上，闪烁着金色的光芒，她知道自己即将开启一个新的旅程，迎接新的挑战……

骏马惊魂

作者：闻天戬　霍欣宇　刘鼎奇　申羽雄　程子豪

有节奏的马蹄声在马场里响着。在这里面，有一匹骏马，它高傲地在马场中走着，它是马场中最珍贵的、品种最好的马，可以算是贵族马了！它就是艾力克。

在马场里，它遇到了个新骑手，这个人的骑马技术很差，但艾力克要与这个人天天打交道，它既被这个人用鞭子打，又被马鞍夹，它受不了被人类欺辱了，它想："我是骏马，应比其他马的待遇好。"于是它想去野外生活，野外不仅没有鞭子的抽打，还有美味多汁的鲜果，这何尝不是一种享受呢？它环顾四周，确保附近没有马场的教练了，于是用力一跃，从栅栏门逃了出去，离开了马场。

它欢快地奔驰着，跑着跑着，它跑到了森林里。在这欢乐的时光里，它却不知道有一双眼睛已在狠狠地盯着它了，它没有意识到杀气已在身边围绕了。马蹄一步一步地加快，艾力克往森林深处跑去了。这双眼睛死死地盯着艾力克，迟迟不敢移动。也是，艾力克不在马场待着，总会遇到危险。随着它走远，这双眼睛也开始慢慢移动。艾力克饿了，它俯下头去吃草，在它吃得正香的时候，一只凶猛的雄狮迎面扑来，棕色的毛闪闪发光。艾力克意识到危险已在身边，但它继续吃草，用眼角的余光观察着狮子的动静。突然，它感觉到一股巨大的力量向它袭来，它本能地向旁边一晃身子，狮子的进攻扑了个空，一头栽进了草丛里。狮子站起来抖了抖身上的杂草，又向艾力克扑了过来。艾力克飞奔着，使出全身的力气，它自己都觉得这是它这辈子跑得最快的一次，狮子当然跑不过艾力克，只能远远地看着艾力克的背影摇了摇头，转身走了。

艾力克虽然逃出了狮口，但回想起刚才的一幕也是十分后怕。它真切地体会到了在野外生存的凶险。于是它决定回到马场去，途中遇到了它的朋友——火柴和素素，它们是一对伴侣。它们也厌倦了马场的生活，想到野外生活，艾力克想到自己刚才的遭遇，又看了看它们，艾力克怎能看着它们去送死呢，于是它跑了过去，阻止它们。虽然火柴和素素已远离马场，可是艾力克没有放弃，它使出九牛二虎之力去追赶。好不容易才追上了，突然，它们又拐了个弯，艾力克实在没有力气了，绝望地叫了一声，这一声被火柴和素素听见了，于是它们回头来到艾力克身旁。艾力克用身子拱了拱它们，示意它们回去，艾力克是马群的首领，它们不得不乖乖地回去了。这时它们的主人发现少了三匹马，主人骑着艾力丝，去找那三匹马，此时艾力克正带着火柴和素素踏上了回马场的路，但主人却不知道它们在哪儿，于是焦急地骑着马去了西边的草原，可找遍了西边的草原，也没看见艾力克它们的身影，便回到了马场，此时已是傍晚了。

艾力克和火柴、素素在森林里迷路了。忽然蹿出了一匹恶狼，直冲素素的喉咙咬去，素素惊慌失措，火柴看见了，猛地向恶狼撞了过去，为了保护伴侣，它不顾一切将恶狼踢倒在地。艾力克从后方扑了过来，可是谁也没有想到恶狼只是佯装倒地，它一个眼神，瞄准了艾力克，用前爪给了它一个有力的回击。一道深深的伤口刻在了艾力克的前腿上，艾力克吼了一声，恶狼吓得打了个哆嗦。艾力克发飙了，它向恶狼冲了过去，恶狼一闪，闪到了后方。一旁的火柴看见恶狼闪了过来，急忙向左一晃，下一秒又用前蹄给了恶狼一个耳光。艾力克一看，这是一个反击的好机会，于是他朝恶狼撞了过去，恶狼被逼到了树干上。之后，恶狼见艾力克有点力不从心，一下把它推出了四米外。艾力克见事情不妙，带着火柴和素素立刻逃出了森林。深夜了，恶狼看不清楚它们朝哪里去了，于是放弃追赶。艾力克它们逃过了此劫。

艾力克还真是好运，躲过了两次野兽追杀，一出森林就是马场附近的草原了，这下，艾力克认路了，带着火柴和素素回到了马场。

快到马场了，艾力克看见门口有几束光，保安正在与一些人说着什么。它想："这时候马场应该是漆黑一片了，为什么还会有亮光呢？蹊跷……。"它们加快了脚步，向马场飞奔过去。

到马场的门口了，发现门竟是开着的，走进去一看，四五个强盗在里面四处张望，仿佛是在找马场里的财务室。原来，是强盗收买了马场看门的保安，保安给他们打开了马场的大门。艾力克见了强盗，鼓足了劲，用尽全身的力气，大吼了一声又一声，马场里的马一个接一个地呼应，这一声声吼叫让马场的主人听见了，连忙跑了出来。他看见艾力克受着重伤，一瘸一拐地与强盗打斗。火柴和素素也不例外——先是用脚踢，又是用头顶。于是，主人急忙去拿了防盗用的大刀，对着强盗冲了过去。强盗见势不妙，立刻离开了马场。艾力克、火柴和素素被主人牵回了马圈。这时，主人看见艾力克身上的伤，连忙用草药为它疗伤。艾力克很感动。

通过这一系列事件，艾力克真正地明白了马场就是马的家，如果没有人类将马与丛林隔离，马也就不会平平安安地生活了。

天亮了，太阳依然从东边升起，艾力克以及马场的其他马开始了新一天的生活。

狮王哈洛

作者：陈卓宣　李和嘉　丁会龙　王宇轩　金熙明

在广阔的非洲大草原上，母狮菲娅正在一棵大树下静静地躺着，望着自己仅剩的一个孩子——哈洛。哈洛刚生下来没多久，它的姐姐与弟弟就先后夭折了。哈洛现在正在努力撕咬着母亲抓来的一只奄奄一息的瞪羚。哈洛虽然还小，但力气比别的小狮子大得多，不一会就将瞪羚吃得没剩多少了。

哈洛长得飞快，转眼间，它已经是一头成年狮子了，但它现在是一头流浪狮，天天被迫流浪在外。每当没有食物、饿着肚子时，它便会想起当年狮王拉奇将它轰出狮群的情形，仇恨也随之涌上心头。

在一个悠闲的下午，几只雌狮正在不远处追逐一只掉了队的瞪羚，在马上就要追上时，几声咆哮传来，狮群向着发出声音的地方瞧了瞧，而那只瞪羚也借此机会逃脱了。原来在数百米开外，哈洛正威风凛凛地站在狮王拉奇面前，时不时还咆哮几声，而狮王正在哈洛对面虎视眈眈。狮王拉奇长着长长的深棕色鬃毛，深受许多母狮的喜爱。哈洛在距离拉奇很近的地方，忽然高高跃起，想扑到拉奇的身上。但拉奇毕竟是狮王，一个跳跃就躲开了哈洛，哈洛差点摔了个狗啃泥。而拉奇又巧妙地翻过了身体，反咬了哈洛一口，顿时，伤口渗出鲜血，将那一块皮毛染成了红色。哈洛大大睁开的眼中流露出痛苦与仇恨，一瞬间就扑向了拉奇，可他还没扑到，就被拉奇的一名手下——黄风给扑倒了，还被连带着又咬上了一口。哈洛还算聪明，知道自己寡不敌众，如果再去与拉奇搏斗，就不一定能活着回去了。

其他狮子欢呼地吼叫起来，围着拉奇兜转。有些狮子向哈洛发出羞辱的吼叫声，似乎在嘲笑它的无能，甚至有些小狮子也上去跃跃欲试，要去扑咬它，似乎它只是一头懦弱、无能的狮子。哈洛受尽了耻辱，头也不回地飞奔出草地，一连跑了十几公里，直到自己四肢已经酸痛无力，才停下来。它冲着天空愤愤不平地吼叫着，下定决心，三年之后，再战拉奇。

它找到一块巨大的石头，举起爪子在上面来回摩擦，"呲呲，呲呲"，爪子与石头剧烈地摩擦着，石头上被爪子划出一道道划痕，脚下的皮肉也擦破了，哈洛痛苦地大叫着，可一想到当时拉奇和那群狮子的羞辱，尤其是那些小狮子，竟也来嘲笑自己，便暗下决心，它不是任人摆布的懦夫，更不是故步自封的大傻子！它一定要在所有狮子面前打败拉奇，证明自己，让它们崇拜自己，而不是那自以为是的拉奇！想到这里，哈洛顾不上自己的疼痛，更加用力地磨砺爪子。"宝剑锋从磨砺出，梅花香自苦寒来。"它相信，每一个成功者的背后，都经过磨炼。三年来，它日复一日地磨着自己的爪子，而这还不能满足它的需求。它又开始磨砺自己的牙齿，还与大型动物搏斗，以求积累丰富的作战经验和计谋，直到牙齿和爪子能轻松地刺破动物的皮毛，作战时有勇有谋，能捕捉大型猎物。

不知不觉间，哈洛在艰苦的训练中度过了三年。它决定东山再起，取代拉奇的王位。

它朝着拉奇的领地跑去，边跑边愤怒、激烈地吼叫。拉奇被这突如其来的吼叫声从睡梦中惊醒了，它往声音的来源一瞥，只见尘土飞扬，把刚被染红的天空给遮住了，却遮不住哈洛复仇的欲望，它一定要把拉奇赶下王位，一雪前耻。

哈洛在黄沙的掩护下，猛地向拉奇扑去，拉奇忽地一个转身，躲过了哈洛的进攻，又先发制人，直向哈洛的身上扑去，它的爪子重重地打在哈洛的背上，嘴巴紧紧咬住了哈洛身上的一撮毛，猛地拽了下来……哈洛"扑通"一声倒在地上，似乎已经奄奄一息，又一次被拉奇打败，无力再争抢王位了。其他狮子都围了过来，三年前的一幕又重现了，拉奇把一只前爪踩在哈洛的背上，朝着狮群发出胜利的吼叫声。这是对哈洛极大的侮辱啊！

突然，拉奇觉得肚子一阵疼痛，原来是被撕开了一个大口子，里面的内脏都一泻而下，地上血污一片……它想在死前看了一眼是谁偷袭自己，答案令它大吃一惊——竟然是哈洛！这怎么可能！哈洛不是已经倒在地上奄奄一息了吗？他怎么可能重生！突然，它又意识过来，哈洛刚刚在装死！它只顾着喜悦和欢呼，认为哈洛如此不堪一击，拍打一下就死去了。它有着十几年的作战经验，什么计谋都能被它识破，可是今天却被喜悦冲昏了头脑，酿成这样的惨剧啊！它死不瞑目！

哈洛这几年的努力没有白用功，它锋利的牙齿和爪子一下就撕破了拉奇的肚皮。看来真是不枉苦心啊！

其他狮子呢？它们对着拉奇的尸体唏嘘不已，可惜了，你这一代狮王啊！这时，黄风带头向新一代狮王——哈洛欢呼。真是个墙头草！

狮群结束了一天的王位争夺，大家也渐渐静了下来，又各司其职了。唯有新狮王哈洛站在一块巨大的石头上，静静地望着狮群。哈洛现在的地位并不稳固，有几头身强体壮的狮子，总是在它身旁，觊觎着它的王位，所以，它必须提高警惕。

此时，一阵微风吹来，在夕阳的照射下，它长长的鬃毛泛着金色的光芒。

无冕之王

作者：郭子 李鑫 李悦萌 黄焯曼 刘欣童

他恨。

他恨飓风在关键时刻不顾手足之情，狠下毒手将他推下狼王的宝座。

他恨彩云在关键时刻翩翩离去，不念旧情去投奔阴险狡诈的飓风。

但是，后悔已经晚了。他已是一只失去狼王宝座的狼，一只跌入深谷的狼，一只命运多舛的狼，一只失去一切的狼。

他英姿飒爽，双肩上是泛着银光的皮毛，背上是让母狼怦然心动的蓝灰色，像绶带一样披在他雄壮有力的身体上。他的眼睛炯炯有神，四肢灵巧而敏捷，站在鹰云崖上，他别有一番王者气派。

那是五天前的事。大公狼莱卡还未意识到自己危险的处境。和他同样窥视狼王宝座的哥哥飓风，论力气是能与他一较高下的，有时还能胜他一筹。但论智慧，莱卡知道虽然不是胜券在握，但至少比飓风聪明机智，他已经把自己与飓风放在天平上衡量过，心里有数，他知道自己必将与哥哥反目成仇，发生一场恶战。他日日夜夜所渴望的就是那至高无上的狼王宝座，为此他每天在树上打磨爪子，每天拼命练习奔跑，撕咬。

终于，在老狼王大灰寿终正寝的时候，飓风号叫着，一下子蹿上了那块象征着王权的大青石，像模像样地叫唤着。莱卡心中冷笑着：真是狂妄自大，别想夺走王位！莱卡又望望母狼彩云，彩云那深邃的双眼紧紧地盯着他，流露出期待的神情。莱卡仿佛又凭添了几许力气，他毫不犹豫地冲向飓风。但他不想伤害飓风，因为那是他的亲兄弟，于是牙齿发出咯咯声，做出了撕咬状。估计哥哥飓风不会下狠手，可能也会做个样子吓唬吓唬他，莱卡想。飓风也有点胆魄，根本不吃这一套，眼神从成为王者的骄傲立马变成了杀气腾腾、阴险狡诈，接着一下子蹿跳着凶神恶煞地扑向莱卡。莱卡尾巴平举着，喉咙里"嗷"的一声，身子一转，躲了过去，可是万万没想到狡猾的飓风，抓住机会便咬住了他的肩胛骨，他"嗷"地叫了一声。虽然这不可能致命，但莱卡被飓风狠狠地撕下了一块皮毛，咬掉的正是他那块引以为傲的蓝灰色皮毛。莱卡背上汩汩冒着血。为什么？莱卡想，为什么飓风对待自己的亲生兄弟竟如此残忍？难道他就是朝着我这一块最惹母狼喜爱的地方咬的，为了让我变得丑陋？为了让母狼们爱慕于他，而不是我……他心中有无数的疑惑。飓风趁他愣神，转过身来用他的利牙"嘶啦"一声咬穿了莱卡的后腿。莱卡太天真了，没料想自己的骨肉同胞竟下如此狠手，他看着后腿的窟窿里如涌泉一般的鲜血，感到一阵阵的钻心的疼痛和眩晕，便跟跟跄跄地往后退，后腿一滑竟从大青石上摔了下去……

被众狼簇拥着的飓风犹如得到了全世界，高高在上，不可一世。以狼王自居的他假惺惺地跳下青石，慢慢地走到莱卡面前"嗷呜嗷呜"地叫着，好像在对莱卡表示怜悯。莱卡用充满血丝的眼睛狠狠地瞪着飓风，好像在示意我不需要你的可怜，我不是弱者！飓风自讨没趣，转身跳上青石一声长嚎，将群狼召集起来。他们要选出一只苦狼。群狼其实对莱卡是尊敬的，但又不得不屈服于现在的狼王飓风，他们把所有的苦狼票都投给了莱卡，莱卡就"顺利"地被孤立起来了。莱卡感到了前所未有的无助，他把目光投向母狼彩云，彩云的神情漠然，仿佛从未与他有过交集一般，还主动谄媚地向飓风大献殷勤。"叛徒，妖花！"莱卡心中恨恨地骂到。飓风一发令，谁能不听？谁又敢违背？莱卡心中的痛远超过皮肉的痛，从前的骨肉兄弟，现在却形同陌路；从前的伴侣，如今却姗姗离去……

莱卡心灰意冷，世界就像开玩笑一样将莱卡拖入无底深渊，他的眼神中混杂着凄凉、仇恨与痛苦。他苍凉地叫了一声，这声音倾诉了他心中无尽的悲伤。

真是一失手成千古恨！莱卡地位一下子降为群狼中最卑微的苦狼，以后他只能吃残羹冷食，只能睡在漏风漏雨的边缘地带，捕猎时只能冲在前面做一个马前卒。他回想起一年前那只叫黄毛的苦狼，因为饥饿与寒冷，竟独自蹿进了牧民家的羊圈偷羊，结果倒在了牧民的枪口下。"难道我要与黄毛的命运一样吗？不，不会！"莱卡不甘忍气吞声，他是只有血性的狼！

莱卡终于爆发了。那是一次围捕，在他们堪纳斯狼群所住的鹰云崖的不远处，有一个猎人搭的羊圈。那一只只肥美的大绵羊，让飓风看得癫狂。他产生了邪念，决定率领狼群去袭击羊群。狼群渐渐逼近羊圈，随着飓风的一声嗥叫，群狼们便冲了进去，莱卡冲在最前面。猎人的牧羊犬可不是吃素的，直奔狼王飓风来了个猛扑，咬住了飓风的背——擒贼先擒王。飓风也有些力气，不顾身上的伤口一下子把牧羊犬掀翻了。被锋利狼爪死死摁住的牧羊犬做出个嘴形，有经验的莱卡知道，那是牧羊犬在临死关头发出特殊吠叫引来猎人的嘴形。一只狼不可能被一只牧羊犬咬死，但极有可能毙命于猎人的枪口下。莱卡回头一看，飓风笨拙地用四肢把牧羊犬摁在地上，根本无法顾及牧羊犬的动作。莱卡本能地去救飓风，并跳上去精准地咬断了牧羊犬的气管。牧羊犬没有成功报警。受了伤的飓风命令其他几只强壮的公狼拖住几只小羊转身逃回鹰云崖。莱卡看到大家都已经撤离，他也风一般地撤离了。飓风的伤看来不是很重。回到营地他立即要显示属于他的王权，并学着老狼王大灰以前的做法开始分配食物。空气中弥漫着令狼陶醉的血腥味。每只狼按照等级领走了属于自己的部分。最后只剩下莱卡还没有吃，莱卡不卑不亢地走上去低头一看竟只剩下一副白森森的羊骨。飓风轻蔑地看着莱卡，好像在说："你只配得到这些。"

莱卡心中积压的怒火被点燃："要不是你以前的毒手，我将统治狼群！要不是我在牧羊犬口下救你于水火，你将惨死羊圈！"这一幕一幕让莱卡的眼中充满了愤怒，莱卡用力一蹬，杀气腾腾地朝飓风冲去。飓风被这突如其来的架势弄得不知所措，莱卡猛地咬住了飓风的耳朵，并将其掀翻在地，被莱卡锋利的狼爪按在地上的飓风嗥叫着企图求救。莱卡离成功只差一步了，只要他咬断飓风的咽喉就可以了，滚烫的狼血会让他解了心头之恨！这时鹰云崖旁边的树林里若隐若现一个庞大的身影——一只吼叫着的棕熊冲了出来，冲向了狼群里的那些未成年的小狼，棕熊一掌捆死一只小狼，正要向彩云的孩子方向走去。这时的莱卡看了看爪下已经不敢挣扎的飓风，又看了看远处小狼的尸体，还有彩云和其他母狼保护幼崽的恐惧神情，其他的狼都在逃窜，莱卡心中想：是一口咬死飓风重夺王位，还是去和棕熊搏斗拯救狼群？他知道如果咬下去，群狼无首的狼们不是浴血奋战就是死伤过半，但自己会解了恨；如果松开口，有了飓风的指挥，群狼们至少不会大量负伤或死去，但他会失去千载难逢的复仇机会。他义无反顾地选择了后者，松开了飓风，转身扑向了那只恶魔般的棕熊。莱卡停在了棕熊的面前，没有畏惧，眼神中充满了坚定，牙齿咬得咯咯作响。棕熊一掌击向莱卡，莱卡顺势咬住了棕熊的手臂，棕熊"嗷"的一声用另一掌扇向了莱卡的腹部，莱卡被扇得飞了出去，重重地落在了地上。他坚持着站了起来，忍着疼又一次扑向了棕熊，在激烈残酷的撕打中，莱卡抓瞎了棕熊的一只眼睛，莱卡的鲜血也流满了全身，肚子被熊爪划破，此时的棕熊疼得一步一步往后退去。莱卡回头看了一眼狼群，再看了看自己被划开的肚子，他知道他可能不能再活着留在狼群了，如果现在他心一横了结了棕熊的生命，也许会为狼群除了心腹大患。他尽力一扑，与棕熊扭打在一起，一起滚下了悬崖。鹰云崖传来了棕熊的哀号和沉闷的落地声。

暮色将血红色的晚霞染满了天空，鹰云崖恢复了往日的平静，群狼走向莱卡坠崖的地方，发出了响彻云霄的嗥叫。这是群狼在赞颂这位无冕之王的光辉荣耀，这是在纪念这位无冕之王的高尚品格，这是在诉说这位无冕之王璀璨的一生！

猎豹传奇

作者：孙晓涵　钟心　周柏田　顾天硕　张君童

迅如雷之死

在神秘的非洲大草原上，生活着迅如雷和白牡丹一对豹夫妻。

秋天的阳光照耀着大地，温暖中夹杂着几丝寒意。迅如雷在树上潜伏着。近期猎物不多，它已经好几天没吃东西了，再加上妻子白牡丹刚刚产下三只宝宝，它越发着急！突然，一只黑斑羚闯入了它的视野，它立刻做好准备，等待最佳猎捕时机。当羚羊走到它的正下方时，它便以迅雷不及掩耳之势扑了下去。可没想到由于太饿了，身体不太听使唤，它没能直接扑到羚羊的背上，而是直接落到羚羊的头上。顿时，羚羊的角咔嚓一声刺穿了迅如雷的左肩。迅如雷受了重伤，鲜血直流，它不能放弃，妻子和孩子正等着东西吃呢。迅如雷咬紧牙关，使出浑身力气在羚羊身上做了一个 180 度大转弯，对准羚羊的喉咙，"啊呜"一口咬了下去。顿时，鲜血四溅。这血不仅是羚羊的血，也有迅如雷肩胛剧烈运动流出的血。最终，它捕获了羚羊，这时它已经奄奄一息了，但还是一步一步地把羚羊拖回洞穴。

刚到洞穴，迅如雷就撑不住了，它"嗷"地大叫一声，倒下了。这时，传来孩子们的哭声，白牡丹想："我不能悲伤，我还有三个嗷嗷待哺的孩子呢！"

于是，白牡丹开始啃食羚羊，一只吃完了，还不饱，她只能伤心地一口一口地啃食自己丈夫的尸体。

白牡丹终于有奶了，三个宝宝迫不及待地蹿过来，眼睛里露出了贪婪的目光。还没等妈妈准备好，它们就争先恐后地跑到妈妈肚子下吮吸着香甜可口的乳汁……。

捕食惊魂

转眼间，就进入冬天了，许多动物都迁徙到其他地方了。白牡丹一家已经三天没有捕获到食物了，全家饥肠辘辘，前胸贴后背。白牡丹四处游荡着，突然，它发现不远处有一匹斑马。白牡丹悄悄地潜伏过去，猛地冲刺，扑到斑马背上，任凭斑马怎么踢跑，白牡丹仍然牢牢地咬住不松口。经过十几分钟的激烈搏斗，斑马死了。白牡丹终于可以饱餐一顿了。

这时，霸道的豹子黑贝壳向这边跑来，几个箭步就冲到猎物跟前，咬住斑马的头，而白牡丹并不惧怕，反咬起来。双方僵持着，猎物被撕成两半，黑贝壳想叼着嘴里的猎物逃走，但白牡丹不干，追上去攻击黑贝壳。黑贝壳被咬伤了右肩膀。黑贝壳觉得再不跑就来不及了，小命也得搭上，于是放下了口中的猎物，一瘸一拐地逃走了。

白牡丹一回到它们的洞穴，就又开始饱餐了，想快点给宝宝喂奶。不料，一只大尾巴豺突然从白牡丹的身后扑袭过来。原来，在白牡丹和黑贝壳争夺食物时，猎物的鲜血洒了一地，把草地染成了红色，白牡丹没有注意到，它叼着的猎物的鲜血和残渣在草地上留下了痕迹，从而让大尾巴豺顺着血迹找到了白牡丹的洞穴。这只狡猾的大尾巴豺，发现洞穴里没有实力强劲的公豹，只有势单力薄的一只母豹和三只幼豹，便产生了想吃一只鲜活的幼崽的想法。白牡丹先是一惊，随后立即反应过来，扔下嘴里的肉，赶忙转过身来和大尾巴豺对抗。两方激烈地打斗着，我咬你一口，你抓我一下，但是凭借着一只母豹的能力，还是事不如愿，大尾巴豺叼走了幼豹龙卷风。

学习捕猎

夏天到了，小豹子断奶了，开始学习捕猎技巧。小豹子雪霏霏和闪电看见妈妈白牡丹回来了，高兴地叫了几声，目光又马上转移到被母亲带来的那只活的水牛崽身上，于是两只小幼豹用它们那好奇的目光看着那只水牛崽。白牡丹告诉小豹子们这是它们的午餐。小豹子们由于第一次看见这些动物，一开始还有些紧张，便碰了碰它，发现水牛崽没有什么反应，似乎只从眼睛里露出了绝望的眼神。小豹子们接着又碰了碰水牛崽，它还是没反应，小豹子们便放心了。这时母亲用锋利的爪子把水牛崽的后腿用力地抓了几下，然后松开了那只用力抓住水牛崽的爪子，并告诉孩子："去追杀你们的午餐吧！"

于是小豹子们很快就追上去了。虽然猎豹是动物中跑得最快的动物，可是这两只小幼崽的腿还不是那么有力，它们无法追上猎物。雪霏霏灵机一动，便绕了个弯，在闪电追逐猎物的方向等待。很快，闪电便把水牛崽赶到了雪霏霏面前。兄妹俩便前后一扑，在水牛崽身上挠来挠去。奔驰的水牛崽这时才明白自己插翅难飞，发疯似地向前冲去，把刚刚跃起的雪霏霏一头顶死了。白牡丹见状不好，便以闪电般的速度，左扑右撞，跳上水牛崽的背，把发了疯的水牛崽杀死了。从此，就只有闪电陪着白牡丹了。

追求幸福

春去秋来，两年之后，闪电长大了，学到了很多捕猎技巧，就离开白牡丹，去外面闯荡。

春天到了，生命的气息笼罩着非洲大草原。春天那温暖的气息，吸引着闪电出来玩耍。突然，几里外母豹绿珊瑚的叫声吸引了闪电的注意，闪电也叫了几声，它们就朝着各自叫声的方向走了过去。相遇后，它们用温暖的目光看着对方。之后，它们一起喝水，捕猎。几小时后，它们之间有了好感，便开始寻找自己的洞穴。

它们机警地一前一后地走着，准备找一个阴凉又安全的地方，突然，绿珊瑚眼睛一亮，向左前方加速小跑过去，嘴里还不时地发出呜噜呜噜的声音："闪电，我找到了一个好东西，你快跟上来看看！快点，快点！"闪电先是一愣，随后跟在绿珊瑚的后面，慢慢地抬起爪子，轻快而又警惕地发出叫声："绿珊瑚，慢点！你发现什么好东西了？小心点，别摔着了！"很快，绿珊瑚便停下了脚步，转过身到闪电的面前，用爪子轻轻地拍拍闪电，示意它抬头看看它的发现。

闪电稍稍喘口粗气，把气舒畅了，抬头定睛一看，原来是一棵既高大又粗壮的大树。大树的旁边还有高高低低的石堆。石堆不多也不少，不杂也不乱。既能遮风又能挡雨。这棵树也恰到好处，最与众不同的是，树叶非常茂盛，树枝也很多，还很粗壮。这正好适合两人搭配合作，简直天衣无缝。这里既隐蔽又舒适，再加上闪电和绿珊瑚，就更像一个家了！闪电用粗糙的舌头舔着绿珊瑚的脸庞，喉咙里发出欢快而又激动的声音："太棒啦，绿珊瑚，我们有家了！我们有自己的家了！"

秋天到了，绿珊瑚产了四只豹崽，它们分别是两雌两雄：云岚、飞凌、黑斑儿和蓝西。凭借闪电超凡的捕食能力，它们丰衣足食地生活在一起。

阅读着孩子们创作的动物小说，我深感文字的力量。纵览千古文章辞赋，文学的本质还在于深情。只有这份情感的生发，才能演化出美妙的文字。司马迁在《报任安书》中说："《诗》三百篇，大抵圣贤发愤之所为作也。""发奋"便是情感的流露与宣泄。对于学生来说，组合阅读还有一个很大的作用，就是在阅读时帮助学生在文本与文本之间、学生与文本之间、学生与作者之间产生强烈的情感共鸣。在课堂上，我们能清楚地看到学生与老师被一段段鲜活的文字感染着，深情地朗读，动情地倾听。"有感情地朗读课文"，在课堂上从来不是一句空话。也正是被这份情感的共鸣所打动，学生才能写出一段又一段、一篇又一篇美好的文学作品。他们在文海中畅游，滋养，期待着成为明日的文学英才！

第二节 以组合阅读促进学生阅读素养的实践研究

一、研究问题

(一)研究目的

本课题研究立足于语文教育中的"语文"方向，充分依托教材和课堂教学实践，通过理论思考、学生调研、文献梳理、课例分析、学科融合等多种方式，旨在以组合阅读的相关实践，推动语文教育中阅读教学的进一步完善和发展。《义务教育语文课程标准(2011年版)》指出："阅读是运用语言文字获取信息、认识世界、发展思维、获得审美体验的重要途径。"一个人的阅读能力高低与其学业成败密切相关，就个人终身发展而言，阅读的方向、品位、习惯、能力决定着一个人所能达到的发展高度。

基于此，本课题尝试从学习主体层面、课程建设层面、语文教育层面做以下探索：

1. 从学习主体层面

组合阅读提供了一种方法引领，使学生在一系列有机组合的"文本群"中，整体落实知识与能力、过程与方法、情感态度和价值观，从而提高语文课堂的实效。同时，组合阅读强调阅读的联系与融合，依据学生的不同年段特征，组合阅读也将有不同的呈现方式。

2. 从课程建设层面

组合阅读是对教材内容的补充、重组、拓展，它将推动教师成为课程的建构者、践行者、创造者。组合阅读不同于以往的主题阅读，不是从文章内容的关联性出发组织群文阅读，而是站在课程的角度审视教材中的每一篇课文，王荣生教授在《语文科课程论基础》中将课文分为"定篇""例文""样本""用件"四大类，组合阅读就是依据课文不同的"教学价值"组织编排补充文本，强

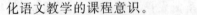

化语文教学的课程意识。

3. 从语文教育层面

组合阅读关注学生阅读视野的拓展，尤其是引领学生关注文化，亲近母语，感受语言文化。学生在体验与熏陶、理解与扬弃、比较与反思、沉淀与创造中，提高文化品位。

(二)研究意义

1. 提升学生阅读素养

组合阅读有机地组合"文本"，将课内阅读与课外阅读进行链接、组合，构建课内外文本之间的联系。在这一过程中，学生学会的不仅仅是一个固定的理解，而且还能够通过多文本从不同层次、不同角度来看待同一个事物或问题，形成强烈的思维张力，因此可以极大地开阔学生的视野，构建复杂的心智模式。学生在组合阅读中能多阅读、多思考、多陈述、多倾听，从而使得学生能够真正地产生阅读的积极性。同时学习多篇文章还能使学生在一定时间内获得更多的信息，有效地提升学生的阅读数量和阅读的速度。因此，组合阅读是真正意义上的关注学生阅读习惯的培养、阅读素养的提升的阅读方式。

2. 提高教师教学能力

组合阅读可以提升教师的专业思想和专业能力。组合阅读教学需要教师不仅有广博的语文知识，而且还需要博览群书，具有深厚的人文素养。更为重要的是，组合阅读教学需要教师真正领会新课程改革的理念，把学生视为学习的主体，在课堂教学的进程中学会积极地倾听，并依据学生的思维进行总结和提炼。因此，组合阅读就是对教师素质和教学境界的全面提升。而且这种提升是主动的，是教师在行动中的提升，对教师的专业成长十分有效。

3. 建构科学阅读方式

本研究旨在构建组合阅读的理论框架，探索各个年段组合阅读的教学模式；找寻"增量"阅读与"增质"阅读的平衡，摸清组合阅读教学方法对学生思维的发展以及阅读素养提升的"路线"；摸索在课堂上根据所学内容适度地增加相关文章阅读的方法，让组合阅读逐渐合理、完善，成为一种科学、有效的阅读新方式。

(三)研究假设

1. 通过本课题的研究与实践，形成符合不同年段特点及阅读现状的组合阅读文本资源库。

2. 通过本课题的研究与实践，推进教师阅读视野、阅读素养、知识储备、文化素养的提升，形成组合阅读的指导策略体系。

3. 通过本课题的研究与实践，推进我区国家课程教研与校本课程教研的互促，形成组合阅读提升学生阅读素养的经验体系。

（四）核心概念

1. 组合阅读

组合阅读是组合阅读教学的简称，是指为实现一定的阅读教学目标，从文体、主题、作家作品、时代、内容等不同层面将课内阅读与课外阅读进行链接、组合并运用到教学中的阅读教学方式。

其目的是试图扩大学生的阅读视野，引导学生感受语言文字表达的情感，探究、解决阅读中的问题，进而促进学生的阅读力和阅读品质的提升，激发学生的阅读兴趣，培养学生积极的阅读态度，使学生在阅读中经历有意义的阅读过程，感受阅读的快乐，提升学生的阅读素养。

2. 阅读素养

阅读素养指向的已不是传统意义上的阅读，即对文字的简单编码或者是对基本意义的理解，而是指学生获取信息、实现自己的阅读目标、增长知识、发展潜能和履行社会生活职能而理解、思考和应用书面材料的能力，包括阅读兴趣和态度、认读能力、理解能力、阅读流畅能力、鉴赏及批判能力、运用能力。

二、研究背景及文献综述

（一）研究缘起

阅读是人心灵成长的基础，阅读可帮助人们壮大经验并创造经验，能帮助人们发现远方，引领人们走向远方，阅读可以获得智慧启发，让人滋养浩然之气。我们的语文教育，恰恰担负着培养学生阅读兴趣，帮助学生养成阅读习惯，引导学生提升阅读能力，形成坚实、深厚、宽广的语文素养。

1. 政规前提

教育部2011年颁布的《义务教育语文课程标准（2011年版）》明确指出："阅读教学应注重培养学生感受、理解、欣赏和评价的能力。"北京市教育委员会2014年印发的《北京市基础教育部分学科教学改进意见的通知》中也明确指出，在阅读教学中要"积极拓展阅读视野，提升阅读能力；不断丰富阅读资源，加强方法指导"，并对各年段提出了明确的要求。由此可以看出教育部门对提升学生阅读素养的关注。2016年国际阅读素养发展研究（The Progress in International Reading Literacy Study，简称PIRLS）发现："阅读素养是学生在早期的学校教育过程中获得的能力。它是学习各种学科的基础能力，是学生进行创新和个人发展的能力，也是儿童必备的充分参与社区活动和进一步参加社会活动的能力。"因此，近年来，学生阅读素养的提高受到世界各国的关注。在我国，随着新课程改革的不断推进，学生的阅读素养得到进一步重视。

2. 现状分析

近三年东城区阶段阅读能力评测发现，学生阅读素养的提高仍是主要需求。表现为语文阅读教学需要进一步积极关注学生的阅读兴趣、阅读习惯、阅读数量、阅读质量、阅读方法和阅读态度，让学生利用有限的课堂时间，既培养习惯，又增加阅读量，同时提高能力、涵养品味，从而全面提升学生的阅读素养。另基于前人的理论指导及现实的教学实践过程的反馈分析，我们发现当下学生阅读中的主要问题有：

第一，学生阅读量少、阅读品位不高。《义务教育语文课程标准（2011年版）》明确要求九年义务教育阶段学生"课外阅读总量应在 400 万字以上"，而据不完全统计，相当一部分学生的阅读量并不达标；在各类书籍中，学生对文学类书籍的热衷度远不如漫画、卡通等书籍；迫于应试的压力，很多孩子仅限于阅读各类阅读宝典、作文文选等与考试相关的书籍，真正喜爱文学，阅读经典名著的学生相对较少。这里面的原因是多方面的：有的学生没有阅读兴趣和阅读习惯；有的学生不具备课外阅读的环境和条件；有的学生阅读能力没有发展起来，阅读速度慢，没有足够的时间来阅读……因此，如何增强学生的阅读乐趣，扩大他们的阅读量，影响他们的阅读口味，提高他们的阅读品味，让阅读真正为他们提供高品质的精神食粮，是亟待解决的问题。

第二，教师教学方法有待革新。虽然教育改革一直有进展，但当前的语文课堂仍没有彻底摆脱以传授知识和应付考试为轴心、追求现成知识的困境，学生在学习中的主体地位仍没有很好确立，其在学习中的主动性还有待提高。另外，在课堂教学中，部分教师指导阅读教学的方法比较单一、模式化，课堂容量小、教学效率低下等，导致学生对阅读教学兴致不高、收获有限。同时，虽然教师十分关注学生的课外阅读，并采取了很多方法进行引导、监控与反馈，但效果并不十分明显。

第三，教师对培养学生阅读素养的关注不够。虽然关于阅读素养的研究在国际教育界正方兴未艾，但在我们的小学阅读教学领域中，对阅读素养的关注仍不够，对于各年段具体的阅读素养的内容以及培养策略等均没有比较清楚而完整的认识，直接影响了学生阅读素养的提升。

本研究提出的"组合阅读"，是组合阅读教学的简称，指为实现一定的阅读教学目标，从文体、主题、作家作品、时代、内容等不同层面将课内阅读与课外阅读进行链接、组合，引导学生感受语言文字表达的情感，探究、解决阅读中的问题，进而促进学生的阅读能力和阅读品质的提升，激发学生的阅读兴趣，培养学生积极的阅读态度，使学生在阅读中经历有意义的阅读过程，感受阅读的快乐，提升学生的阅读素养。研究以"组合阅读"为核心，目的是引导学生在阅读过程中获取知识，获得体验，经历审美，提升文学素养，使每一个学生获得可持续发展的阅读品质。对于"组合阅读教学"的研究在国内尚属首次。

（二）理论基础

本部分通过研究现有的关于阅读素养习得的相关理论，从理论层面解读"阅读素养"作为学生在早期学校教育过程中所获得的必备能力，是如何从阅读出发映射出学生在各学科的基础学习、创新能力以及个人成长发展的综合素质。

1. 朱丽娅·克里斯蒂娃——"互文性"理论

20 世纪 60 年代由法国符号学家朱丽娅·克里斯蒂娃（Julia Kristeva）提出的互文性阅读，认为"任何文本都是由引语的镶嵌品构成，任何文本都是对其他文本的吸收和转化"，随后该理论被众多学者补充发展，其中比较突出的是罗兰·巴尔特（Roland Barthes），他基于这一理论得出了一个派生词，即"互文（intertexte 或 inter-texte）"，认为"互文没有固定法则，唯一的法则就是源文可以被无限地、多元化地重复使用及搭配"。至此"互文性"理论广泛应用于言语实践与泛语境下的跨文本文化研究，其应用方向包括但是不限于语言认知、文本分析和话语分析。这一理论的提出，为阅读素养中最基础的理解文本提供了一个新的视角，回到当下的研究语境，阅读素养的习得已经成为当前语文教学的重中之重。

2. 国际阅读素养进步研究——"阅读素养"概念

国际阅读素养发展研究（PIRLS）1991 年对"阅读素养"的定义是："对社会所要求的和个人所重视的书面语言形式的理解和应用能力。儿童能够从各种材料中建构意义。他们通过阅读来学习、参与阅读者群体，并从中获得快乐。"这一定义强调了儿童在阅读中对于知识的建构能力，将阅读作为实现一定目标的手段。同时，值得注意的是，这一定义关注了儿童的阅读兴趣，将"在阅读中获得快乐"作为"阅读素养"的维度之一。

PIRLS2011 将"阅读素养"界定为："个体理解和运用社会所需要的或个人认为有价值的书面语言的能力。"这一界定只将对书面语的理解、运用纳入进来，没有涉及阅读所具有的目的性，以及阅读所发生的不同情境。

美国的"全国教育进展评估"（NAEP）2009 年将"阅读"界定为："是一个积极而复杂的过程，涉及理解书面文章形成并理解含义，根据文章类型、目的与情景，恰当使用含义。"将"阅读"定义为为不同目的而理解、思考和使用各种文本的过程。

"国际学生评价项目"(PISA)对"阅读素养"的界定为："学生为实现个人目标，以开发知识、潜能和参与社会生活为目的，对阅读材料（或者文本）理解、运用和反思的能力。"界定中增加了对文本内容反思的部分，即应用阅读者已有的知识去理解和思考文章的形式或者结构，强调阅读是一个建构的过程。

《义务教育语文课程标准(2011年版)》对"阅读"做了以下描述："阅读是运用语言文字获取信息、认识世界、发展思维、获得体验的重要途径。"同样，将阅读视为一种具有一定目的性的语言运用。作为课程标准，这一描述还强调了阅读对于学生知识积累、思维与情感发展的作用。

关于"阅读素养"，世界几大研究组织给出的定义不尽相同，前人的研究成果和中国的阅读研究现状，是我们界定"阅读素养"概念的基础。

(三)相关研究成果

综观以上理论基础，我们可以发现：互文性及阅读素养均关注了阅读中的理解、思考和运用，均强调了阅读的目的性及方法性，根植于语文阅读素养的习得。

目前，国内外诸多研究者已关注到了在多文本之间建立联系是一种有效的阅读策略。如莫提默·J.艾德勒和查尔斯·范多伦在《如何阅读一本书》中，就将"主题阅读"(即多本书或多篇文章的组合阅读)作为"最高层次的阅读"进行专题研究；国内研究者吴礼明先生在《散文阅读新路径》中也将"相关—拓展性阅读"作为阅读散文文本的重要策略。类似取向的研究不一而足，为我们进一步对阅读教学中的"组合阅读"研究奠定了坚实的理论基础。

作为一种有效的语文教学策略，"多文本阅读"在语文教学中的应用已受到了人们广泛的关注，并在实践中得到了推广和运用。它们从课程的角度为我们提供了思考和启发。如孙亚杰、徐云知在《近十年阅读教学研究综述》中所谈到的近十年来具有一定影响力的"扩展性阅读"和"整体阅读"，都属于多文本阅读的范畴。扩展性阅读"是以语文教材为核心，辐射到相关作品的一种阅读"。它要解决的是语文学习中的"多读"问题。教材文本是拓展阅读的核心，作家、时代、国别、代表作品、相关作品及其评论，都可以作为教材的延伸扩展。这种教学方式大大提高了学生的阅读量，拓宽了学生的视野。但"扩展性阅读"对于多文本组合后所产生的教学价值关注不够，课外文本与课内文本之间的结合并没有为一定的教学内容服务。在关注学生阅读范围的扩大的同时，未能挖掘文本之间的内在联系。"整体阅读"强调整体阅读一篇文章、一个单元、一册教材，反对肢解教材，注重正册教材的内在联系，突出主干，突出对文章、单元、某一单册、某一学习阶段阅读教学的整合。应该说，"整体阅读"强调了教材文本之间的有机联系，关注了多文本组合教学为达成一定的教学目标服务的功能，这是一种有效的教学策略。但是，"整体阅读"仍然将理解文本内容作为教学的主要目标，缺少对教学内容的深入思考。同时，"整体阅读"缺少课外文本的引入，未能实现学生阅读视野的扩展。

近年来，在多文本阅读教学方面做出有益探索的还有"主题阅读教学"和"群文阅读教学"。刘宪华、窦桂梅老师在"主题阅读教学"方面进行了大量的理论研究和课堂实践。所谓"主题阅读教学"即"按主题对文章进行归类、初选、精选、排序"，在阅读中，"以'例文—主题—专题—文化成果'的方式逐层提升"，依据"确立主题—精选文本—积累表达—读写结合—互动交流—提升品位"的流程进行教学实践。这种阅读教学方式虽能实现"课堂容量大，内容丰富，以生为本，用最简洁的方法让学生投入到阅读活动中去"的目的，但也存在着不足：在"主题阅读教学"中，多文本的组合完全以文本内容为依据，同一主题、同一内容的文本被编排在一起，忽略了文本组合的其他可能性。在关注文本的原生价值的同时，忽视了文本在课堂上所应该产生的教学价值。所谓"群文阅读"教学，即"师生围绕一个或多个议题选择一组文章，而后师生再围绕议题进行阅读和集体建构，最终达成共识的过程"，目的在于开阔学生视野，提升学生思维能力，提高教学效能，大幅度地提升学生的阅读兴趣。群文阅读的教学取向是"教策略""教发现""教表达"，是"同一个议题，多个文本，探索性教学"。应该说，"群文阅读教学"的确为多文本组合教学提供了新的启发，在教学实践案中也展现出了一些成功的案例。但同时也暴露出了自身的问题，如：组织学生阅读多文本的目的往往缺乏针对性，与教材文本的关系不明确，对多文本资源的理解有些流于表面等，对于"群文阅读"与学生阅读能力、阅读素养之间的关系也缺少深入探讨。

相比之下，我们认为，"组合阅读"对于全面提升学生的阅读素养有着更为直接而有效的作用，原因是：首先，"组合阅读"强调文本组合的多样性，可以从文体、主题、作家作品、时代、内容等不同层面对文本进行组合。这就为学生运用语言、理解文本提供了较大的空间，为阅读过程中的多元化的理解提供了可能；其次，"组合阅读"的目的在于最大限度发挥阅读文本的教育价值，引导学生在多文本之间建立有机联系，扩大学生的阅读视野，引导学生感受语言文字表达的情感，探究、解决阅读中的问题，使学生的思维不再局限在对文本内容的单一化的理解中，促进学生的阅读力和阅读品质的提升；再次，组合阅读教学还注重对于学生积极的阅读态度、阅读兴趣的培养。

三、研究程序

本文以"促进学生阅读素养"作为"组合阅读"教育研究的目的，基于此，我们提出了"以组合阅读促进学生阅读素养的实践研究"这一研究课题。本课题旨在针对以上问题，带领全区教师在试验中摸索如何在课堂上根据所学内容适度地增加相关阅读文章的方法，探索组合阅读的教学模式，构建组合阅读的理论框架，摸清组合阅读教学方法对学生阅读素养提升的"路线"，让组合阅读逐渐合理、完善，成为一种科学、有效的阅读新方式。

（一）研究设计

1. 研究目标

（1）按照不同年段特点及阅读现状，形成符合标准的组合阅读资源库。

（2）通过本课题的不断深入式的研究与实践，逐渐形成、完善组合阅读的指导策略体系。

（3）采用动态式的量身定制，形成我区组合阅读促进学生阅读素养的经验体系。（见附录二：各学段阅读素养培养目标表）

2. 研究内容及对象

（1）研究不同年段对学生阅读素养的不同要求。

阅读素养是为了实现个人发展目标、增长知识、发挥潜能并参与社会活动而理解、使用、反思书面文本并参与阅读活动的能力。学生心理和年龄特点必然影响着学生的阅读素养的发展，只有去分析不同年段的学生语文能力和水平的特点，理清不同年段对学生阅读素养的不同要求，找到培养的重点，才能找到适合的组合阅读教学策略，客观评价组合阅读对于学生语文素养的促进作用。

（2）研究不同年段学生组合阅读的不同内容。

"组合阅读"强调阅读的联系与融合，依据学生的不同年段特征，"组合阅读"有不同的呈现形式。在充分研究不同年段对学生阅读素养的不同要求的基础上，我们要根据不同年段的特点，从教材文本的立场出发，研究适合学生心理、能力、特点的文本体系。

（3）研究组合阅读的指导方法。

教学中教师与学生应是一个学习共同体。组合阅读教学为教师提供了一种解决教学难点的新的可能，但同时也对教师提出了新的要求。它要求教师的阅读视野、阅读素养、知识储备、文化素养有更深厚的积淀。在课题的研究与实践中，我们要研究组合阅读中教师的教学策略和指导方法，不断地研讨、反思、总结，形成经验。

在对以上三方面内容的研究中，关注学段衔接，通盘考虑，关注连续性、系统性，避免重复，寻找促进学生在阅读中思考能力梯度提升的有效策略，整体提升学生思维的逻辑性和创造性，让学生学会独立思考，学会自主组合学习。

(二)研究方法

本课题由东城区教师研修中心小学语文教研室与本区十余所课题实验学校合作推进(见表5-1)。实验学校在此总课题的基础上，设立各校研究的子课题并加以研究，在研究过程中注重以点带面，发挥辐射作用。教研室以课题为龙头带动学区、学校的教科研工作，促进全区小学语文课堂教学的改革。

表 5-1　"组合阅读"课题实验学校子课题课题名称

学　校	名　称
回民实验小学	"互联网＋"背景下学生自主探究式组合阅读的实践研究
府学胡同小学	整合课程资源，丰富学生阅读实践，提升语文素养的实践研究
府学胡同小学	"互联网＋"背景下学生自主探究式组合阅读的实践研究
史家教育集团	儿童与语文
史家小学	"组合阅读"视野下的名家名篇小学阅读教学研究
史家七条小学	细读文本，巧借课外阅读资料，优化阅读教学
史家小学分校	互联网环境下助推小学语文课内扩展阅读的实践研究
雍和宫小学	互联网助推"走近大师"课程的实践研究
分司厅小学	"互联网＋"背景下学生阅读兴趣的培养与自主阅读能力培养的实践研究
和平里四小	在组和阅读中谋求学生语文素养的发展
一师附小	以组合阅读促进学生阅读素养的实践研究
和平里一小	诗歌浸润人生·课堂收获喜悦
培新小学	"互联网"助力小学生深度阅读的实践研究
方家小学	以组合阅读促进学生阅读素养的实践研究
雍和宫小学	以组合阅读促进学生阅读素养的实践研究
景山学校	以组合阅读促进学生阅读素养的实践研究

本研究主要采用的研究方法有：

1. 文献研究法

本研究的推进，需要参照语文课程与教材、北京市语文课程改革意见、国际阅读素养相关研究、语文教学法、阅读心理学、语言学等诸多领域的相关文献，所以说，本研究的很多章节都涉及文献研究法。这是本研究的最重要的研究方法之一。

2. 个案研究法

除了对于普遍规律的总结，本研究还将分别在低、中、高学段选择有代表性的课例，对组合阅读的各种典型案例进行个案分析，并跟踪进行个案策略尝试，在尝试过程中进行科学的分析与提炼，找出规律，探索实践的有效性策略。

3. 经验总结法

在不同阶段，教研员、参与研究的教师，甚至参与实验的学生，都是经验总结的主体。

4. 观察法

在本研究中，研究者将组织本区实验校及其他学校的教师开展组合阅读，进行教学录像、教案、反思、学生反馈等方面的全面记录，并以此作为展开研究的基础。在此过程中，教师应观察学生在课堂内外的表现，而教研员应观察教师在进行组合阅读教学时的策略及效果。

(三)技术路线

第一阶段：前期研究(2013.1—2014.7)

进行相关理论的收集、学习，课堂实践，收集现状资料。

分析现状资料，进行文献检索、课堂实践，设计论证课题研究方案。

第二阶段：课题开题(2014.9—2014.12)

举行开题论证会，撰写开题报告，完善课题研究方案。

第三阶段：中期研究(2015.1—2016.7)

进行教材梳理，开展专家讲座，组织区级、学区、校级教学成果总结，进行实践探索，积累优秀教学案例与课件。

自开题立项以来，课题组在东城区先后成立了史家集团、安交学区、和平里学区、府学小学优质教育资源带、和平里第四小学优质教育资源带、景山学校等十九所课题研究实验学校。在研究中要求各实验校设立专题负责人，每学期初各实验校制订课题研究阶段性计划，并进行全区、学区、校际的交流研讨。课题组定期组织全体实验校的专题研究活动，并聘请专家进行面对面的指导。各实验校每学期上交有关专题研究的案例及课题阶段性总结或论文，参加各级各类科研论文、成果评比活动，并向各级刊物投稿。专题研究过程中，课题组定期请有关专家进行专题辅导及讲座。

在本阶段研究中，史家集团"儿童与语文"、和平里第四小学的"在组和阅读中谋求学生语文素养的发展"、和平里第一小学的"诗歌浸润人生·课堂收获喜悦"、史家七条小学的"细读文本，巧借课外阅读资料，优化阅读教学"、景山学校的"以组合阅读促进学生阅读素养的实践研究"等子课题，都以不同方式取得了一定的成果。

四、研究发现

(一)组合阅读的实施途径

为了更深入地对"以组合阅读促进学生阅读素养的实践研究"这一课题进行探索，使研究步骤及其实际操作更加具象化，课题研究选取不同切入点，从"根据年段选择组合阅读文本材料""以教材为根本，以文体为主线，以作家为延展""单元整合的组合阅读""拓宽思维，积极探索组合阅读的多样形态"四个角度，分步骤进行研究探索。

1. 根据年段选择组合阅读文本材料

依据不同年段，站在以教材文本为载体的立场，深入教材文本，筛选有价值的组合阅读材料，选择适合学生年龄、心理特点及认知水平的内容进行组合，拓展学生的阅读视野，并依据文本研究学生阅读过程中的困惑及问题寻求组合阅读的切入点，帮助学生解决阅读中的问题，为学生带来学习方式的变化。

(1)低段组合阅读青睐诗歌，助推学生阅读兴趣。

我们在一、二年级进行的组合阅读教学，多体现在诗歌方面，这是由教材的选文特点和低年级学生的年龄特点所决定的。低段的教材中，诗歌占有相当大的比重，而六七岁的孩子对朗朗上口的韵文情有独钟，他们喜欢读，喜欢反复读，在反复朗读中识字记字，增强语感，增长见识，丰富想象，积累语言。

比如诗歌与儿童歌曲组合，可以很好地激发学生的阅读兴趣。《小小的船》是叶圣陶先生创作的一首深受儿童喜爱的诗歌，它把孩子们的思绪带入了美好的夜空意境中。学生对弯弯的月亮船、闪闪的星星、蓝蓝的天空无限神往，此时再唱一唱同主题的歌曲《小白船》，让他们在悠扬的旋律中感受夜空的神秘。"桂花树、小白兔"这些在月宫中的事物更能激发学生丰富的想象。

小白船
蓝蓝的天空银河里，有只小白船。

　　　　船上有棵桂花树，

　　　　有只小白兔。

　　　　船呀船呀没有帆，

　　　　木桨也没有。

　　　　飘啊飘啊小船飘，

　　　　飘向西天走。

　　同一主题的诗歌相组合，还可以帮助学生理解文章内容。如课文《走路》组合《各行其道》。

走路（课文）

　　　　白云走路，贴着蓝天。

　　　　轮船走路，沿着航线。

　　　　火车走路，顺着轨道。

　　　　小朋友走路，靠马路右边。

各行其道

　　　　靠右行、靠边走，

　　　　交通法则要遵守。

　　　　自行车道、汽车道，

　　　　各行其道秩序好，

　　　　平平安安最重要。

　　组合同一内容的阅读，帮助学生更加深入理解遵守交通规则对自身安全的保障作用，起到深化课文主题的作用。

　　(2)中段组合阅读，侧重动物专题，加深学生阅读体验。

　　动物专题是中年级学生最感兴趣的。这是与他们兴趣联系最为紧密的内容之一，所以学生们愿意学习，也愿意进行阅读扩展。因此，我们不失时机，开展了有关动物专题的组合阅读实践。同时，适度的课外资料补白，有助于激活文字、唤醒文本，丰富学生的阅读体验。根据中年级学生的特点，我们找准结合点，进行组合阅读，学生对文本的理解不再流于表面，而是内化为自己的情感体验。

　　如在教授《蟋蟀的住宅》时，组合了《圣甲虫》文章片段。这一组合阅读的环节，使学生详细了解了昆虫的生活和为生活以及繁衍种族所进行的斗争。这些作品以人文精神统领自然科学的庞杂实据，虫性、人性交融，使昆虫世界成为人类获得知识、趣味、美感和思想的文学形态，将区区小虫的话题书写成多层次意味，有助于激发学生对昆虫科学的兴趣，让学生从作者的文字中学会"比喻、拟人"等修辞手法。

　　还比如我们把老舍的《猫》和《母鸡》放在一起。学生在阅读中不断比较，对文章内容、结构、语言表达有了认识和分析，发现老舍的语言特点是京味儿、朴实无华。学生体会到老舍语言的魅力，这种体会最后变成一种文学化的对老舍的评价，浅显易懂。这就不是单纯的认识，猫多可爱呀，母鸡多有意思啊。我们要从这些跳出来，看到作者。看一篇文章就看文中的事物，而看多篇文章，是研究写文的人。老舍先生作品通俗浅易，朴实、自然、无华，富有北京韵味，幽默亲切，耐人寻味，这些语言特点深深地印在了学生心里。我们试着用这样的阅读方法来读一读不同作家的相同题材的作品，比如阅读《母鸡》与《柱子上的母鸡》比较异同，大家会在比较中发现，中外作家由于生活背景和时代的不同，文笔也大相径庭。可见一个题材，语言可以丰富多彩，各具特色！

　　(3)高段组合阅读，课内外阅读相结合，一篇带多篇，丰富学生的阅读。

　　对于小学高年级的篇章教学而言，学生成长的需求"丰富"、"兴趣"是最重要的。课外文本的介入可以帮助学生深入地体会、理解课文内容，并在关注课文语言的同时进行比较、理解、联系、鉴赏，从而提高学生的理解、感悟、鉴赏等能力，使学生在多文本语言的关联中学习语言，积累语言，运用语言，在体验、感悟中获得阅读能力的提升，为学生阅读素养的建立打下基础。

　　比如《少年闰土》一课中，学生在学习过程中，首先要感受作品主人公——小闰土——这样一个见多识广的农村少年形象。透过闰土对"我"那滔滔不绝、绘声绘色的讲述，了解其在海边自由自在、无拘无束的生活，这对于六年级的学生而言并不困难。但与此同时，学生还要透过这些文字，读出"我"的满心羡慕，甚至要触摸到作者内心对自由、快乐、美好生活那无限的向往，的确是需要引导、点拨才能够实现的。于是，在突破本课难点的教学过程中，我们关注到文中第16自然段：

　　"阿！闰土的心里有无穷无尽的希奇的事，都是我往常的朋友所不知道的。他们不知道一些事，闰土在海边时，他们都和我一样只看见院子里高墙上的四角的天空。"

　　摒弃了以往教学中抓"他们都和我一样只看见院子里高墙上的四角的天空"重点句反复分析、体会等方法，而是大胆地将鲁迅先生回忆性散文集《朝花夕拾》中《从百草园到三味书屋》中的对鲁迅先生儿时在"三味书屋"中的"读书生活"的记叙引入课堂：

　　"先生，'怪哉'这虫，是怎么一回事？……"我上了生书，将要退下来的时候，赶忙问。

"不知道！"他似乎很不高兴，脸上还有怒色了。

我才知道做学生是不应该问这些事的，只要读书，因为他是渊博的宿儒，决不至于不知道，所谓的不知道，乃是不愿意说。年纪比我大的人，往往如此，我遇见过好几回了。

我就只读书，正午习字，晚上对课。先生最初这几天对我很严厉，后来却好起来了，不过给我读的书渐渐加多，对课也渐渐地加上字去，从三言到五言，终于到七言。

三味书屋后面也有一个园，虽然小，但在那里也可以爬上花坛去折腊梅花，在地上或桂花树上寻蝉蜕。最好的工作是捉了苍蝇喂蚂蚁，静悄悄地没有声音。然而同窗们到园里的太多，太久，可就不行了，先生在书房里便大叫起来：——

"人都到那里去了？"

人们便一个一个陆续走回去；一同回去，也不行的。他有一条戒尺，但是不常用，也有罚跪的规矩，但也不常用，普通总不过瞪几眼，大声道：——

"读书！"

课外文本与课内文章的创造性的组合中，学生强烈地感受到"我"与闰土两种截然不同的生活，在学生自主的阅读感悟中，教学困难迎刃而解。

2. 以教材为根本，以文体为主线，以作家为延展

(1)同一作品不同内容的组合，加深对文本内容的理解。

我们很多选入教材的文本往往是节选，或者是改编过的。比如小说，人物形象是构成小说艺术魅力的主要因素，可是教材受篇幅的限制，可能选取的仅仅是片段，如果局限于教材，学生可能不会完整、立体地把握人物形象。在《汤姆索亚历险记》和《鲁滨孙漂流记》的教学过程中，我们结合书中的精彩片段，以人物形象为主线，引导学生说一说，议一议，再组合名著中其他的精彩段落，让学生说一说又有哪些新的体会。在师生、生生、教师与文本、学生与文本的多角度对话中，学生对于人物形象的认识逐渐深刻起来。

(2)同一作家不同作品的组合，深入体会作家的写作风格。

如在教授六年级下册《卖火柴的小女孩》一课时，我们在"安徒生童话"这种大的阅读视野之下，通过"组合阅读"这种教学方式，以《卖火柴的小女孩》一篇课文的教学，带动学生对《海的女儿》的重新阅读，引导学生感受安徒生笔下的小美人鱼的形象。两部作品的主人公有很多相似点，同样善良、美丽，同样可怜，同样获得一种幸福。孩子们在组合阅读的过程中加深了对安徒生童话的认识，理解了安徒生童话"是弱者的安慰所，是美的集聚地"，从而打

开了阅读的视野，继而更深刻地体会童话文体所追求的真善美，感知安徒生在童话中所寄予的美好希望，感受安徒生对爱与光明的追求，激发学生阅读安徒生童话的兴趣，感受经典作品永恒的魅力。

（3）同一主题不同文体的组合，了解作家通过作品传递的情感。

作家们的语言风格有所不同，思想情怀亦有所不同。外国名著对于学生来说阅读的难点还在于时代背景的久远、东西方文化的差异，所以我们通过组合阅读来让学生进一步感知作家的思想、时代和文化的特点。如在《卖火柴的小女孩》一课的教学中，我们除了引导学生深入体会火柴带给这个穷苦的小女孩片刻的幸福，还组合了安徒生的一首诗《弥留中的孩子》。虽然作品的文体不同，但同样反映了孩子的心声，二者都写下了即将离开人世的孩子的心愿。学生通过这样的组合阅读，体会到作家安徒生对于穷苦儿童命运的关注和深刻同情。

（4）同一文体不同作品的组合，感知文体的写作特点。

如对于小说的阅读，学生还处于感知的状态，我们需要给学生一定的方法上的引导，使学生对小说文体的特点有一定了解。那么在通过组合阅读完整把握人物形象的教学中，学生对于小说塑造人物形象的特点有了新的认识。我们在教授《凡卡》一课时则关注了小说中环境描写的重要作用。教师一方面引导学生关注凡卡两次回忆中那些诗化的环境描写，从而感知环境描写对于深化主题的作用；另一方面在此基础上，教师组合了《渴睡》中的环境描写，让学生进一步感知环境描写在小说中不可缺少的意义，加深了学生的印象。

（5）相关内容不同作品的组合，解决文本中的难点。

对教材中的一些内容，学生理解起来是有困难的。这个问题如何来解决呢？我们就需要组合其他文本材料，让学生从多个角度去把握文本内容，这可以有效地帮助理解。如《一面》一课的教学。《一面》中六次写到鲁迅先生的"瘦"。我们在教学中一般也会让学生反复品读这些外貌描写，可是作者为什么反复写鲁迅先生的瘦呢？鲁迅先生为什么这么瘦呢？这是学生在深入体会、入情入境的朗读中提出的疑问。对于这一疑问，文章中有一句话会帮助解答："我们这位战士的健康，差不多已完全给没有休息的艰苦工作毁坏了。"而这不足以让鲁迅先生走进学生的心灵，不足以让学生体会鲁迅先生的精神，也不足以表达作者对鲁迅先生的崇敬之情。这正是我们答疑解惑、帮助学生理解课文的关键。我们适时地进行了组合阅读教学，从生活、帮助青年、不畏迫害三个角度引入了许寿裳《亡友鲁迅印象记》、内山完造的《鲁迅先生》、郑振铎《永在的温情》三篇文章，让学生深入理解了鲁迅先生是怎样从事着艰苦而又危险的工作，而这所有的工作都是无私的，是为了民族和社会的进步，他是一面旗帜,一面精神的旗帜——横眉冷对千夫指,俯首甘为孺子牛!

　　3. 单元整合的组合阅读

　　我们所使用的人教版小学语文教材是以主题组单元的,一个单元围绕一个主题往往选编四篇课文,为开展组合阅读带来极大的便利。如人教版四年级上册第四组主题"作家笔下的动物"编排了中外作家写的 4 篇文学作品。前两篇《白鹅》《白公鹅》是不同作家写同一种动物。在《白鹅》这篇课文中,作者重点表现的是白鹅性格的特点——高傲,而《白公鹅》这篇课文中描写了一只白公鹅的所作所为,表现了鹅的"海军上将"派头。《白鹅》的作者善于运用对比的方法突出鹅的特点,善于运用反语表达自己的感情;《白公鹅》的作者善于运用拟人和夸张的写法,运用风趣而幽默的语言突出鹅的特点。《猫》生动描述了猫的古怪性格和它满月时的淘气可爱。《母鸡》描写了作者对母鸡的看法的变化,表达了对母爱的赞颂之情。每篇课文都紧紧围绕专题。学生通过学习阅读本组教材,加深对小动物的了解,认识到动物是人类的朋友,产生对动物的喜爱之情。同时,也学习了一些描写、表达方法。实现了教学内容、教学时空、教学方法的全面开放。

　　4. 拓宽思维,积极探索组合阅读的多样形态

　　除了文本间的组合,我们还在实践中不断摸索,努力探索学生喜欢的、适合学生特点的、能够改进学生学习方式、提高学生学习效果的组合阅读的多样形态。比如与京剧艺术的组合阅读,学生在实践中学习。《京剧〈赤桑镇〉选段》是北京版教材五年级上册第四单元的第二篇课文,本单元的主题是感受传统文化的魅力。《赤桑镇》是京剧中的经典剧目,教材选取了其中的著名唱段,它塑造了包拯铁面无私又重情重义的人物形象。

　　从学生认知角度上看,学生对京剧有一定认识,但对京剧的表演形式却并不熟悉,尤其是京剧中的"唱"。学生在看京剧时往往需要借助字幕才能明白唱词的意思,这对学生的情感认知增加了障碍。念白相对唱词来说,更易听懂,学生也更易接受。学生对包拯的人物形象也有一定认识,知道包拯是铁面无私的象征,但对包拯铁面无私的具体表现了解有限,了解渠道也多限于影视作品。另外,在京剧《赤桑镇》中,包拯的铁面无私背后还有他面对嫂娘重情重义的一面,这是学生情感认知的发展点。

　　基于学生的认知特点和课程标准的要求,我们创造性地使用教材,由教科书生发出丰富的语文教育资源,并改进了传统的教学方式,让学生通过参观、体验、欣赏、搜集、阅读等方式,进行课堂内外的多种形式的组合阅读。学生在实践过程中,发现和感受到了京剧唱词和念白的语言特点,并对包拯铁面无私、刚正不阿、重情重义的人物形象有了立体的感知。这种新的阅读

方式，让学生在广阔的学习空间中，提升了语文听、说、读、写的综合素养。

结合学生特点，教师设计了多层次的实践体验，让学生通过边接受老师的指导，边体验念白的特点的方式，一步步走近京剧，体悟它的魅力所在。

（1）看念白。

学生先通过看视频，了解包拯在唱词前的念白中都说了什么，初步感受念白。

（2）读念白。

念白中包含个别生字，学生在念清字音的同时再次熟悉念白内容，为学念白做好铺垫。

（3）学念白。

通过跟随视频念、教师范念等形式激发学生学习念白的兴趣。学生在学念白的同时初步了解上口字，体会念念白时字音的长短、音调高低与人物情感的关系，丰富对包拯人物形象的理解，加深对包拯这一人物的情感体验。

（4）念念白。

在体会人物情感后，学生尝试带着人物情感念念白，教师适时点拨，学生在实践表演中更好地通过念白表达人物情感。有趣的念白体验为再次深入理解后面的唱词以及感受"唱"与"念"之间的异同打下了基础。

这样逐层递进的实践过程充分考虑了学生的学情，符合学生认知特点。借助组合阅读，将念白引入教学中，为感受人物形象，体会人物情感起到补充与加强的作用。学生在上完这节课后，普遍觉得学念念白十分有趣。原来看似离我们很远的京剧，在课上很短的时间内也可以跟着学下来。虽然学得不算专业，但是体会到了念念白可以帮助理解唱词中的内容。例如唱词中的"金石言永不忘铭记心旁"，在学习完念白后，学生对这句唱词的理解由"包拯不忘嫂娘金玉良言"，深化到"包拯对嫂娘的教诲和养育之恩都铭记在心，他是个重情重义之人"。学生加深了对唱词的理解，丰富了感受到的人物形象。同时，学生也在学习念白的时候感受到了京剧念白与唱词中的"韵味"，感受到了京剧艺术的韵律美，感受到了京剧作为我们国家的国粹，有其独特的魅力。念白激发了学生在后期的学习中，更加深入地了解京剧以及中国传统文化的兴趣。

（二）组合阅读策略的初步阐释

总策略：依据课标关于不同年段的学习目标、不同年段学生的特点、课文文本的特点以及本课的教学目标，选择不同的组合阅读材料，以促进学生阅读素养的提高。

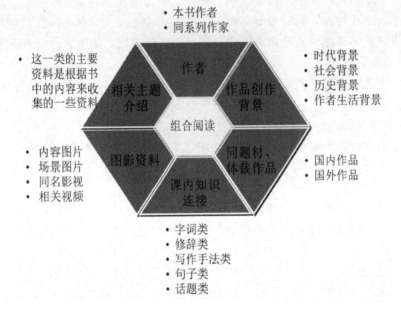

在总策略的基础上，我们又从不同角度来进行组合，总结出对应的分策略。

1. 从教学目标的角度出发，常用的有以下三种策略

(1)辅助内容理解。学生在课文学习中对文意及作者想要通过文字所表达的意图理解有困难时，组合相关的文章，从而达到辅助学生理解课文的目的。

例如：《我的伯父鲁迅先生》一课组合萧红的《怀念鲁迅先生》。

案例一：

在教授《我的伯父鲁迅先生》一课时，学生通过阅读文本，能对文章中所记述的鲁迅先生的生活实践有一定的了解，并对鲁迅其人产生一定的评价与看法。教师此时关注学生的阅读发展。学生在阅读课文的同时，对课文的理解以及对鲁迅这一特殊人物的认识还存在疑惑。面临这种问题，教师在课堂的教学实践当中，使用组合阅读的教学策略，组合女作家萧红的《回忆鲁迅先生》这篇文章，帮助学生理解、体会、学习。与《我的伯父鲁迅先生》的作者周晔的亲属关系不同，萧红与鲁迅则是亦师亦友。作为鲁迅先生的朋友与学生，萧红的回忆文章从另一个角度向读者讲述了鲁迅生活中的其人其事。组合这篇文章可以帮助学生在学习课文的过程中，加深对文中主人公鲁迅这个人物的认识，从不同的角度认识鲁迅。学生在阅读的过程中，对于阅读文本中记述未尽的事情会产生阅读期待与学习期待。教师在实际教学实践中，运用组

合阅读的教学方法，满足了学生的这种期待心理，从而帮助学生更好地理解课文，并激发学生的阅读兴趣。

（2）体会情感共鸣。学生在学习课文的过程中，对文章中所抒发的情感理解有困难时，通过组合作者其他文章或其他作家感情相近的作品，帮助学生理解课文情感，产生情感共鸣。

例如：《北京的春节》一课组合汪曾祺的《端午的鸭蛋》。

案例二：

著名文学家老舍先生所创作的《北京的春节》是小学语文人教版六年级下册中十分重要的一篇课文。文章贴合教学单元文化主题，为学生讲述了过去老北京人过春节时热闹的场景与其中的文化习俗。然而，在文字的背后蕴含了作者怎样的情感，同样是课文教学的重点与学生理解的难点。作为北京籍最重要的作家之一，老舍先生将故乡的节日场景描写得有声有色，其背后一定蕴含着他对故乡深深的热爱与眷恋。这方面的情感，学生在阅读中能有所感知，但却不易认识与理解。因此，教师在实际教学过程中，组合同为故乡人写故乡节日、故乡事的京派作家汪曾祺的《端午的鸭蛋》，帮助学生在阅读的过程中，去感知与理解隐藏在字里行间那一份浓浓的情感，从而产生情感的共鸣。学生在阅读过程中，由于能力与认识水平的限制，会出现一些阅读微感知与阅读疑惑，这正是学生阅读发展与阅读能力提升的契机。教师在教学实践中应敏锐观察，捕捉住这一契机，帮助学生明确阅读感知，解决阅读中的疑惑，从而起到提升学生阅读能力与推动学生阅读发展的作用。

（3）文化拓展延伸。通过组合阅读的方式，帮助学生在学习课文的同时，拓展文章背后与之相关的文化知识，拓展学生阅读视野，培养学生的文化素养。

例如：《杨氏之子》一课组合《孔融见李膺》等《世说新语》中相关的故事。

案例三：

小学语文人教版五年级下册《杨氏之子》这篇课文选自我国早期的志人小说汇编《世说新语》。作为小学教材中为数不多的文言文课，《杨氏之子》在五年级下学期的语文教学中十分重要，也是学生学习、教师教学的重点与难点，尤其是课文背后所蕴含的中国传统文化知识。因此，教师在教学实践中仅仅就一篇课文进行教学是远远不够的，学生也很难认识与理解课文背后的文化知识。教师在课堂教学中选择组合同样出自《世说新语》的《孔融见李膺》。这篇文章与课文都是记述古代聪颖少年的故事。年少的孔融去拜见当时文坛"八骏"之首的李膺，通过一番机智对答赢得了李膺的赞赏。通过组合这篇文章，意在帮助学生学习理解课文的同时，对魏晋时期人们的言谈话语、社交礼仪、古人的智慧都有一定程度的认识与了解。教师在教学实践中遇到重点的课文，尤其是涉及我国传统的文章典籍的时候，往往要格外重视。由于课文历史久远，与学生生活实践具有一定的距离，学生在阅读的过程中也有一定的困难。然而这些文章背后所蕴含的文化却是学生非常需要掌握的。因此，教师在实际教学中选取组合阅读的教学策略，关注学生阅读发展，提升学生阅读能力，从而起到拓展学生阅读视野，培养学生文化素养的作用。

2. 从组合方式的角度出发，常用的有以下三种策略

（1）单独整篇组合。在课文学习过程中组合一整篇作品，学生在学习阅读课文的过程中，对两篇文章进行相互理解、对比评判，产生情感共鸣。

例如：《少年闰土》一课组合《社戏》（片段）。

案例四：

《少年闰土》选自鲁迅的小说《故乡》，是小学语文人教版六年级上册的课文，是走近鲁迅单元的第一篇课文，也是学生接触鲁迅的第一篇小说作品。学生在阅读的过程中，对鲁迅笔下少年"闰土"这一形象逐渐有了明确的认识，少年的闰土真快乐，与"我"的世界天壤之别，同时产生了猜测：闰土后来怎么样了？从作者及课文出处的背景知识中，学生了解到《故乡》反映封建等级观念及封建礼教对人的毒害。鲁迅先生一生笔杆子救国，小说具有冷静、现实、客观的叙事风格。但为何在《少年闰土》中有大量温柔、美好、期待的笔触？学生根据阅读文本，产生了阅读期待。教师在教学实践中抓住这一阅读期待，组合小说《社戏》中鲁迅先生对孩子们纯洁无私的描写，让学生体会作者感情的切合，使他们理解作者的"情"，即无论是少年闰土还是社戏中要偷自家罗汉豆的小伙伴，鲁迅永远把孩子们描写得无私正直、天真烂漫。通过引导学生对比阅读，学生体会到以冷峻笔调闻名的鲁迅，却对少年儿童充满了极其美好的寄托。学文得意，从而每一位学生明白了自己的童年也是纯真快乐、积极蓬勃、自由朝气的。这种组合阅读的方式，帮助学生丰富了对小说人物形象的认识，激发了学生的阅读兴趣。

（2）单独段落组合。在课文教学过程中教师针对部分难点，组合某篇文章的个别段落，帮助学生学习。

例如：《怀念母亲》一课组合老舍的《我的母亲》。

案例五：

著名学者季羡林先生创作的《怀念母亲》是一篇感人至深的课文，文章以回忆的形式，引用了自己的日记与其他作品，表达了对亲生母亲与祖国母亲深深的热爱与怀念。课文第二自然段中"一个缺少母爱的孩子，是灵魂不全的人"一句是全文的重点，也是学生理解的难点。就此，教师在课堂教学中组合

老舍先生的《我的母亲》中倒数第三自然段："……人，即使活到八九十岁，有母亲便可以多少还有点孩子气。失了慈母便像花插在瓶子里，虽然还有色有香，却失去了根。有母亲的人，心里是安定的。我怕，怕，怕家信中带来不好的消息，告诉我已是失了根的花草。"学生在阅读了这段后，进一步感受到了母亲对于一个人童年乃至一生的重要性，也就更加明白为什么季羡林先生在课文中说"一个缺少母爱的孩子，是灵魂不全的人"这句话了。教学实践中，教师通过引导学生对关键语句的组合阅读，帮助学生解决在学习理解课文关键语句中的问题与困难。

（3）多篇段落组合。在课文教学中，为帮助学生理解课文，但又没有比较适合的整篇文章，教师可以选取不同文章的不同段落放在一起，组合成一篇"非连续性文本"进行组合阅读。

例如：《这片土地是神圣的》一课组合西雅图环保、生态的相关资料。

案例六：

《这片土地是神圣的》是小学语文人教版六年级上册环保主题的一篇课文。课文原载于印第安酋长西雅图给美国政治家的一封回信。课文用生动的语言、丰富的辞藻为读者讲述了土地与大自然的神圣。学生在学习这篇课文时，对于文章的背景缺乏一定的认识。西雅图酋长为什么要写这篇文章，这封回信又起到了怎么样的作用等这些问题都会在学生阅读中产生。教师在教学过程中，采取组合阅读的教学策略，将西雅图酋长所处的时代背景、相关传记发言、西雅图的发展建设等相关的背景资料总结汇编在一起，组合成一篇非连续性文本。学生在课堂上对照两篇文本，组合阅读，互为解释。这种组合阅读的方式，帮助学生在阅读中产生问题，再在自身阅读中将产生的问题解决。

（三）组合阅读的实施效果

1. 学生收获阅读素养的提升

研究发现，在一年多的实践探索当中，课题研究在低、中、高不同学年段都取得了不同的成果，有不同的发现。在低年级诗歌教学、中年级散文教学和高年级文言文教学中，研究取得的成果尤为显著。我们发现充分用好文本资源的"组合阅读"，在有效对话中，不仅很好地突破了阅读教学的难点，还提高了学生的阅读兴趣，可以培养学生对阅读文本的感受、理解能力，培养其良好的阅读习惯和阅读意识，使学生在语言积累、情感体验及良好语感的形成过程中，有效提高对阅读文本把握的能力，使学生有思考地阅读，成为有思想的阅读者。

（1）学生在组合阅读中丰富认知，训练语言。以人教版一年级上册第12课《雨点儿》为例。在讲授这篇生动浅显、富有童趣的童话故事时，为了帮助

学生进一步懂得雨水和植物生长的密切关系这一教学难点，老师在引导学生
学完课文第 5 自然段之后，紧扣课文关键内容，通过"大雨点儿和小雨点儿还
到过很多地方呢，都给那里带来了什么样的变化呀"这一问题，引入了《小雨
点，沙沙沙》这首儿歌进行组合阅读。

　　　　小雨点，沙沙沙，

　　　　小雨点，沙沙沙，

　　　　落在花园里，花儿乐得张嘴巴。

　　　　小雨点，沙沙沙，

　　　　落在池塘里，荷花舞蹈笑哈哈。

　　　　小雨点，沙沙沙，

　　　　落在田野里，苗儿乐得向上拔。

　　通过阅读，学生感受到小雨点儿给所到之处带来的可喜变化，对雨水与
植物生长的密切关系有了深一层的认识。在此基础上，老师接着问了学生"小
雨点儿落在哪儿了"这一问题，并让学生补充句子"小雨点，沙沙沙，落在
_____、_____和_____。"通过这一环节，引导学生初步理解儿歌中
小雨点儿都落在了哪里，培养了学生从文中提取信息的能力，同时又进行了
一次简单的说话训练。

　　爱因斯坦说："想象比知识更重要。"课文及儿歌中，言尽而意无穷，留下
了较大的想象空间。考虑到一年级学生的年龄及认知特点，在接下来的环节，
老师以"看图说话"的方式有梯度地指导学生合理想象。老师在出示苹果和石
榴两张图片的同时，对学生说："快看，小雨点儿来到了果园里，苹果和石榴
有什么变化呀？"看着图片上的苹果和石榴，学生争先恐后地说，"苹果变得更
大了""苹果变得更甜了""石榴更红了""石榴咧开嘴笑了"，甚至有一个孩子说
"苹果洗了个冷水澡，变得更干净了"。正是有了雨水的滋润，孩子们眼中的
苹果和石榴才有了这么多可喜的变化。孩子们这些个性化的语言表达，不正
折射出他们对雨水与植物生长密切关系的理解吗？伴着孩子们浓浓的说话兴
趣，老师出示了句式："小雨点，沙沙沙，落在果园里，_____"，
引导学生用规范的语言说话，孩子们在不知不觉中完成了第二次说话练习。

　　总之，通过这首紧扣课文关键内容的组合阅读儿歌，教师较好地突破了
让学生进一步懂得雨水与植物生长有着密切关系这一教学难点。与此同时，
组合阅读过程还扩大了学生的阅读量，激发了学生的想象力，进行了有梯度
的说话训练，培养了学生的口头语言表达能力。可谓是收到了一举多得、事
半功倍的效果。

　　(2)学生在组合阅读中发展语言，激活思维。《猫》是四年级上册第四组

"作家笔下的动物"专题下的第三篇文章，是老舍先生写的一篇状物抒情散文。课文细致、生动地描述了猫的古怪和它满月时的淘气可爱。文章结构严谨，条理清晰，语言优美朴实，浅显易懂，字里行间流露出作家对猫的喜爱之情。《母鸡》这课是老舍先生另一篇脍炙人口的佳作，描写了作者对母鸡的看法的变化，表达了对母爱的赞颂之情。

课文《母鸡》以作者的情感变化为线索，前后形成了鲜明的对比。前半部分写了母鸡的无病呻吟、欺软怕硬和拼命炫耀，展现了一只浅薄、媚俗的母鸡；后半部分则描写了母鸡的负责、慈爱、勇敢和辛苦，塑造了一位"伟大的鸡母亲"的形象。作者对母鸡的情感由"讨厌"转变为尊敬。那么如何在阅读的比较中提升学生的阅读素养呢？

首先，在组合阅读中发展语言。课上教师引导学生对比阅读，组合的文章是同作家的不同作品、不同作家的相似作品。这不但是要认识一下文中所写的人物事物，而是要把两篇文章关联起来，目的是发现规律。比如我们把老舍的《猫》和《母鸡》放在一起，学生正是在阅读中不断比较，比较文章内容、结构、语言，形成了自己的认识，发现的规律是老舍的语言规律，发现了老舍语言的特点是京味儿，是朴实无华。学生对老舍语言魅力的感受，最后变成一种文学化的对老舍的评价。这就不是单纯的认识——猫多可爱呀、母鸡多有意思呀……。学生已经从简单的事物中跳出来，看到了作者。看一篇文章就看文中的事物，而看多篇文章，研究的则是写文的人。老舍先生的作品通俗浅易，朴实、自然、无华，他的语言富有北京韵味，幽默亲切，耐人寻味。通过组合阅读，老舍的语言特点深深地印在了学生心里。在阅读《母鸡》与《柱子上的母鸡》时，学生又试着用对比的阅读方法再来读一读不同作家的相同题材的作品。学生发现由于中外作家生活背景和时代不同，文笔也大相径庭。可见一个题材，语言可以丰富多彩，各具特色！

其次，在比较交流中激活思维。在强调培养创新人才的今天，发展学生的思维能力显得尤为重要，而组合阅读对发展学生思维的敏捷性和流畅性、灵活性和变通性、新颖性和独创性、深刻性和批判性都极具优势，值得大力提倡。组合阅读将大量的阅读实践放到课堂上来，使学生从一篇到多篇，从一文向一类，从一课向一单元拓展、迁移、总结、提升，帮助学生打开联系的视野，不断使学生生成新的发现，形成更丰富、系统的语言认知，产生更多元的思考，延展了学生的思维空间，真正提高了学生语文的综合能力。

再次，在文学欣赏中培育情感。比如老舍先生和他的作品，我们首先要认识老舍先生，认识老舍的文风、老舍的为人，再进入老舍的《猫》，就能看到他写的猫真不一般。当学生提到老舍的文章竟是大白话时，老师就要有所提炼：所以有人评价老舍的语言是浅显易懂，老舍之所以被称为人民文学艺术家，其特点之一就是京味儿十足，浅显易懂，让老百姓爱读。看看有多少这样的语言在文中显现出来了。学生能够举一反三。

组合阅读意在谋求学生的发展，传承祖国优秀的文化，培养学生热爱语言文字的情感。组合既是一个过程、一种方法，更是一种意识、一种思想。组合阅读，可以凸显事物的共性或个性，通过组合阅读深化理解，获得新的思维视角，拓展、提高学生的认识。这样的组合阅读丰盈学生的语文课堂，滋润孩子的心灵！

(3)学生在组合阅读中"举三反一"，进行深度阅读。下面以《伯牙绝弦》为例，阐述学生在"组合阅读"中进行深度阅读的案例。

学生通过第一课时的学习，已经熟悉了课文的语言和内容，感悟到伯牙、子期这对知音彼此心意相通。要想通过课堂教学，再次推动学生认知的发展、情感的升华，就需要打破教材内外的界限，实现语文教学方式与学生学习方式、阅读方式的变革。因此，在第二课时中，我们选择"组合阅读"作为本节课重要的教学方式，借助课外文本，拓展学生视野，为更好地实现教材文本的教学价值提供新的支点。

①山水明"志"。文字是文化的载体，品味《伯牙绝弦》的文本蕴涵，难点之一是对伯牙"志在高山""志在流水"中"志"字的解读。"志"字有"想"的意思，与"伯牙所念，钟子期必得之"中的"念"相近。但仅仅读懂这一层是不够的，"志"是文中之眼，"高山流水"是传统文化中特有的意象，需要学生在一定的文化语境中才能理解。

课堂上，教师引导学生展开想象：高山流水之外，伯牙还会念些什么？学生说了不少美好的景象，如徐徐清风、朗朗明月、潇潇春雨……此时，话锋一转——你们所说的这一切，都可能会出现在伯牙的琴声中。可是课文中却只写了伯牙"志在高山""志在流水"。你知道吗，这个"志"字在古代的写法很有意思，我们来看看——(师板书古文字"志")下面是一颗心，上面是一只正在行走的脚，"志"的意思就是"心所去往"的地方，伯牙和子期的心到哪里去了？学生马上想到了高山流水之中。于是我们又组合了其他诗句，杜甫就曾写过"会当凌绝顶，一览众山小"，借"山"来抒发自己的志向；李白也曾写过"登高壮观天地间，大江茫茫去不还"，借"水"来抒发自己的胸怀。"智者乐水，仁者乐山。"当我们帮助学生读懂了"高山流水"所具有的文化意象之后，再次回到课文，"志在高山""志在流水"仅仅是在说山、水吗？学生自然而然地在"山、水"与"志向、胸怀"间建立起一种联系，加深了对"知音"的理解——知音，不仅仅是心意的相通，更是志向的相投。李白、杜甫的诗句，成为学生拾级而上的基石，为学生把握文章的主旨提供了支点。

②感悟"难逢"。《伯牙绝弦》为我们留下了一个悲剧结尾："子期死，伯牙谓世再无知音，乃破琴绝弦，终身不复鼓。"戛然而止，留给人们无限遐想的空间。学生面对这样的结尾，总会提出问题："子期死后，伯牙为什么会认为世上再无知音，一定要终身不再弹琴了呢？"是的，伯牙高贵的古典情怀离今天的人们太过遥远了。这确实是学生在阅读过程中容易产生困惑的地方，是学生的真问题。如果这一困惑不能解决，学生就难以走进伯牙的内心，触摸他心中无限的悲恸，就难以理解、认同伯牙破琴绝弦的行为。

要解决这一困惑，单靠教材本身是难以完成的。课堂教学进行到这里，就需要我们宕开一笔，引领学生从更为广阔的视角品读这段知音佳话。为此，教师向学生提供了中国古典文献中对于知音论述的阅读材料，为学生的认知提供脚手架，为学生的理解提供导游图。

材料一：

以伯牙之艺，而独一子期能知其志。

——（战国）《吕氏春秋》

材料二：

知音其难哉！音实难知，知实难逢，逢其知音，千载其一乎！

——（南北朝）《文心雕龙》

材料三：

众音何其繁，伯牙独不喧。

当时高深意，举世无能分。

钟期一见知，山水千秋闻。

——（唐）孟浩然

在阅读过这些资料之后，学生纷纷结合阅读材料，表达自己对"伯牙绝弦"的理解，有的说："伯牙心中有高远的志向和宽广的胸怀，没有人能知道，只有子期一人能了解他心中的志向。"有的说："千百年来，两个知音在一起是非常不容易的，当时是古代，交通又不发达，即使有俞伯牙这样的知音，也非常难遇到。"还有的说："黄金万两容易得，知心一个也难求！"

回顾课文，"伯牙谓世再无知音"，已不是空洞的文字，而是化作了能触动学生心灵的语言。如果说语文教学要"举三反一"（韩军先生语），那么"组合阅读"既重在"举三"，又重在"反一"。

③文化传承。对于《伯牙绝弦》这样的经典文本，课堂教学不该止步于文本本身，应该在一个更广阔的文化视野下观照这段知音佳话。高山流水的知音情怀，如月映千潭一般映射在每一个中国人的心底，是能够在每一个中国

人心中产生共鸣的情感。

在课堂上，教师借助课件为学生展示了一幅流动的"时间轴"，上面书写着自汉代以来九位诗人的诗句——他们分属于不同的历史时代，纵跨两千余年，却都在借伯牙、子期的知音佳话，书写着自己内心的情感。学生随着"时间轴"的"卷动"，轻声诵读着，也许他们并不能读懂诗句的深意，但，一代又一代不断传承的知音深情，却叩动着他们的心扉。

拓展学生的阅读视野，就是拓展他们生命的广度。相信，今天教师所播下的文化的种子，会随着学生的生命一起成长！

（4）学生在"组合阅读"中进行学科融合、延伸阅读体验。《赤桑镇》这出京剧是根据《三侠五义》中的故事改编的。本节课上，学生在学习课文包拯唱词的同时，还阅读了《三侠五义》中的部分段落，辅助理解唱词内容。例如学生在理解包拯身世，"自幼儿蒙嫂娘训教抚养"这句唱词时，出示小说《三侠五义》中的第二回"奎星兆梦忠良降生"部分段落，学生通过小说的组合阅读体会包拯感恩嫂娘的养育之恩。在课堂的结尾，教师还推荐学生阅读《三侠五义》《七侠五义》，为学生课后进一步了解人物形象、拓展阅读视野打开思路。

在理解包拯的秉公执法时，学生还组合阅读了京剧《铡美案》选段，通过包拯铡陈世美的故事，进一步了解面对皇亲国戚时包拯都秉公执法、不畏强权的高尚品格，更加深刻地体会包拯唱词中所要表达的意思。同时，在组合阅读《铡美案》时，也选择了包拯的一段唱词，这在文体上，也是对本篇课文的补充，让学生在学习中也更好地理解了唱词的作用。

形式多样的组合阅读使学生的学习方式更加多元，带给学生丰富有趣的学习体验。组合阅读不仅很好地巩固了本课中的重难点，给了学生举一反三的实践机会，同时为学生打开了一扇窗，扩宽了学生的眼界，更重要的是它使得40分钟的语文课堂更加丰富有趣，而兴趣才是学生最好的老师。同时，学生学习念白的过程也拉近了学生与京剧的距离，点燃了学生对国粹的兴趣，弘扬了我国的传统文化。

（5）学生在组合阅读中激发兴趣，内化方法。

①学生在"组合阅读"中读得更多。多读书、多积累是我国传统语文教学的宝贵经验。《课程》在"目标"中规定，第一、二、三学段的学生课外阅读总量分别不少于5万、40万、100万字。量变是质变的必要准备，质变是量变的必然结果。以小学语文12册教材、每册教材平均30篇课文、每篇课文平均500字计算，阅读总量只有15万字左右，这样的阅读量是远远不够的。组合阅读教学，能够让学生在一节课中读到更多的文章，有效地增加了学生的阅读量，扩大了学生的阅读面，为学生阅读素养的提升提供了必要准备。

②学生在"组合阅读"中读得更快。当今社会已经进入信息化时代，每天都会产生许多新知识。为了获取更多的信息，学生必须学会快速阅读。《课程》提出，第三学段学生默读一般课外读物每分钟不少于300字。快速阅读是一种技能，技能是需要训练的。一篇500字左右的精读课文要教两课时，略读课文要教一课时，教师可以慢慢教，学生可以慢慢读，这种单一的阅读教学方式严重影响了学生阅读能力的提高。组合阅读教学，让学生在一节课中读多篇文章，就能有效提高学生的阅读速度，增强学生思维的敏捷性和灵活性。

③学生在"组合阅读"中读得更乐。学习不是学生简单地接受教师的讲解，而是学生自我建构的过程。"语文课程是实践性课程，应着重培养学生的语文实践能力，而培养这种能力的主要途径也应是语文实践。"当前我们的语文教学，一节课教一篇文章，学生很快读完，内容基本理解，教师只好不停地问、不停地讲，学生被动地答、被动地听，主体意识缺失，阅读兴趣降低。组合阅读教学中，学生在一节课中能阅读到多篇文章，新的阅读内容不断激发学生的阅读期待，教师少问少讲，学生则在进行看书、思考、陈述、倾听等语文实践，真正成为语文学习的主人。

总之，组合阅读通过在深入理解教材的基础上有机地扩充整合文本，帮助学生更好地理解课文、激发阅读兴趣、增进阅读能力。它山之石可以攻玉，通过组合阅读的教学方法，教师可以利用多种资源进行教学，从而达到提高学生的语文能力、培养语文综合素养的最终目的。

2. 教师在组合阅读中收获专业素养的提升

教学中教师与学生是一个学习共同体。组合阅读教学为教师提供了一种解决教学难点的新的可能，但同时也对教师提出了新的要求。它要求教师在阅读视野、阅读素养、知识储备、文化素养等方面有更深厚的积淀。在以上的课例中，我们也看到了，组合阅读教学的每一次实现，都需要教师的广泛阅读和积累，只有这样，教师才能够清楚有效地把握从什么角度进行组合阅读、组合阅读哪些文本。

在阅读中，不仅要"多读书"还要"读好书"，小学语文教育更是如此。《义务教育语文课程标准(2011年版)》中指出"课外阅读的总量六年制不少于150万字"，组合阅读的教学方法便能有效地解决这"150万字"的底线需求。"150万字"或许更多是阅读"量"的要求，可该读的是什么呢？读书是要有选择的，换言之，阅读是还要有"质"的。在组合阅读的教学中，教师通过课上的教学引导，激发学生的阅读兴趣，引导学生在课下能够自发阅读与课文相关著作，充实自身的阅读量。在现实中，与某特定文本的相关著作内容繁多，同时也良莠不齐。如果学生想要披沙拣金、去芜存菁，在"好读书"的基础上"读好书"有所获，就需要培养自身阅读审美的素质。当"组合阅读"成为学生的阅读习惯的时候，就需要教师在课上培养选择组合篇目的能力。

组合阅读教学在为教师打开了一扇突破教学难点的新的大门的同时，也对教师提出了更高的要求，这也势必会继续促进教师自身的专业化发展。有些老师为了选好组合阅读的切入点，会去阅读相关作家的大量作品，从而真正在教学实践中提升自己的专业素养。

3. 教研员在组合阅读中收获教师团队教学水平的整体提升

研究要求各实验校设立专题负责人，在每学期初制订课题研究阶段性计划，并进行全区、学区、校际的交流研讨。研究过程中，定期组织全体实验校的专题研究活动，并聘请有关专家进行面对面的专题辅导及讲座；每学期上交有关专题研究的案例及课题阶段性总结或论文，参加各级各类科研论文、成果评比活动，并向各级刊物投稿。我们很欣喜地发现，在教研员的带领下，全区的老师都在自己的课堂上努力探索教学方式的变革，边研究边实践，边反思边改进，尝试运用"组合阅读"这种教学方式去打开学生的阅读视野，来帮助解决教学中的难点和提升学生的阅读素养。可能大家在组合关联阅读文章的选择上有的精巧些，有的还略显生硬，但我们看到了在课题研究带动下课堂的变化，老师们教学思想和教学方式的变化。全区的老师在教研员的引领下，在骨干老师的带领下，教学水平有了整体的提升。

4. 学校在组合阅读中收获课程建设的发展

本课题由东城区教师研修中心小学语文室与本区部分小学合作推进。围绕关注小学生阅读视野、开展有效的"组合阅读"这一研究课题，从课程建构的角度展开研究工作。在课题研究的过程中，我们尝试把课内外阅读结合起来。于是课题实施的基地校进行了大胆尝试，在学校开设了语文阅读校本课程，让教师在这些阅读课上带领学生阅读与教材相关的作品，这样课上再进行"组合阅读"的时候，就会水到渠成了。在阅读月、阅读周以及各班开展的丰富多彩的阅读活动中，我们看到了学生在阅读校本课程中运用课上习得的方法、经验去延伸阅读情感与体验，学生的综合素养得到了提升。

五、分析和讨论

(一)组合阅读中的"组合关联"需要系统整理与归纳

组合阅读的主要目的在于帮助学生理解课文中的难点以及丰富学生的阅读。教师在组合阅读教学中基于这两点来选择课文与组合篇目是十分重要的。故而，在实际教学中并不是所有课文都适合运用组合阅读的教学方式，一篇课文所组合的文章也是需要斟酌与思考的。这恰恰是教师在日常教学中运用组合阅读教学的困难所在。要想解决选择与课文适合的组合阅读文章的问题，找到两者之间的组合关联便是其关键。

组合关联作为组合阅读中联结课文文本与组合篇目的桥梁，起着至关重要的作用。在课程构思与教学实践中，组合关联是否准确恰当直接决定了教师的教学是否有效。如何在一篇文章中寻找、判定组合关联便是一个亟待解决的问题。因此，对于组合阅读中的组合关联，教师是需要做系统化的整理的。

在组合阅读中，组合关联其实是可以做分门别类的系统化整理的。例如，人教版五年级上册《圆明园的毁灭》一课中，组合阅读"圆明园被毁""二次鸦片战争""八国联军侵华"等背景资料，就能帮助学生了解文章所写的时代背景，从而更好地理解课文的内容。这就是"内容"上的组合关联。

再例如，人教版六年级下册《北京的春节》一课中，组合阅读汪曾祺《端午的鸭蛋》，能帮助学生体会不同作者在描写家乡节日习俗时渗透在字里行间的相同的浓浓的乡情，产生情感上的共鸣。这就是"情感"上的组合关联。

还例如，人教版五年级下册《人物描写一组》中"凤辣子初见林黛玉"一课中，组合阅读《红楼梦·宝黛相会》中贾宝玉出场时的段落；《草原》一课中组合阅读老舍先生的《林海》，都是体会作家的语言风格。可以总结为语言上的组合关联。

除以上组合关联之外，还可以有作家角度的组合关联、作品角度的组合关联、文学体裁上的组合关联，等等。将这些组合关联系统化地整理出来，加以总结、归纳、阐明、举例并编辑成册，可以帮助教师提高对组合阅读的认识能力，解决组合阅读在教学实践中的困难。

(二)规范语言表达，有意识地进行语言积累是新的教学思考方向

学生的语言表达与语言积累实际上是语文教学十分重要的一部分。尤其是学生当下处于一个混乱、异化，并不纯净的母语环境之中，如何利用"组合阅读"的教学方式提升学生的语言表达能力、丰富学生的语言积累是一个十分值得思考的问题。

由于舶来文化与网络新媒体的影响，学生的语言表达出现了一些新的问题，其中最为显著的就是网络词汇与网络表达方式频繁出现在学生的日常语言表达中。例如学生语言表达中出现的"屌丝""何弃疗""喜大普奔"等语意混乱的网络词汇，"你几个意思""你把我喜欢"等有问题的表达方式，这些都是亟待在语文教学中去净化、规范化的。

通过组合阅读的教学方法，学生能在课上课下接触更多的名家名篇、优

美的文字。那么能不能设法帮助学生从这些优秀的文本中吸取好的语言表达呢？即让学生通过阅读，学习文本中的表达方法并将其逐步内化，从而达到学生语言表达"规范化"的目的。

想要提升学生语言能力，学习好的表达方法是一方面，同时还要丰富语言积累，就如同骨架已有，还需血肉丰满。

阅读本身就是语言积累的过程。学生通过组合阅读的教学方法，得以阅读大量的优秀作品。因此"组合阅读"在潜移默化中就是在帮助学生进行语言积累。但是这种语言积累是无意识的，还需要向有意识的教学引导转化。语言的积累其实不仅仅在于词语、语句的记忆与理解，更重要的是运用。实际上真正的语言积累是把阅读中记忆、理解的好词好句进行内化，使其成为自身语言系统的一部分，能够更加生动、精炼地运用到自己的表达中去。这才是学生语言能力的提升。

如何通过教师的引导，在组合阅读的教学方法中提升学生的语言表达能力与丰富语言积累，是一个思考的方向。

(三)如何培养学生在阅读期待中具有一定的阅读审美能力，是组合阅读的一个思考方向

当学生在课堂学习时，教师可以通过组合阅读的教学手段帮助学生阅读到与课文文本相关的文字，从而帮助学生补充内容上的空白，产生情感上的共鸣。这样的教学方法在潜移默化中帮助学生形成以一篇带多篇、关联发散式的阅读学习思考模式，从而在主观上达到拓展学生阅读视野、激发学生阅读兴趣的目的。然而组合阅读仅停留在拓展阅读视野、激发阅读兴趣还不够，需要进一步深化。仅就阅读来说，阅读素质的培养，不仅仅在于量的广博，更在于质的精良，其核心莫过于阅读审美的培养。

从丰富学生阅读的角度来说，运用组合阅读的教学方法在激发学生阅读兴趣、拓展学生阅读视野的基础上，如何培养学生在阅读期待中具有一定的阅读审美能力，是组合阅读教学的一个思考方向。

综上所述，在组合阅读的教学研究中还存在着一些新的问题和方向值得教师进一步地去探究、思考、解决。"阅读期待与阅读审美"是组合阅读教学目的"拓展阅读视野""激发阅读兴趣"的继续深化。规范语言表达，有意识地进行语言积累是新的教学思考方向。对于组合阅读的关键——"组合关联"还需进行系统化的整理与归纳。在组合阅读的教学实践中，碎片化阅读的现象是教师需要关注的问题。这些问题与方向都有待进一步的研究。

六、建议

(一)要有主题地选取文章

组合阅读教学,首先是要选好文章,要围绕一个主题把多篇文章聚在一起,否则组合阅读就会群龙无首,杂乱无章。基于教材单元整组、综合性学习等组合阅读教学,教材中本身就有主题;基于课外阅读、略读课文等组合阅读教学,需要教师从文章内容、人文内涵、表达方式等多角度确定主题,围绕主题精选文章。

从文章内容角度定主题,如对"老舍笔下的小动物""我的老师"等进行组合阅读;从人文内涵角度定主题,如对"尊重生命""生命的价值""名人成长小故事""难忘的童年生活"等进行组合阅读;以写作体裁为主题,如对"儿童诗""民间故事""有特色的人物外貌描写"等进行组合阅读。

(二)要有层次地呈现文章

任何事物都是由多个要素按照一定的结构组合而成的有机整体,优化要素的结构就能增强整体的功能性。在组合阅读教学中,教师不能一篇一篇孤立地呈现文章,也不能把多篇文章无序地全部呈现,最好有一定的层次,才能取得组合阅读教学的整体效应。我们可以根据文章主题和特点,合理选择举一反三、分组递进、反复重读等组合阅读教学层次,有效地呈现文章。

(三)要有整体观念地设计问题

问题是学生思维的起点,是教师教学的手段。组合阅读教学需要单篇文章阅读作基础,但重点是指导学生在多篇文章阅读中提取信息,整合信息。进行组合阅读教学时,我们要把多篇文章看成一个阅读整体,设计比较性、迁移性、冲突性等问题,将多篇文章横向联合起来,培养学生重整、伸展、评鉴、创意等高层次的阅读能力。

立足组合阅读的比较性问题设计。有比较才有鉴别。比较是组合阅读教学的重要方法。常见的比较有横向比较、纵向比较、内容比较、形式比较、相同点比较、不同点比较、粗略比较、精细比较等。如教学的组合阅读"反复结构的童话故事",在学生读完《小壁虎借尾巴》《渔夫和金鱼的故事》《七颗钻石》《犟龟》等四篇童话故事后,引导学生比较思考:这四篇童话故事在情节结构上有什么相同之处?学生很快就能在比较阅读中发现童话故事情节反复性的特点,比单篇阅读教学更有优势。

(四)要有意识地渗透策略

组合阅读教学,不仅要让学生从多篇文章阅读中获取丰富的信息,更重要的是让学生学会快速阅读、整合信息、质疑讨论等组合阅读的策略。

在组合阅读中学会快速阅读的策略。组合阅读教学，学生一节课要阅读多篇文章，用得比较多的是默读和略读、浏览，这也是人们在日常生活和工作中常用的阅读方式，我们要有意识地渗透这些快速阅读的策略。如教学略读课文《祖父的园子》的组合阅读，初读课文时要求学生三分钟内快速默读课文，可以一句一句地读，一段一段地读，一目十行地读，读完课文后想一想这是一个什么样的园子，把自己的感受用词语记录在课题的旁边。再读课文时提出要求：我们知道了祖父的园子是一个应有尽有、五彩缤纷、生气勃勃的园子，请大家用三分钟时间浏览课文，可以跳读、扫读，把表现这些特点的句段画下来读一读，争取读出自己的感受。

（五）要注意关注学生的阅读态度

组合阅读要注意关注学生的阅读态度，注意引导学生在多文本之间建立有机联系，扩大学生的阅读视野，引导学生感受语言表达的情感，探究、解决阅读中的问题，使学生的思维不局限在对文本内容的单一化的理解中，促进学生的阅读能力和阅读品质的提升。因此，我们在开展"组合阅读"的研究时，要努力去解决以往传统阅读教学和多文本阅读教学中存在的问题，从而为培养学生积极的阅读态度开辟新的路径。

（六）要注意关注组合阅读中的文体

王荣生教授在《语文科课程论基础》中将课文分为"定篇""例文""样本""用件"四大类。"组合阅读"可依据课文不同的文类，组织编排补充文本。

七、结语

组合阅读，是阅读教学的探索与全新尝试，旨在全面提高学生语文素养。在课外文本引入课堂教学的过程中，提升了学生的阅读能力，锻炼了学生的思维，更重要的是改变了学生原有被动接受式的学习为主动阅读、思考式的学习，激发了学生学习的积极性，拓展了学生的阅读视野。同时，组合阅读可以让学生高效地利用课堂学习时间，既培养了学生的阅读能力，又发展了学生的阅读思维、提升了学生的品味，从而在潜移默化间提升学生的阅读素养。在此基础上，教师也可以关注学生的阅读兴趣、阅读习惯、阅读方法和阅读态度，及时做出相应的评价和反馈。

在组合阅读的实践研究中，我们发现，学生在阅读数量、阅读视角、阅读思维、阅读情感、阅读审美与鉴赏上发生了一些变化。不同学段的学生在阅读兴趣和态度、认读能力、理解能力、阅读流畅能力、鉴赏能力、运用能力等方面均获得不同程度的提升，形成了一定的阅读素养。课堂成为一个"阅读场"，教材变成了载体，教一篇带多篇、带整本书、带多本同类型的书，课内外阅读通畅了，使学生具有了语文学习的大眼光、大境界。

东城区的小学语文教研也在收获着开放的课堂，获得了学生语文能力与学科核心素养的提升。

随着组合阅读教学在语文教学实践中的不断深入，我们也需要注意一些问题。我们发现根据已有的经验，找到学生的阅读兴趣点，并让学生以体验阅读乐趣为起点进行阅读，是可以带动学生的阅读热情的。作为不同学段的学生的教师，应结合不同学段的特点进行有针对性的培养，在组合阅读中，帮助、引导学生积极地去建构语言并进行实践运用；关注学生阅读思维的发展与提升；在广泛的阅读中，充实宽厚的文化内涵，获得审美的体验。

第六章　结语与展望

如果你只是在教，没有在学，那么你就不是真的在教。

——[美]弗兰克·麦库特

《阅读·视野》的问世，让我又多了一份幸福。

这里有我的课堂，我的学生，我的孩子们，是他们陪伴我走过教师经历、学习旅程；这里有我为师从教，做语文人的生命注入。我希望在这里能够做到一点，我希望：

找到一些可借鉴的经验，为语文课堂添上一抹独特的色彩，来引导、帮助我们课堂上的孩子们。在课堂上，我们要用思想与文字使孩子们投入其中。我的理想是在这里能够为孩子们提供一处空间，一方净土，一片求知的海洋，来这里想想，一探究竟；学习始终是在分享与思考的过程中完成的；将文字留存于自己的内心。如果在这里我的孩子们能够在学习旅程中获得一点微小的助力，那这将是我最为幸福的教师人生！

也许人生并不能像《城堡》中 K 那样不断地丈量，但我的教师生涯的确因为学生、因为语文、因为我所挚爱的教育事业而绽放光彩，收获幸福。

《阅读·视野》这本书一定会存在一些不成熟之处，但每一个文字都凝聚了我的赤诚与心血！

权当"堂吉诃德"式的"出走"，播撒教育的种子，期盼收获满天繁星！

附录一　个人成果及团队成员成果

一、课题负责人蒋杰英相关成果

1. 个人学术经历

2019.11.9，北京市学习科学学会，授予 2019 年度"友善教研导师"荣誉称号；

2019.9.10，北京教育学院，中国教育技术协会微格教学专业委员会，优秀指导老师；

2019.5.20，北京市学习科学学会，2018 年度北京市学习科学学会先进个人；

2019.5，北京师范大学教育学部、北京师范大学教育学部硕士研究生毕业论文评审专家，特聘三年；

2019.1.25，中共北京市教育工作委员会、北京市教育委员会、中国教育工会北京市委员会、北京市教育学会，于北京市中小学第二届"京教杯"青年教师教学基本功培训与展示活动中荣获优秀指导教师奖；

2017.4，中国教育工会北京市委员会、北京市教育学会，于北京市中小学第一届"京教杯"青年教师教学基本功展示活动中荣获优秀指导教师奖；

2016.7，中国高等教育学会教师教育分会"十三五"科研课题，"中华优秀传统文化与现代语文课堂教学实践研究"，地区指导中心立项（课题批准号：2016128）主持北京市东城区教师研修中心中国高等教育学会教师教育分会科研课题"中华优秀传统文化与现代语文课堂教学实践研究"子课题《中华优秀传统文化与现代语文课堂教学实践研究》。

2. 相关论文

2016.11.25，北京市语言学会、语文现代化研究会、北京市教育学会语文教学研究会，《语文课堂教学中实施"组合阅读"的实践探索与思考》，"小学语文教学与语文现代化"论文评比特等奖；

2016.11，中国教育学会小学语文教学专业委员会，《语文课堂教学中实施"组合阅读"的实践探索与思考》，学术论文二等奖；

2015.4.6，北京市教育学会，北京市第 7 届"京研杯"教育教学研究成果二等奖，《让"组合阅读"播下学生乐于阅读的种子——谈"组合阅读"促进学生阅读素养的提高》；

2014.12，于北京教育学院举办的 2014 年人文学院市级常规培训项目——市骨小学语文学科培训中撰写《特定文体"组合阅读"的有效实施——以小说、散文为例》（证书编号：EP2014RW070）。

3. 专著

《阅读·视野》，首都师范大学出版社出版。

4. 教研成果

2018.6.26，北京市教育学会，《语文课堂教学中实施"组合阅读"的实践探索与思考》第六届"智慧教师"教育教学研究成果一等奖；

2016.10，北京市东城区教育科学规划领导小组办公室，《以"组合阅读"促进学生阅读素养的实践研究》中期研究成果被评为区级课题研究优秀中期成果一等奖。

5. 论坛、讲座、发言

2018.12.7，北京市中小学校园阅读促进与推广论坛暨东城现场会，《探索组合阅读　提升师生阅读素养》；

2018.5.28，北京教育科学研究院基础教育教学研究中心，北京市语文学科大会分论坛主题发言《核心素养取向的语文课堂变革：观念与途径》；

2016.4.27，中央电化教育馆，全球推进区域教育信息化协同创新大会史家胡同小学分会场发言《大数据背景下的语文阅读视野》；

2014.5.21，北京教育学院教师培训办公室，2014 年福建省晋江市小学语文教研员教研能力提升《校本教研活动机制与模式》；

2014.4，北京教育学院教师培训办公室，2014 年秦皇岛小学语文骨干教师高级研修培训项目《文体阅读教学实践研究》。

6. 支教活动

2019.6.6，北京市教育委员会对口支援与区域合作处，特邀专家为西藏自治区拉萨市、当雄县教师专讲《关注学生的阅读空间　着力有效的课程资源》；

2018.6.23，北京市东城区教育委员会对外交流与合作科、北京市东城区国际教育交流中心，支教内蒙古乌兰察布市化德县《让语文教育归位于应有的"语文"状态——从学生的学习发展着眼》。

7. 市骨公开课

2019.11.27，以组合阅读为"梁"，架语文素养之"桥"；

2019.11.27，小学语文统编教材"组合阅读"课程实践研究；

2019.6.21，小学语文阅读教学中关于阅读策略与其教学实践的研究；

2019.6.21，关注学生的阅读素养，提供有效的阅读空间，讲好语文课堂育人的故事；

2019.1.14，理想在行走中生成——"组合阅读"在语文教学中实施；

2018.6.28，让语文教育归位于应有的"语文"的状态；

2018.5.31，正道：学生语文素养从课堂走来；

2017.12.15，关注学生的阅读素养，讲好语文课堂育人的故事；

2017.11.23，让语文课堂成为学生阅读素养形成的"培育场"（二）；

2017.5.18，让语文课堂成为学生阅读素养形成的"培育场"（一）；

2017.5.16，关注学生阅读素养在课堂上的发生、发展；

2016.12.23，以"组合阅读"促进学生阅读、实践能力；

2016.12.16，以"组合阅读"为依托进行综合性学习的研究；

2016.5.25，关注学生的阅读培养，思考语文课堂。

二、团队成员成果

1. 相关论文

王超男：2019.6，北京市教育学会，论文《在语文课堂实践中通过"组合阅读"助推学生语文素养的发展》获北京市首届"教师专业能力"教育教学研究成果一等奖。

2. 研究课

范金科：2019.12，人民教育出版社、课程教材研究所课例《精卫填海》在首届全国统编小学语文教科书优质课活动中被推荐为优质课；

朱杰：2019.4，北京市语言学会语文现代化研究会、北京市教育学会语文教学研究会，课例《人与动物》主题阅读教学在北京市小学语文教师"聚焦核心素养，掌握部编教材"说课评比中荣获一等奖；

范金科：2019.1，中共北京市委教育工作委员会、北京市教育委员会、中国教育工会北京市委员会、北京市教育学会，课例获第二届"京教杯"青年教师教学基本功培训与展示活动一等奖；

徐阳：2019.1，中共北京市委教育工作委员会、北京市教育委员会、中国教育工会北京市委员会、北京市教育学会，课例获第二届"京教杯"青年教师教学基本功培训与展示活动一等奖；

朱杰：2019.1，中共北京市委教育工作委员会、北京市教育委员会、中国教育工会北京市委员会、北京市教育学会，课例获第二届"京教杯"青年教师教学基本功培训与展示活动一等奖；

朱杰：2018.7，山西师范大学、首都师范大学《教育艺术》杂志社、"中华优秀传统文化与现代语文课堂教学实践研究"课题组，课例荣获第七届"教育艺术杯"全国中小学语文教师课堂教学大赛小学组一等奖；

朱杰：2018.5，北京教育科学研究院基础教育教学研究中心，课例与教学设计《老人与海鸥》在"2018年北京市基础教育优秀课堂教学设计评选"活动中荣获优秀课例一等奖；

屠静：2017.12，中央电化教育馆，课件《走近鲁迅》荣获第二十一届全国教育教学信息化大奖赛基础教育组课件一等奖；

屠静：2017.5，北京教育科学研究院基础教育教学研究中心、北京市教育学会中青年教育理论工作者研究会，论文《信息网络媒体与语文课堂教学整合之初探》获北京市2016—2017学年度基础教育科学研究论文一等奖。

附录二　组合阅读师生调查问卷

组合阅读师生调查问卷

姓名＿＿＿＿＿　　　年级＿＿＿＿　　　所在学校＿＿＿＿＿＿＿＿＿＿＿＿

性别＿＿　年龄＿＿　教龄＿＿　学历＿＿　专业＿＿

（注：1—4请由学生填写，5—8请由教师填写。在选项后画√即可。）

1. 在平时的学习中，除了课本学习，你阅读课外书籍的数量是？

A. 很多。我会阅读比老师推荐的建议书单还要多的课外书。

B. 正常。老师建议的课外读物，我都按时阅读。

C. 较少。由于时间等原因，我读不完，只是选择性地读书。

D. 其他。请写明原因：＿＿＿＿＿＿＿＿＿＿＿＿＿＿。

2. 除了课堂时间，在课外，你阅读课外书的目的是？

A. 很自主阅读。我为了增长见识、提高语文水平而读书。

B. 完成任务。我只按照老师的规定读书，完成作业即可。

C. 打发时间。心血来潮读书，没有规划读书，能不读就不读。

D. 其他。请写明原因：＿＿＿＿＿＿＿＿＿＿＿＿＿＿。

3. 阅读时你是什么样的态度？

A. 读什么学什么，全神贯注。用批注的方式，边读边做笔记。

B. 我为老师/家长读书。按照他们的要求，完成任务。

C. 走马观花。读书看看就行了。

D. 其他。请写明原因：＿＿＿＿＿＿＿＿＿＿＿＿＿＿。

4. 你喜欢的阅读方式是？

A. 老师/家长陪读。带着我们阅读，并扩充更多有意思的内容。

B. 同学间互读。小组式按照一本书的不同部分，分任务阅读。

C. 自主阅读。我自己读自己的，不需要辅导，按作业完成。

D. 其他。请写明原因：＿＿＿＿＿＿＿＿＿＿＿＿＿＿。

5. 您觉得组合阅读的学习方式学生感觉如何？

A. 非常受欢迎。学生有兴趣，全程参与。

B. 比较受欢迎。绝大部分学生融入其中，参与感较强。

C. 效果一般。少数学生接受阅读范围的拓展，不愿意主动学习。

D. 其他。请写明原因：＿＿＿＿＿＿＿＿＿＿＿＿＿＿。

6. 您经常用组合阅读的方式进行教学吗？（　　）

A. 从不　　B. 偶尔　　C. 经常　　D. 总是

7. 组合阅读之后给您带来了哪些改变？（可多选）

A. 有意识地多读书多积累，主动阅读同一作者或同一题材的文章。

B. 备课更有体系、脉络清晰。

C. 上课更有积极性。

D. 其他。请写明原因：＿＿＿＿＿＿＿＿＿＿＿＿＿＿。

8. 开展组合阅读之后，您认为学生获益的方面有？（可多选）

A. 学生上语文课更加积极主动了，能够主动进行延展阅读。

B. 学生在阅读能力上有所提高，对事物的认识更全面了。

C. 学会了多种阅读方法，更会思考了。

D. 阅读速度提高了。

E. 其他。请写明原因：＿＿＿＿＿＿＿＿＿＿＿＿＿＿。

［注：阶段调研问卷体现阶段实施结果，项目将调研对象分为组合阅读受教人(学生)与组合阅读实施人（教师）为主。结论显示，来自东城区不同学校的均值反馈，学生的阅读质量、阅读习惯、阅读数量、阅读审美、知识内容联想、迁移力均有所提升，教师的备课质量、讲课内容更成体系，更加收放自如，这使得教学形成了迭代版。]

附录三　推荐阅读书目

东城区组合阅读课题组推荐书目
（参看教育部推荐的小学生必读书目）

年级	学期	文学阅读书目		传统文化读本
一年级	第一学期	儿童诗 绘本 童话	《小白船》 《神笔马良》	《声律启蒙　笠翁对韵》 《中国古代成语故事》
	第二学期		《第一眼看四季》 《小布头奇遇记》	《声律启蒙　笠翁对韵》 《中国古代寓言故事》
二年级	第一学期	绘本 儿童诗 童话	《倾听成长的梦》 《成语故事精选》（注音本） 《叶圣陶童话》	《最爱中华老童谣》 《中国传统节日》系列读本
	第二学期		《张天翼儿童文学全集》 《木偶奇遇记》 《蝴蝶·豌豆花》	《中国传统节日》系列读本
三年级	第一学期	童话 民间文学 诗歌	《伊索寓言》（古希腊） 《中国寓言故事精选》 《一只想飞的猫》	《幼学琼林》
	第二学期		《格林童话》 《中国历史故事精选》 《中国神话传说》	《山海经》 《唐诗三百首》
四年级	第一学期	散文 诗歌 小说	《寄小读者》 《阿凡提的故事》 《中华上下五千年》	《龙文鞭影》
	第二学期		《张天翼儿童文学三部曲》 《昆虫记》 《叶圣陶散文集：没有秋虫的地方》 《青铜葵花》	《中国古典寓言菁华》 《给孩子的古诗词·讲诵版》

续表

年级	学期	文学阅读书目		传统文化读本
五年级	第一学期	散文诗歌小说	《海底两万里》 《三国演义》 《呼兰河传》(典藏版) 《毛泽东诗词选》	《画说汉字：1000 个汉字的故事》《诗经》 《汉字王国：讲述中国人和他们的汉字的故事》
	第二学期		《又是一年芳草绿》 《城南旧事》(典藏版) 《草房子》 《俗世奇人》 《儒林外史》	《世说新语》 《千家诗》(新编)
六年级	第一学期	散文诗歌小说	《托尔斯泰短篇小说集》 《高尔基自传体三部曲》 《留德十年》 《朝花夕拾》 《鲁迅小说》	《古诗今选》 《东周列国志故事》郭平改编
	第二学期		《朱自清散文精选》(增订版) 《鲁滨逊漂流记》 《汤姆索娅历险记》 《居里夫人传》 《契诃夫短篇小说选》 《毛泽东诗词选》 《西游记》	《论语》 《孟子》 《今古奇观》

推荐阅读书目及理由

学段	年级	推荐书目	推荐理由
第一学段	一年级	《声律启蒙》	部编本教材低年级教材中有大量的古诗词，也有《对韵歌》一课，学生应对古诗词韵律有一定的了解。《声律启蒙》《笠翁对韵》是蒙学中重要的声律教材。
		《笠翁对韵》	部编本教材低年级教材中有大量的古诗词，也有《对韵歌》一课，学生应对古诗词韵律有一定的了解。《声律启蒙》《笠翁对韵》是蒙学中重要的声律教材。
		《第一眼看四季》	部编本教材一年级有"四季"一单元，帮助学生了解一年四季。本书通过简洁而又富有童趣的话语、生动的图片帮助学生更好地理解四季。本书共包括：《生长在春天》《起飞在夏夜》《收获在深秋》《温暖在寒冬》。
	二年级	《最爱中华老童谣》	童谣一直是我国儿童文学的重要组成部分，也是口头文学中学生最喜闻乐见的，可以拓展学生积累。
		《倾听成长的梦》	《倾听成长的梦》为知名作家金波儿童文学作品精选集。通过一个个纯美的小故事、一篇篇优美的散文和一首首精巧的诗歌，金波爷爷把要对孩子们说的话——关于成长、关于动物、关于友情和师生情的话，都说清楚了。
第二学段	三年级	《山海经》	三年级教材有《夸父追日》等选自《山海经》的课文。《山海经》是我国第一部系统的编录民间神话的著作，推荐学生阅读。清华版本的《山海经》插图精美讲究，文言文＋白话文＋翻译＋解读故事，有利于学生阅读。
		《一只想飞的猫》	《一只想飞的猫》收录了现代儿童文学家陈伯吹先生的中短篇力作。其中《一只想飞的猫》通过一系列生动有趣的情节，成功地塑造了一只"想飞的猫"的形象。他盲目地逞强好胜，吹嘘自己是赛跑健将、歌唱家和打鱼能手，"想飞的猫"骄傲虚荣、好逸恶劳的心理被表现得淋漓尽致。
		《唐诗三百首》	学生在三年级对于优秀古诗词应该有一定的积累。《唐诗三百首》是很好的整理和补充。
		《幼学琼林》	作为重要的蒙学著作，《幼学琼林》汇集了我国大量的传统文化知识，内容简单易懂，可读性强。

续表

学段	年级	推荐书目	推荐理由
第二学段	四年级	《叶圣陶散文集：没有秋虫的地方》	叶圣陶先生是我国著名文学家、教育家。三年级教材《爬山虎的脚》便是其散文作品。本书是叶圣陶散文集，精选了《没有秋虫的地方》《藕与莼菜》《将离》《客语》《卖白果》《三种船》等近70篇代表作品。其中《没有秋虫的地方》是叶圣陶20年代初的作品，作者以其精湛的艺术构思，质朴凝重的语言，倾吐了一个进步的热血青年对生活的渴望和对理想的追求，意蕴丰厚、味道隽永，读之耐人咀嚼，令人深思。
		《昆虫记》	《昆虫记》融合了科学与文学，这也意味着它既有科学的理性，又有文学的感性。书中不时语露机锋，提出对生命价值的深度思考，试图在科学中融入更深层的含义。四年级教材中《蟋蟀的住宅》一课便是选自其中。
		《张天翼儿童文学三部曲》	《宝葫芦的秘密》《大林和小林》《秃秃大王》是我国著名儿童文学家张天翼先生代表作，被认为是中国现代童话的奠基之作。《宝葫芦的秘密》也是首部被迪士尼拍成电影的中国童话。他的这些作品以奇特的构思、夸张的手法、大胆的想象、曲折的情节，吸引了成千上万的小读者，陪伴了一代又一代小读者的成长，成为永恒的经典，被孩子们珍藏在记忆的深处。同时，他的这些作品不仅陪伴了一代又一代的中国人，而且还被翻译成英、俄、法、德、日、西等多种语言，深受海外读者的喜欢，他被誉为"中国的安徒生"。
		《龙文鞭影》	《龙文鞭影》是一部重要的国学启蒙读物，以不到五千字的四字韵语，浓缩了一千多个历史人物的故事和典故。既是一部内容丰富的知识性、趣味性读物，又是一部实用的文史工具书，同时，还可作为讲述历史的良好教材使用。因此，数百年来，这本书风行海内，历久不衰。
		《中国古典寓言菁华》	《中国古典寓言菁华》选取了先秦两汉时期的经典寓言故事400多篇。篇目以所载寓言原书出现的时间先后为序。对所载寓言的专书及作者，均做了简要介绍。每则寓言分别从说明、注释、今译等方面精细解读，方便一般读者理解。

续表

学段	年级	推荐书目	推荐理由
第二学段	四年级	《青铜葵花》	《青铜葵花》讲述了一个男孩与女孩的故事。男孩叫青铜，女孩叫葵花。一个特别的机缘，让城市女孩葵花和乡村男孩青铜成了兄妹相称的朋友，他们一起生活、一起长大。12 岁那年，命运又将女孩葵花召回她的城市。
		《千家诗》(新编)	到了四年级，语文教学与教材都对学生有了进一步的要求。《千家诗》(新编)是著名古典文学研究大家袁行霈先生主编重选的"千家诗"，既保存了原来"千家诗"的优点，又增加了汉魏六朝以及元明清及近代作品。这本书所选诗歌按五言绝句、七言绝句、五言律诗、七言律诗、五言古诗、七言古诗顺序编排，同一体裁下按诗人时代先后排列，共 152 首，均是寓意深刻、情致高雅、意境开阔、脍炙人口的传世佳作。
第三学段	五年级	《草房子》	曹文轩是我国当代著名儿童文学作家。《草房子》是其代表作。作品写了男孩桑桑刻骨铭心、终生难忘的六年小学生活。六年中，他亲眼目睹或直接参与了一连串看似寻常但又催人泪下、撼动人心的故事。
		《俗世奇人》(修订版)	冯骥才是我国当代著名作家之一，语文教材中多选入其作品。五年级课文《刷子李》便是选自他的小说集《俗世奇人》。其书讲述了过去津门的传奇故事。码头上的人，不强不成，一强就生出各样空前绝后的人物，但都是俗世奇人；小说里的人，不奇不成，一奇就演出各种匪夷所思的事情，却全是真人真事。
		《图解〈说文解字〉：画说汉字》	五年级教材综合性学习《遨游汉字王国》一课，帮助学生重新认识我们使用的汉字。《图解〈说文解字〉：画说汉字》以《说文解字》为依托，精选了 1000 个现代生活中较常用到的汉字，并配有精美插画、200 字左右的精短解说，以及甲骨文、金文、小篆、隶书等字体演变，希望以此来揭示汉字诞生、演化的过程，并展示该字在现代社会的使用状况。总之，《图解〈说文解字〉：画说汉字》内容丰富，形象生动，文字精粹，可以作为文学爱好者、汉字爱好者、创意工作者的工具书使用。

续表

学段	年级	推荐书目	推荐理由
第三学段	五年级	《汉字王国》	《汉字王国》是瑞典汉学家林西莉的著作。该书以图文并茂的形式讲述中国文字的起源和特点，选取200多个与人的生活有关的字进行细致的讲解，如与人的身体、住房、器皿、丝和麻、家畜、农具、车船、道路等有关的字，同时分析和描述中国人的生活方式和风俗习惯，从而使人加深对文字的理解。既有深度，又很好读。
		《毛泽东诗词欣赏》	毛泽东诗词是我国现当代重要的诗歌作品。五年级教材中选取了《七律·长征》。从《毛泽东诗词欣赏》中，学生可以从另一个角度了解毛泽东。
		《老舍散文：又是一年芳草绿》	学生在五年级已经学习过不少老舍的散文作品。五年级的《草原》更是经典之一。他的笔下总有万般心绪涌动。这本散文集典型而精致、可读性强，细细品味，其乐无穷。
		《呼兰河传》（典藏版）	《呼兰河传》（典藏版）是萧红的一部有影响力的代表作。在这部作品中，她以散文化的笔调描写了以家乡为原型的"呼兰河城"的传记。呼兰河城不是安详宁静的天堂，那里充满着无知和愚昧，荒凉的土地上弥漫着痛苦和绝望。但萧红还是用淡泊的语气和包容的心叙说了家乡的种种。她将一片片记忆的碎片摆出来，回味那份独属于童年、独属于乡土的气息。书中慈爱的祖父、后花园的动植物是萧红生命中至为重要的一抹暖色，是她灵魂的慰藉和生命的源泉。五年级教材《祖父的园子》便是选自其中。
		《城南旧事》（典藏版）	《城南旧事》（典藏版）是著名女作家林海音于1960年出版的以其7岁到13岁的生活为背景的一部自传体短篇小说集，也可视作她的代表作。本书描写了20世纪20年代，北京城南一座四合院里，住着英子温暖和睦的一家。它透过主角英子童稚的双眼，向世人展现了大人世界的悲欢离合，有一种说不出来的天真，却道尽人世复杂的情感。小英子作为一个主要人物出现在文章中，当她发现大人们的良好愿望与现实之间存在着巨大反差时，她天真善良的幼小心灵就愈发显得孱弱。五年级教材《窃读记》《冬阳·童年·骆驼队》便是林海音的作品。

续表

学段	年级	推荐书目	推荐理由
第三学段	五年级	《三国演义》	《三国演义》是我国古典章回体小说的代表作之一，以其"文不甚深、言不甚俗"的特点在民间流传极广。学生是非常爱读的。五年级教材中有《草船借箭》一课。学生在五年级应对古典白话小说有一定深入的了解。
		《儒林外史》	《儒林外史》是清代吴敬梓的官场批判小说，五年级教材《人物描写一组》中《临死前的严监生》就是其中的内容。
		《今古奇观》	《今古奇观》是抱瓮老人从"三言""二拍"中选出来的一部话本选集，总共四十篇。作品从各个角度广泛而深入地反映了当时市民阶层的生活面貌和思想情感，是一部较好的古典短篇小说选集。本稿是请顾学颉先生以《今古奇观》的明刊本为底本所做的校注本，注释详明准确。另外，还从一些优秀的古代版画中，为本书选配了精美插图，使图文相得益彰，以期提升它们的阅读欣赏价值。
		《世说新语》	《世说新语》是我国早期的志人小说。记录了魏晋时期士人阶层的言行。教材《杨氏之子》一课便是选自其中。这一版本的《世说新语》每一篇前都用一个简短的题解对该篇进行介绍。《世说新语》除对生僻字依汉语大词典做注音、解释外，更注重对于涉及的历史事件、背景的说明，使读者能更好地理解当时人物以及他们丰富的内心世界，认识那个时代独特的时代风尚。《世说新语》底本选用涵芬楼影印明嘉趣堂本，参考了余嘉锡世说新语笺疏中的校勘、笺疏成果。
	六年级	《留德十年》	学生已经学习了不少季羡林先生的作品，这本书可以有效增进对季羡林先生以及那个时代的了解。是六年级上册第六课《怀念母亲》的很好补充。
		《朝花夕拾》	六年级上册教材"走近鲁迅"单元从不同侧面介绍了伟大的文学家、思想家、革命家鲁迅。这是学生第一次正面接触鲁迅。除了鲁迅的生活形象，学生更应该从他的文学作品中了解鲁迅先生。《朝花夕拾》是鲁迅重要的散文作品。杂文是鲁迅最擅长的文学体裁，创作的作品也最多，最能体现鲁迅的思想。《鲁迅小说》是现当代著名文学评论大家钱理群编著的，集中展示了鲁迅小说作品的精华。
		《鲁迅小说》	

续表

学段	年级	推荐书目	推荐理由
第三学段	六年级	《给孩子的古诗词·讲诵版》	《给孩子的古诗词·讲诵版》是古典诗词大家、93岁的叶嘉莹先生，为了让更多的读者能领会到古诗词中所蕴含的感动和召唤，花费近一年时间，为孩子选编、讲解、吟诵218首经典古诗词，书中根据诗词内容精心选配52幅中国古典绘画作品。
		《古诗今选》	《古诗今选》是从文学史的角度来选取的，能够帮助学生初步树立文学史意识。
		《鲁滨逊漂流记》	六年级下学期语文教材中有两篇长篇小说的课文：《汤姆索亚历险记》《鲁滨逊漂流记》。学生应多拓展相关的游记类长篇小说，逐渐掌握长篇小说的阅读方法。
		《居里夫人传》	六年级下学期教材中有《跨越百年的美丽》一课，讲述居里夫人的相关事迹。《居里夫人传》可以帮助学生更好地理解课文相关的内容。
		《西游记》	《西游记》是我国古典神话小说的代表作之一，可以拓展学生阅读眼界，提升学生想象力。
		《朱自清散文精选》（增订版）	朱自清先生是现代散文大家，六年级语文教材中选取了《匆匆》一课。阅读朱自清的散文作品，可以帮助学生提升阅读体验。

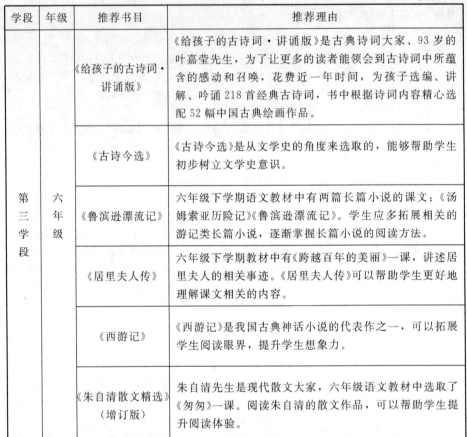

一年级上册组合阅读推荐书目及理由

一年级上册课文	推荐书目	推荐理由
1. 秋天	《秋叶飘飘》（来源：人民教育出版社《义务教育课程标准实验教科书语文一年级上册》）	补充、丰富课文对秋叶的描写，由秋叶的多姿、多彩感受秋天之美。
2. 小小的船	《十五月儿圆》	同一作家描写月亮的不同作品，补充月亮的不同样子。
3. 江南	《忆江南·江南好》（唐）白居易	同为描写江南风光的古诗，从不同角度体会江南之美。

一年级上册课文	推荐书目	推荐理由
4. 四季	《四季歌》(来源:《义务教育教科书语文一年级上册同步阅读小猫种鱼》)	描写内容相同,补充四季中各具特色的事物如何表达季节的特点,给学生完成课后第二题以启发。
5. 对韵歌	《笠翁对韵》	拓展课文内容,进一步感受对韵这种形式,多种方式识字。
6. 画	《风》(唐)李峤(来源:网络资源)	同为谜语诗,感受谜语诗的趣味,拓展识字。
6. 比尾巴	《动物尾巴的作用》(来源:《明天要远足》绘本)	课文内容的延伸,补充动物尾巴的作用这一相关课外知识。
9. 明天要远足	《不学写字有坏处》	同作者作品,感受儿童诗的趣味。
10. 大还是小	《我自己也不知道》林焕彰	课文主题"童年趣事"的延伸,引发学生对自己成长的思考。
13. 乌鸦喝水	《掉在井里的狐狸和公山羊》(来源:《伊索寓言》)	拓展同文体故事,感受寓言的精妙。

一年级下册组合阅读推荐书目及理由

一年级下册课文	推荐书目	推荐理由
1. 吃水不忘挖井人	《毛主席看戏》(来源:《月亮船》)	丰富文中人物形象,更好地感受伟人魅力。
2. 姓氏歌	《百家姓》	拓展课文内容,初步了解中国人的姓氏,感受传统文化的魅力。
3. 一个接一个	《向着明亮那方》	同一位诗人的作品,进一步感受童年时代的积极乐观。
4. 猜字谜	《字谜二则》有水能养鱼,有土能种菜,有人不是你,有马跑得快。(也)远看田里长青草,近看才知不是草。(苗)(来源:网络资源)	同种类文体拓展,提升学生识字兴趣。
8. 静夜思	《古朗月行》(唐)李白	补充同一诗人描写月亮的古诗,从不同角度感受月亮的美。
8. 人之初	《三字经》	拓展延伸课文内容,积累优秀中华传统文化。

一年级下册课文	推荐书目	推荐理由
14. 要下雨	《观动物知天气》	课文内容的延伸，补充下雨前不同动物的做法。
21. 小壁虎借尾巴	《小蝌蚪找妈妈》	拓展类似主题与结构的童话故事，训练学生关注故事内容，尝试讲述主要部分。

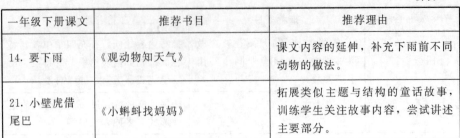

二年级上册组合阅读推荐书目及理由

二年级上册课文	推荐书目	推荐理由
1. 小蝌蚪找妈妈	《青蛙》(来源：《二年级上册语文试题 同类阅读训练》)	承接课文内容，描写同一事物。
3. 植物妈妈有办法	《谁的妈妈本领大》(来源：《二年级上册语文试题 同类阅读训练》)	拓展课文内容，丰富植物知识。
识字1. 场景歌	《量词歌》(来源：《二年级上册语文试题 同类阅读训练》)	量词扩展、训练。
4. 曹冲称象	《聪明的徐文长》(来源：《二年级上册语文试题 同类阅读训练》)	相同道理，加深理解。
5. 玲玲的画	《老鼠的皮鞋车》(来源：《二年级上册语文试题 同类阅读训练》)	相同道理，加深理解。
8. 登鹳雀楼	《黄鹤楼送孟浩然之广陵》(来源：《唐诗宋词元曲》)	描写同一事物的不同诗句，拓展阅读。
8. 望庐山瀑布	《题西林壁》(来源：《唐诗宋词元曲》)	同一作家，不同作品的积累。
9. 黄山奇石	《黄山四绝》(来源：网络资源整理撰写)	拓展黄山的特色，感受黄山的奇美。
10. 日月潭	《"海子"——最美九寨沟的水》(来源：网络资源整理撰写)	同是写水，不同的美，感受祖国风景的优美。
12. 坐井观天	《盲人摸象》(来源：《中国成语故事》)	拓展练习，培养读故事懂道理的能力。
13. 寒号鸟	《麻雀学艺》(来源：《故事大王》)	培养读故事懂道理的能力。
15. 大禹治水	《三过家门而不入》(来源：《大禹治水的故事》)	延展、补白故事内容，突出感受人物的精神。

续表

二年级上册课文	推荐书目	推荐理由
16. 朱德的扁担	《我是伙夫》（来源：《井冈山红色故事》）	拓展同人物故事，感受革命领袖的平易近人。
19. 雾在哪里	《雾的秘密》科普（来源：《有趣的天气现象》）	补充资料，帮助理解课文内容，为学生的知识补白。
21. 狐假虎威	《兔死狐悲》（来源：《中国成语故事》）	拓展关于狐狸的故事，感受形象的特点。
22. 狐狸分奶酪	《兔死狐悲》（来源：《中国成语故事》）	拓展关于狐狸的故事，感受形象的特点。
24. 风娃娃	《风在哪里》（来源：网络资源）	延展课文内容，用儿歌的方式了解风做的更多的事。

二年级下册组合阅读推荐书目及理由

二年级下册课文	推荐书目	推荐理由
1. 古诗二首	《早春呈水部张十八员外》（来源：《唐诗宋词元曲》）	承接课文内容，积累描写春天的古诗。
2. 找春天	《春天来了》（来源：教师撰写）	拓展课文内容，丰富描写春天的语句。
4. 邓小平爷爷植树	《邓小平爷爷的小故事》片段（来源：百度文库）	丰富文中人物形象，更好地理解课文内容。
5. 雷锋叔叔你在哪里	《雷锋的故事》（来源：《雷锋日记》）	补充资料，熟悉人物形象，体现人物精神。
6. 千人糕	《衣服的旅程》（来源：教师撰写）	相同道理，加深感受。
识字1. 神州谣	《我的祖国真美好》（来源：网络资源）	从不同方面感受祖国的地大物博、山河壮美。
2. 传统节日	《火把节》（来源：《少数民族节日》）	拓展课文内容，了解少数民族也有传统节日。
3.“贝”的故事	《有趣的汉字》节选（来源：《有趣的汉字》）	展现汉字的魅力，激发学生学习汉字的兴趣。
9. 枫树上的喜鹊	《燕子过海》片段（来源：《燕子过海》）	感受人与动物之间的和谐相处。

二年级下册课文	推荐书目	推荐理由
11. 我是一只小虫子	《昆虫记》节选（来源：《昆虫记》）	小虫很有趣，从一篇童话引入昆虫的世界。
12. 寓言二则	《半途而废》（来源：《中国古代成语故事》）	读故事懂道理，进一步体会成语的特点。
13. 画杨桃	《题西林壁》前两句（来源：《题西林壁》）	感受不同的角度看到的事物的样子也会不同。
14. 小马过河	《成功的路》三个小马驹的故事（来源：网络资源）	从描写相同的事物入手，读故事懂道理。
15. 晓出净慈寺送林子方	《饮湖上初晴后雨》（来源：《唐诗宋词元曲》）	积累描写西湖的古诗，感受西湖的美。
16. 雷雨	《一场雪》（来源：教师撰写）	了解大自然的气候现象，感受写法。
17. 假如你在野外迷了路	《大自然的指南针》（来源：网络资源）	科普知识拓展，激发学生学习兴趣。
18. 太空生活趣事多	《吃在太空》（来源：网络资源）	延展课文内容，了解宇航员在太空的生活。
19. 大象的耳朵	《找耳朵》（来源：《动物百科》）	拓展动物耳朵的知识。
19. 大象的耳朵	《这就是我》（来源：教师撰写）	加深课文体现的思想内涵。
25. 羿射九日	《神农尝百草》（来源：《中国神话故事》）	拓展同文体故事，初步感知神话故事的神奇、有趣。

三年级上册组合阅读推荐书目及理由

三年级上册课文	推荐书目	推荐理由
2. 花的学校	歌声在空中感到无限，图画在地上感到无限，诗呢，无论在空中、在地上都是如此。因为诗的词句含有能走动的意义与能飞翔的音乐。[来源：《飞鸟集》（泰戈尔。译者冰心、郑振铎）]	原作者其他作品。阅读泰戈尔所写关于童年与美好主题的诗作。感受诗作中的美好与优美语言的魅力，启发继续阅读泰戈尔诗集的兴趣

三年级上册课文	推荐书目	推荐理由
4. 古诗三首《山行》	《秋词》刘禹锡	同主题的七言绝句。品读秋天的美好，体会作者对自然景色的喜爱和赞美。理解中国古人主流悲秋审美中杜牧与刘禹锡的独特。
5. 铺满金色巴掌的水泥道	"我放学回家喜欢东看看，西看看……""把一根竹根做成笆草的笆子……""百看不厌"（来源：书内阅读链接：《自报家门》(节选)汪曾祺）	阅读汪曾祺少年时放学路上的所见所闻。运用多种方式理解词句。体会只要留心，处处都是美好。
6. 秋天的雨	"许多幼小的动物正在成长。它们离开了父母，自己去找一处新的住所。"（来源：书内阅读链接：《迁徙的季节》[德]乌纳·雅各布。译者：顾白）	同主题不同风格名家名篇。品读生动亲切的语言，了解秋天不同事物的变化。运用课上学到的方法理解词句的意思。
习作：我来编童话	"后来一天比一天糟。大家都要赶走这只可怜的小鸭，连他自己的兄弟姊妹也对他生起气来。""他们终于来到温暖的国度。"（来源：《安徒生童话》、《拇指姑娘》[丹麦]安徒生。译者：叶君健）	多本书、多个故事整合。感受童话的美好和有趣。有计划地安排自己的阅读。在阅读过程中对童话的人物形象与情节产生兴趣。
13. 胡萝卜先生的长胡子	《胡萝卜先生的长胡子》王一梅。（来源：原文结尾）	运用预测方法，边读边预测，感受预测的乐趣，体会作者用意，乐于帮助别人的人总会帮到自己。
14. 卖火柴的小女孩	我的人生是一部美丽的童话，快乐温馨又充满曲折。少年时期，我只身闯荡世界，一贫如洗，孤独无依，幸而遇见了一位善良的精灵，她对我说："选择你自己的人生方向，直到实现你的目标。"（来源：安徒生自传《月亮上的人》[丹麦]安徒生。译者：胡晓琛、朱雯霏）	本文作者自传。了解安徒生的经历和创作背景，体会安徒生想要借助童话传递的美好。

续表

三年级上册课文	推荐书目	推荐理由
17. 古诗三首《饮湖上初晴后雨》	《六月二十七日望湖楼醉书》五首(其一)	同作者、同主题七言绝句。感受西湖的景色美丽,品读作者对西湖的赞美。
18. 富饶的西沙群岛	海滩上有拣不完的美丽的贝壳……最有趣的要算海龟了。……(来源:《富饶的西沙群岛》)	作品原文。了解西沙群岛的物产,补充介绍西沙群岛的素材。
21. 大自然的声音	"还没有看见瀑布……""望见了瀑布的全身……""站在瀑布脚下仰望……"(来源:书内阅读链接《瀑布》叶圣陶)	同主题,不同文体。体会要用不同方式感受大自然之美。学会在描述景色的时候要有一定的顺序。
27. 手术台就是阵地	毛泽东:白求恩同志毫不利己专门利人的精神,表现在他对工作的极端的负责任,对同志对人民的极端的热忱。(来源:《毛泽东选集》第二卷)	白求恩的生平,伟人对白求恩的评价。交流白求恩的故事,体会课文人物的高尚品格。

三年级下册组合阅读推荐书目及理由

三年级下册课文	推荐书目	推荐理由
1. 古诗三首	《游园不值》(来源:《全宋诗》)	积累描写春天的古诗。
4. 昆虫备忘录	《昆虫之最》(来源:《语文课超有趣》)	语言风趣幽默,激发学生兴趣。
5. 守株待兔	《郑人买履》(来源:《韩非子》)	都通过短小的文言文说明道理。
8. 池子与河流	《公鸡和珍珠》(来源:《克雷洛夫寓言》)	同一作家作品,同样以生活中的常见事物为主角。
9. 古诗三首	《寒食》(来源:《全唐诗》)	同样是描写节日的古诗。
10. 纸的发明	《埃及的莎草纸》(来源:《语文课超有趣》)	内容相似,激发学生兴趣。
12. 一幅名扬中外的画	《蒙娜丽莎之约》节选(来源:人教版《语文》)	内容相似,激发学生兴趣。

续表

三年级下册课文	推荐书目	推荐理由
14. 蜜蜂	《老马识途》(来源:《韩非子》)	激发学生对自然的兴趣。
18. 童年的水墨画	《所见》(来源:《小学生必背古诗词》)	都是写童年生活的诗歌,激发学生兴趣
21. 我不能失信	《曾子杀彘》(来源:《韩非子》)	教导学生要守信用。
22. 我们奇妙的世界	《小洋》(来源:王思任原著,老师翻译)	色彩明快,语言优美。
25. 慢性子裁缝和急性子顾客	《慢性子和急性子》(来源:《读与写(小学中高年级版)》)	讲述一对慢性子与急性子间的故事,通过人物描写感受人物形象。
26. 方帽子店	《按图索骥》(来源:《艺林伐山》)	讽刺了顽固的人。
28. 枣核	《小秀才智救大树》(来源:《最聪明孩子的100个动脑故事》)	主人公都是聪明的孩子,更有童趣。

四年级上册组合阅读推荐书目及理由

四年级上册课文	推荐书目	推荐理由
1. 观潮	北师大版《泉》、徐迟的《黄山记》、《黄果树瀑布》、课后资料袋	背景资料,更好地了解钱塘江所处位置和大潮形成原因。
2. 走月亮	《月迹》贾平凹(来源:散文集《月迹》)	同主题作品,感受不同人眼中月亮所带有的特殊回忆。
6. 蝙蝠和雷达	仿生学的其他应用	内容延展,了解更多有关仿生学的应用。
9. 古诗三首	作者资料及《钱塘湖春行》、陆游《游山西村》	《暮江吟》是同作者,体会颜色对比。《题西林壁》属同主题(哲理类诗歌),体会诗歌中的哲理性。
10. 爬山虎的脚	《燕子窝》及观察日记的其他形式、课后资料袋、第11课阅读链接	课内组合,知道观察记录的不同形式。

四年级上册课文	推荐书目	推荐理由
11. 蟋蟀的住宅	《昆虫记》中的其他昆虫文章，如《蝉》（来源：法布尔《昆虫记》）	同作者作品，进一步体会法布尔写作特点、观察细致和对昆虫的喜爱。
12. 盘古开天地	宇宙起源、人类起源、神话时代的宇宙景观（来源：《中国神话传说》、三国时徐整著《三五历纪》中盘古开天地的古文）	通过同类型作品，了解创世神话。作课外延展，为下一课古文学习进行铺垫。
13. 精卫填海	《夸父逐日》（来源：《山海经·海外北经》原文、注释和译文）	同类型作品，既多了解一个《山海经》中的神话，同时也巩固古文的理解方法。
14. 普罗米修斯	《世界经典神话与传说故事》上1—6个故事	同类型作品，感受古希腊神话的共性特点。
16. 麻雀	"我"迷路找路的过程片段（来源：《猎人笔记》中"别任草地"1—6段）	同作者作品，关注表达的顺序和具体描写。
20. 陀螺	《忙向天空放纸鸢》（来源：《会玩儿——老北京的休闲生活》）昆曲《春景》	同主题作品，进一步感受传统的休闲娱乐带给作者的乐趣和难忘回忆。
21. 古诗三首	边塞诗王昌龄《从军行》、王之涣《凉州词》（来源：《唐诗三百首》）	同主题作品，发现边塞诗的共性和特点。
22. 为中华之崛起而读书	《血脉里，每一个人都是祖国》邓康延（来源：《读者》）	同主题作品，体会爱国情怀。
23. 梅兰芳蓄须	《难忘的一课》	课内组合，体会爱国情怀。
24. 延安，我把你追寻	南泥湾开荒、杨家岭讲话	背景资料，帮助理解诗歌含义。
25. 王戎不取道旁李	《小时了了》孔文举（来源：《世说新语·言语第二》第三个小故事）	同作者作品，感受《世说新语》中言语第二里每一个小故事中的人物的睿智。

五年级上册组合阅读推荐书目及理由

五年级上册课文	推荐书目	推荐理由
2. 落花生	《爱莲说》周敦颐、《落花生》老舍	同主题作品，从不同侧面体会。
3. 桂花雨	《家乡的桥》	同主题作品，从不同侧面体会。
4. 珍珠鸟	《猎人们》朱天心	课文内容的延伸，可对照学习。
5. 搭石	《写作〈搭石〉的前前后后》	补充背景资料，深入了解写作《搭石》的前前后后。
6. 将相和	《完璧归赵》《纸上谈兵》《淳于髡传》	补充相关作品和背景故事，加深学生对课文内容的理解。
7. 什么比猎豹的速度更快	谁的房子最棒	拓展课文内容，激发学习兴趣。
10. 牛郎织女（二）	《孟姜女哭长城》	拓展同文体故事，感受民间故事的魅力。
17. 慈母情深	《母亲》梁晓声、《我的母亲》老舍	同为描写母亲的作品，体会不同作家笔下的母亲形象，从而获得更丰满立体的感受。
18. 父爱之舟	《我负丹青：吴冠中自传》吴冠中、《背影》朱自清	同为描写父亲的作品，体会不同作家笔下的父亲形象，从而获得更丰满立体的感受。
20. 古诗词三首	《鸟鸣涧》《宿建德江》《如梦令·昨夜雨疏风骤》	同类型古诗，从不同角度体会。
22. 鸟的天堂	《西湖》巴金	同一文体的不同作品，体会表达及文体特点。
24. 古人谈读书	《送东阳马生序》（节选）	同为谈读书的作品，体会不同作家对于读书、劝学、为人处世的见解。
25. 忆读书	《乐书》宗璞	同为谈读书的作品，体会不同作家对于读书、劝学、为人处世的见解。

六年级上册组合阅读推荐书目及理由

六年级上册课文	推荐书目	推荐理由
1. 草原	老舍《内蒙风光》、《草原》(原文)、《林海》、《风景区》 翦伯赞《内蒙访古》关于海拉尔的章节	同一文体的作品,对课文内容进行延伸。
2. 丁香结	宗璞《丁香结·未解的结》、戴望舒《雨巷》	补充相关资料及同类型作品,对课文内容进行延伸。
3. 宿建德江	咏月怀乡诗一组	补充同主题作品,深入理解"月亮"这一中国传统诗文中的典型意象以及"怀乡诗"这一诗歌主题。
5. 七律 长征	毛泽东长征诗一组《十六字令三首》《忆秦娥·娄山关》《七律·长征》《念奴娇·昆仑》《清平乐·六盘山》	同一作家的作品,对课文内容进行延伸。
6. 狼牙山五壮士	徐光耀《小兵张嘎》	补充同类型作品,对课文内容进行延伸。
9. 竹节人	范锡林《竹节人》(六年级必读书目)、《蝈蝈笼》、《皮筋枪》	同一作家的作品,对课文内容进行延伸。
10. 宇宙生命之谜团	张申碚、赵晓梅《宇宙生命之谜》(六年级必读书目)、《生物钟之谜》	同一作家的作品,对课文内容进行延伸。
12. 桥	欧亨利《最后一片落叶》、谈歌《桥》(六年级必读书目)、《绝品》、《绝技》	同类型作品,更好地理解小说的表达特点。
13. 穷人	普希金《暴风雪》	同类型作品,可对照阅读。
21. 伯牙鼓琴	山水诗、与"知音"文化相关的古诗词一组	补充同主题作品,深入理解"山水诗"题材及"知音"文化。
22. 月光曲	《巨人三传》中描写贝多芬的部分	补充背景资料,加深对人物形象、性格的把握。
24. 少年闰土	《朝花夕拾》、《从百草园到三味书屋》、《阿长与山海经》、《社戏》(节选)	互文文本,通过补充鲁迅的其他作品,深入体会闰土这一人物形象及其背后的社会文化意义。
26. 我的伯父鲁迅先生	萧红《回忆鲁迅先生》	关于鲁迅的不同作品,对照体会人物。

参考文献

[1]王荣生.语文科课程论基础[M].北京：教育科学出版社，2014.

[2]朱立元.现代西方美学史[M].上海：上海文艺出版社，1993.

[3]秦海鹰.罗兰·巴尔特的互文观[J].法国研究，2008(2)：5—11.

[4]Ina V. S. Mullis etc. PIRLS 2011 Assessment Framework[M]. Amster-
dam：IRA，Amsterdam，the Netherlands，2009.

[5]董蓓菲.2009 国际学生阅读素养评估[J].全球教育展望，2009(10)：
90—95.

[6]吴礼明.散文阅读新路径[M].福州：福建教育出版社，2012.

[7]孙亚杰，徐云知.近十年阅读教学研究综述[J].课程·教材·教法，2003
(6)：31—37.

[8]刘宪华.创造适合儿童成长的"主题阅读"[J].人民教育，2008(11)：
40—43.

[9]田慧生."主题阅读研究"：价值与效应[J].人民教育，2013(2)：58—60.

[10]于泽元，王雁玲，黄利梅.群文阅读：从形式变化到理念变革[J].中国
教育学刊，2013(6)：70—74.

[11]蒋军晶.语文课上更重要的事——关于单篇到"群文"的新思考[J].人民
教育，2012(12)：30—33.